suhrkamp taschenbuch
wissenschaft 2268

Diese Vorlesung aus dem Sommersemester 1961 ist die einzige überlieferte Einführung in die philosophische Anthropologie aus der Hand Plessners und bildet damit einen wichtigen Bezugspunkt der Forschung. Sie diente Plessner als Materialbasis für seine bekannte Abhandlung *Conditio humana* und bietet eine überaus verständliche und beispielreiche Einführung in seine anthropologische Konzeption. Zu den behandelten Themen zählen die Genese und Funktion der philosophischen Anthropologie, das Problem der Sprache und der Umwelt sowie der Begriff der Person. Eine Entdeckung!

Helmuth Plessner (1892-1985) war ein deutscher Philosoph und Soziologe sowie Hauptvertreter der philosophischen Anthropologie. Sein Werk liegt im Suhrkamp Verlag vor.

Julia Gruevska ist wissenschaftliche Mitarbeiterin am Institut für Philosophie an der Ruhr-Universität Bochum.

Hans-Ulrich Lessing ist außerplanmäßiger Professor für Philosophie an der Ruhr-Universität Bochum. Im Suhrkamp Verlag hat er zusammen mit Frithjof Rodi herausgegeben: *Materialien zur Philosophie Wilhelm Diltheys* (stw 439).

Kevin Liggieri ist DFG-Forschungsstipendiat an der Professur für Wissenschaftsforschung an der ETH Zürich.

Helmuth Plessner
Philosophische Anthropologie

Göttinger Vorlesung vom Sommersemester 1961

Herausgegeben von
Julia Gruevska,
Hans-Ulrich Lessing und
Kevin Liggieri

Suhrkamp

Bibliografische Information der Deutschen Nationalbibliothek
Die Deutsche Nationalbibliothek verzeichnet diese Publikation
in der Deutschen Nationalbibliografie;
detaillierte bibliografische Daten sind im Internet
über http://dnb.d-nb.de abrufbar.

2. Auflage 2019

Erste Auflage 2019
suhrkamp taschenbuch wissenschaft 2268

Umschlag nach Entwürfen
von Willy Fleckhaus und Rolf Staudt
Druck: Druckhaus Nomos, Sinzheim
Printed in Germany
ISBN 978-3-518-29868-8

Inhalt

Helmuth Plessner: Philosophische Anthropologie. Sommersemester 1961

1. Vorlesung: Begrenzung des Begriffs und des Problems der Philosophischen Anthropologie ... 9
2. Vorlesung: Problem und Standort der Philosophischen Anthropologie ... 17
3. Vorlesung: Philosophische Anthropologie als Erkenntnistheorie der Wissenschaften vom Menschen ... 31
4. Vorlesung: Das Problem der Sprache I ... 43
5. Vorlesung: Das Problem der Sprache II ... 54
6. Vorlesung: Das Problem der Sprache III. Das Strukturprinzip der Vertikalität ... 66
7. Vorlesung: Das Problem der Umwelt ... 78
8. Vorlesung: Das Welt-Umweltverhältnis des Menschen ... 90
9. Vorlesung: Die Horizontstruktur des menschlichen Umfeldes ... 102
10. Vorlesung: Zur Utopie der verlorenen Wildform des Menschen ... 114
11. Vorlesung: Der Begriff der Person ... 127
12. Vorlesung: Der anthropologische und der theatralische Rollenbegriff ... 138
13. Vorlesung: Der funktionale Rollenbegriff ... 149
14. Vorlesung: Rückblick auf den Rollenbegriff. Die Ausdrucksbewegungen des Menschen ... 162
15. Vorlesung: Lachen, Weinen, Lächeln ... 173
16. Vorlesung: Lachen und Weinen als menschliche Monopole ... 185
17. Vorlesung: Das Problem der Entkörperung – das Problem des Todes ... 198
18. Vorlesung: Zur Aktualität der Philosophischen Anthropologie ... 209

Anhang

1. Helmuth Plessner: Zur Geschichte der Anthropologie. Vorlesung Sommersemester 1956 (Nachschriften Dr. Christian von Ferber) 225
2. Helmuth Plessner: Lehrveranstaltungen an der Universität Göttingen 1951/52-1962 247

Editorisches Nachwort 251
Personenregister 255

Helmuth Plessner

Philosophische Anthropologie

Göttinger Vorlesung
vom Sommersemester 1961

[1. Stunde], Dienstag, 17. Mai 1961[1]

[Begrenzung des Begriffs und des Problems der Philosophischen Anthropologie]

Und zwar gehe ich noch einmal auf die Bestimmung der doppelten Natur des Menschen hier zurück. Was heißt das eigentlich? Die Doppelnatur stellt sich, wie gesagt, traditionell in der Entwicklung verschiedener Wissenschaften vom Menschen dar, die offenbar alle

1 Am Kopf der Seite von Plessners Hand: »2. Hälfte erste Stunde da Apparat nicht funktionierte«.
Auf drei Blättern, die der Transkription der Tonbandaufzeichnungen der Vorlesung beiliegen, hat Plessner Stichworte notiert, die offensichtlich der ersten Vorlesungsstunde zugrunde lagen:
»1. Die Sonderstellung des Menschen als Organismus
2. Das Leib-Seele Problem
3. Das Verhältnis von Konstanz und Variabilität von menschlicher Natur und Geschichtlichkeit des Menschen
4. Menschenhaftigkeit und Menschlichkeit: das Existenzproblem und die Gesellschaft
Begrenzung des Anthropologieproblems in phil. Sinne auf die moderne wissenschaftliche Situation
Begrenzung des Begriffs und Problems der Ph. A. auf die gegenwärtige Situation wie sie sich aus der Entwicklung der modernen Wissenschaft und ihrer Disziplinen ergeben hat:
1. der Biologie und spez. der Abstammungslehre (Frage nach der Sonderstellung des Menschen als Organismus)
2. der Psychologie und Physiologie (Leib-Seeleproblem. Urgeschichte [?] Entwicklung der mechan. Naturwiss., der Physik im 17. Jh. u. des Newtonismus im 18. Jh.) Das Problem der Doppelnatur
3. der Geschichtswissenschaft u. des Historismus (Konstanz und Variabilität menschlicher Natur und Geschichtlichkeit)
4. der Soziologie u. speziell des Marxismus
der Mensch als Produzent und Produkt seiner Gesellschaft und ihrer Verhältnisse
Öffentlichkeit und Privatheit, Rolle und Eigentlichkeit. Das Problem der Entfremdung
Die Erkenntnis, dass die moderne Wissenschaft mit der Gesellschaft unauflöslich verbunden ist, sie produziert und von ihr produziert wird, bringt den gesamt kulturellen und den religiösen Aspekt des Problems in's Spiel
Ph. A. ist ein Ausdruck der Unsicherheit des Menschen über seine ›Bestimmung‹ (M. Scheler[).]«

ihr Zentrum haben eben in dem lebendigen, voll lebendigen Menschen, in dem aktiven Menschen, der sowohl sich geistig-kulturell manifestiert, aber eben auch andererseits typisch rein in seinen Lebensäußerungen offenbar der biologischen Welt, um es mal so auszudrücken, angehört.

Was ist da das Problem? In der Zeit der Loslösung der Psychologie als selbständiger empirischer Wissenschaft von, wie man sich damals ausdrückte, den »Bewußtseinserscheinungen«, also von dem, was der Mensch nur für sich selbst erlebt, was er zwar mitteilen, aber doch nur bedingt mitteilen kann, was aber im Grunde genommen nur einem jeden selbst für sich selbst faßbar wird, also die Wissenschaft von den Vorstellungen, den Empfindungen, den Gedanken, Wünschen, den Erinnerungen usw., ich sage: in dem Maß, in dem sich diese Wissenschaft als solche, als eine Wissenschaft von dem »Innern« des Menschen in diesem Sinne entwikkelte, wurde sofort der Wunsch laut, die Verbindung mit dem, was äußerlich wahrnehmbar an ihm geschieht, zu sichern. Und das war damals der Gedanke von Gustav Theodor Fechner (übrigens einem Zeitgenossen von Darwin, Professor der Philosophie in Leipzig), der Gedanke der Psychophysik.[2] Man wollte also sozusagen eine Parallelwissenschaft aufbauen und die strengen Abhängigkeiten zwischen den äußeren Vorgängen und den inneren Vorgängen auf diese Weise festmachen und in dieser Hinsicht weiter vordringen. Die Psychophysik versucht also, die Doppelnatur des Menschen wissenschaftlich in den Griff zu bekommen.

Um ein Beispiel zu geben: Wenn Sie z. B. eine Geschmacksempfindung haben, dann beruht sie, wie auch immer, auf einem äußeren Reiz. Die Abhängigkeit einer bestimmten Empfindung, einer Süßempfindung oder einer Sauerempfindung etwa von einem bestimmten Reiz, der auf die Zunge ausgeübt wird, läßt sich (das war der Gedanke von G. Th. Fechner), muß sich in irgendeinem Sinne wissenschaftlich exakt fassen lassen. Nach dem strengen Exaktheitsideal suchte er auch eine Größenordnung hierfür zu fixieren, eine größenmäßige Abhängigkeit der Stärke, auch der Art der Empfindung von der Stärke und der Art des Reizes.

Wir wollen auf diese Sache zunächst nicht näher eingehen, so interessant sie ist, es soll uns hier nur als Beispiel dafür dienen,

2 Vgl. Gustav Theodor Fechner, *Elemente der Psychophysik*, 2 Bände, Leipzig 1860.

daß man die Doppelnatur des Menschen als ein Problem empfindet. Und man glaubt, man kann dieses Problem durch eine gewissermaßen Zwei-Seiten-Wissenschaft streng lösen. Angenommen, diese Wissenschaft ließe sich nun wirklich so exakt durchhalten und ausbauen, wie das Fechner gemeint hat, muß man sich dann doch noch fragen, wie kommt denn das eigentlich, daß bestimmte auf uns, das heißt, auf unseren Körper, auf seine Sinnesorgane und das Gehirn einwirkende Reize den merkwürdigen empfindungsmäßigen Effekt auslösen? Das hat wiederum Fechner von vornherein dazu bewogen, ein viel älteres Modell, ein Modell des philosophischen Denkens gewissermaßen, als Grundlage für diese Wissenschaft aktuell zu machen: Dieses Modell, das man den psychophysischen Parallelismus oder Monismus seit dem 17. Jahrhundert genannt hat. D. h., man sagt, dasjenige, was uns äußerlich als Gehirn, als Körper, faßbar wird, was wir messen können, wiegen können, untersuchen können, anatomisch und physiologisch, das ist im Grunde genommen dasselbe, was wir für uns selbst empfindungsmäßig, wunschmäßig, gedankenmäßig usw. sind.

Vielleicht ein bißchen dunkel ausgedrückt, aber ich will Ihnen das noch etwas näher erörtern. Das Gehirn, wissen wir, hat entscheidende Bedeutung für das Zustandekommen von Gedankenverbindungen, von Empfindungen und Wahrnehmungen, vom Vermögen des Sprechens, weiterhin für unser Gefühlsleben. Mit anderen Worten, ohne die ungestörte Tätigkeit des Gehirns ist ein ungestörtes psychisches Leben nicht möglich. Wie und warum das ist, wissen wir zunächst gar nicht. Aber wir können es ziemlich genau nachprüfen, d. h., wir können die einzelnen Stellen sogar aufweisen, die für das Zustandekommen etwa des Sprachvermögens und gewisser Eigentümlichkeiten des Sprechens, des Denkens, der Gedankenverbindung, der Assoziation, des Gedächtnisses, dann weiterhin der einzelnen Wahrnehmung, Gehörsempfindung, Gehörswahrnehmung, Gesichtsempfindung, Gesichtswahrnehmung etc. nötig sind.

In neuerer Zeit weiß man auch sehr genau über die Abhängigkeit des Zustandekommens von Sympathien und Antipathien, von Affekten, von Emotionen, von Stimmungen, von bestimmten Funktionen des sogenannten »Hirnstamms« Bescheid. Wie man diese Abhängigkeiten im einzelnen festgestellt hat, im Laufe der Entwicklung der Anatomie und Physiologie und vor allem nicht zu vergessen der Psychiatrie – einen bedeutenden Fortschritt machte gerade diese Wissenschaft durch die Erfahrung an Gehirnverletzten im 1. Weltkrieg –, da haben Goldstein und Gelb in Frankfurt und verschiedene andere Psychiater in dieser Richtung bedeutende Einsichten der Wissenschaft vermittelt, also der Krieg hat hier wie ein gewaltiger Experimentator gewirkt.

Ich sage, nachdem man einmal in dieser Richtung weitergekommen war, als sich Fechner damals noch vorstellen konnte, gewann der Gedanke mehr und mehr an Plausibilität, daß Gehirn und Seele, Körper und Geist gewissermaßen zwei Seiten eines und desselben seien. Und dieser psychophysische Monismus oder Parallelismus war ja schon von Spinoza und seinen Nachfolgern im 17. Jahrhundert vorausgesehen worden.

Es hat nun zweifellos diese Theorie von der der Zwillingsnatur des Menschen zugrundeliegenden Einheit, also diese Zweiseiten-Konzeption, hat wiederum eine interessante Vorgeschichte, die aber rein philosophisch ist und die auch von vornherein Schwierigkeiten bereitet hat. Hier steht nun einmal der berühmte Name von Descartes sozusagen am Eingang dieser Überlegungen und der weiteren Entwicklung dieser Beobachtungen sowohl auf psychologischer als auf physiologischer Seite. Von Descartes stammt ja diese wiederum selbst schon auf scholastische Vorstellungen zurückreichende Idee – Descartes ist ein Mann, der in seiner Bildung noch dem 16. Jahrhundert, aber im wesentlichen schon dem 17. Jahrhundert angehört –, Descartes hat den Gedanken zugespitzt, nämlich den Gedanken von der Zwienatur des Menschen. Nicht in dem ganz allgemeinen Sinne, daß der Mensch zwei Welten angehört, das ist eine alte christliche Auffassung, die dem Mittelalter völlig vertraut ist, sondern er hat ihr gewissermaßen eine moderne Wendung dadurch gegeben, daß er sagt: Der Mensch ist ein ausgedehntes Wesen als Körper; er ist zugleich aber als Bewußtsein, als Denken ein Unausgedehntes, ein rein eben in die Kategorien oder in die Begriffe der Physik und Mathematik nicht zu übersetzendes – eben: geistiges Wesen. Und diese Merkwürdigkeit faßt er in der berühmten Zweisubstanzenlehre zusammen, d.h. daß in dem Menschen (er sagt, in diesem *compositum*, in diesem Zusammengesetzten) zwei Substanzen, eine denkende und eine ausgedehnte Substanz auf eine rätselvolle Weise miteinander in Kommunikation stehen. Sie können eigentlich gar nicht in Kommunikation stehen, das ist eigentlich etwas sehr Seltsames, was dem Menschen vorbehalten ist. Sonst ist die Welt im übrigen [in] die Welt der *cogitatio*, die Welt des Bewußtseins, die Welt des Denkens und eben die Welt der Ausdehnung voneinander völlig getrennt. Sie können nicht miteinander kommunizieren, weil man etwas spezifisch Geistiges, einen Gedanken mit einem Körper nicht in irgendeine Beziehung setzen kann, [in] eine Beziehung des Wirkens aufeinander.

Dagegen wendet sich schon Spinoza, wie ich sagte, weil aus diesen Konsequenzen von Descartes erstaunliche Umständlichkeiten und man kann fast sagen: Ungereimtheiten eben für unser Denken, für unsere Vorstellungswelt sich ergeben. Denn wenn das so ist, daß die äußere Welt auf die innere Welt überhaupt nicht wirken kann und die innere Welt auf die äußere Welt, also wenn, um es mal so auszudrücken, ein Gedanke, den ich fasse, im Grunde genommen niemals einen Willensentschluß herbeiführen kann, und umgekehrt, wenn eben ein Sinneseindruck, den mein Auge bekommt, indem einfach Licht darauf fällt, kein bildhaftes Resultat in meiner Wahrnehmung hervorrufen kann, das ist ja schließlich dann die Extremkonsequenz dieses Auseinanderreißens dieser beiden Bereiche, dann muß eben ein Deus ex machina erfunden werden, der dieses beides zusammenbringt.

Descartes hatte sich hier sehr vorsichtig ausgedrückt und gesagt: Beim Menschen muß das irgendwie durch Vermittlung möglich sein. Aber sonst ist es an sich unmöglich. Seine Nachfolger haben das aber strikt bestritten und gesagt: Die Zuordnung, daß das klappt sozusagen, daß zum richtigen Einfall eines Lichtstrahls auf meine Netzhaut auch die entsprechende richtige Wahrnehmung in meinem Bewußtsein entsteht, das danken wir allein dem Eingreifen Gottes. Und so wurde ständig Gott bemüht, sowohl Wahrnehmung, wie Denken, wie Wollen, wie Willensentschlüsse, mit anderen Worten, das gesamte menschliche Leben zu garantieren. Aber nicht nur sozusagen in der Form einer Generalgarantie, einer Präventivgarantie, sondern er mußte sozusagen bei jedem einzelnen Lebensakt bemüht werden. Und das ist nun zwar eine vielleicht sehr fromme, aber vielleicht zu fromme Auffassung, die denn doch von vornherein dem philosophischen Denken eigentlich unzumutbar erschien.

Und die berühmte Geschichte mit dem Uhrengleichnis, wo man sich vorstellen muß, daß Gott als ein großer Uhrmacher alle die Uhren des äußeren Lebens und die Uhren des inneren Lebens synchron gestellt hat (das ist ein Beispiel des sehr mechanikfreundlichen 17. Jahrhunderts), dieser Gedanke ist sehr früh von Spinoza schon durch den anderen Gedanken von der ursprünglichen Einheit und der Zweiseitennatur der Welt wie Deus sive natura wie beim Menschen ersetzt worden. Das ist kein Materialismus, sondern, ich möchte sagen, ein sehr merkwürdiger Immaterialismus, wobei die Materie eine Seite des Geistes, der Geist eine Seite der Materie ist. Beide sind eigentlich Aspekte einer nicht mehr in ihrem Wesen selbst weiter zu definierenden Substanz. Die Attribute sind hierbei eben letzten Endes irreduzible Aspekte dieses Einen.

Dieser Gedanke hat dann eine weitere philosophische Geschichte gehabt, aber wie gesagt, er wurde im 19. Jahrhundert aus den Gründen, die ich Ihnen hier entwickelt habe, auf einmal wieder aktuell. Nun werden Sie sagen, also gut, jetzt versteht man, aus diesen Impulsen, daß da so etwas entsteht wie ein philosophisches Problem des Menschen. Ja, das hat es immer gegeben. Das haben die Griechen gehabt, das hat jede Zeit in unserer geistigen Geschichte gehabt. Der Mensch als ein großes Problem. Aber hier handelt es sich, wie Sie sehen, um etwas anderes. Hier handelt es sich darum, dass sich an die Entwicklung bestimmter Disziplinen der Wissenschaft eine philosophische Frage gleichsam ankristallisiert und die Existenz dieser Wissenschaft allmählich abhängig wird von bestimmten philosophischen Überlegungen oder besser gesagt, daß sie von sich aus fordern eine philosophische Überlegung. Ich will das schließen mit noch einem ganz kurzen Hinweis.

Man hat natürlich gesagt, was ist denn das Problem der Philosophischen Anthropologie? Da kann man ruhig sagen: Die Wesensbestimmung des Menschen. Aber was heißt das, was versteht man unter Wesen, was versteht man unter diesem anspruchsvollen Wort? Soll eine philosophische Überlegung so weit gehen, sagen zu können, das und das ist des Menschen Bestimmung? Unsere Sprache ist ja so reizvoll zweideutig. Be-stimmung heißt einmal höchst nüchtern: ich suche etwas zu bestimmen, d. h. ich suche seine Kriterien, seine Merkmale zu fixieren. Insofern tut das der brave Botaniker etwa des alten Stils, der bestimmt eine Art, eine Gattung, eine Familie, das tut der Zoologe alten Stils mit Botanisiertrommel auch. Be-stimmen, nun gut, das muß ja nun auch einmal gemacht werden. Was sind also die Bestimmungsmerkmale des Menschen?

Das, würde man sagen, das muß nun aber die Anatomie oder das muß die Physiologie, das muß die doch leisten können. Ja, kann sie auch, bis zu einem gewissen Grade. Bis genau zu dem Grade, wo der andere Aspekt aktuell wird, der Innenaspekt oder gar der kulturelle Aspekt, der geistige, der geschichtliche Aspekt. Dann wird die Sache aber wieder schwierig. Denn wenn Sie sich erinnern an das, was ich Ihnen über die Probleme des Historismus gesagt habe, ja, kann man das denn außerhalb der geschichtlichen Variabilität so ohne weiteres machen? Bleibt dann nicht einfach furchtbar wenig übrig? Gewiß, mit den paar Merkmalen, ja dann sind wir sozusagen wieder an einer Ausgangslage. Dann können wir sagen: der Mensch ist ein aufrecht stehendes Wesen, ein aufrecht gehendes Wesen, das sprechen kann und gewisse andere Fähigkeiten hat. Aus. Damit ist doch natürlich nur sozusagen eine Art Rahmenbestimmung gegeben. Soll das etwa die Wesensbestimmung des Menschen sein? Die trifft doch nur gewissermaßen irgendein sehr Äußerliches, ein Minimum, alles andere bleibt dann dem Wechsel der konkreten Einsichten in der Biologie und in der Geschichte und in der Geistesgeschichte überlassen und in der Psychologie.

Sie sehen also, die Bestimmung des Menschen, sein Merkmal ist offenbar nur eine Seite der Sache. Höchst wichtig, aber wie soll sie's machen? Wie soll sie bei der Fülle der Aspekte, bei der Relativität ihres Objektes, wie soll sie da das Konstante herausheben? Und ist dieses Konstante nicht etwas mehr oder weniger rein Formales und insofern auch mehr oder weniger rein Äußerliches, sondern ist vielmehr nicht etwas anderes noch im Spiele, wenn man sagt, ich will den Menschen bestimmen in seinem Wesen? Damit zeigt sich aber noch eine ganz andere Dimension, von der wir heute noch gar nicht gesprochen haben, wir würden sagen, die ethisch-moralische Dimension der menschlichen Existenz. Die gehört ja irgendwie zu dieser Realität dazu.

Meine Damen und Herren, ich schließe damit, daß ich sage, das ist zunächst einmal ein Versuch gewesen, Ihnen zu zeigen, daß der Begriff Philosophische Anthropologie denn doch nicht ohne weiteres gleichzustellen ist mit dem Begriff der Philosophischen Mineralogie oder der Philosophischen Chemie oder der Philosophie des Maulwurfs oder der Philosophie irgendeines anderen Lebewesens, sondern daß da offensichtlich mehr im Spiele ist. Daß aber diese Problematik ganz wesentlich offensichtlich bestimmt ist durch die Entwicklung unserer Wissenschaften und ein Ausdruck ist der hohen Komplikation unseres wissenschaftlichen Systems in der Gegenwart.

[2. Stunde], Donnerstag, 19. Mai 1961

[Problem und Standort der Philosophischen Anthropologie]

Meine Damen und Herren! Wir haben in der Eröffnung zu dieser Vorlesung im wesentlichen von Wissenschaften gesprochen, indem wir den Begriff der Philosophischen Anthropologie zunächst einmal von dem heute gebräuchlichen Begriff der Physischen Anthropologie, der Biologischen Anthropologie abgegrenzt haben, und wir haben dann das Problem der Philosophischen Anthropologie zunächst einmal ganz äußerlich entstehen lassen im Hinblick auf einige durch die verschiedenen Wissenschaften vom Menschen aufgeworfenen Fragen. Einmal der Frage des Verhältnisses, der Stellung des Menschen im Rahmen der Organismen, Problem der Abstammungslehre. Zum zweiten des Verhältnisses von Körper und Seele oder physisch-physiologischen u[nd] psychologischen Prozessen im Rahmen der Physiologischen Psychologie bzw. des Verhältnisses dieser beiden ja doch sehr modernen Wissenschaften, der Physiologie und der Psychologie. Und dann schließlich das Problem der Konstanz einer menschlichen Natur, wie es aufgeworfen wird einmal durch die Ethnologie, die ja im angelsächsischen Kultur-Bereich auch gern als Anthropology bezeichnet wird, und der Geschichtswissenschaft. Von Soziologie ist noch gar nicht die Rede gewesen. Das wird erst heute der Fall sein.

Nun können Sie sagen, ja, sehr schön, also da entstehen bestimmte Fragen, die offensichtlich von den einzelnen Wissenschaften selber nicht gelöst werden können. Die Frage nämlich nach der Sonderstellung des Menschen im Reich des Lebendigen, also vor allem des Verhältnisses von Mensch und Tier, ist eine Frage nach den Kriterien, nach den Kriterien, die wir dabei zugrunde legen. Denn Sie wissen, daß ja durch die biologische Wissenschaft an der tierischen Natur des Menschen in gar keiner Weise gezweifelt werden kann. D. h. an der prinzipiellen Vergleichbarkeit des Menschen als Körper, als körperliches Lebewesen und der Tiere.

Der Mensch ist, rein vital gesehen, biologisch gesehen, sicherlich ein durch besondere Eigentümlichkeiten, besondere Merkmale, besondere Kriterien charakterisierte Tierart. So wird ja auch in der Tat er von der Zoologie, von der vergleichenden Anatomie, von der vergleichenden Physiologie, von der Abstammungslehre eingeordnet. Daran kann gar kein Zweifel sein. Auf der anderen Seite muß man doch die Sonderstellung von vornherein betonen. Daran wird ja auch nie gezweifelt. Hier also entsteht ein merkwürdiges Problem. Das Problem nach den spezifischen Merkmalen des Menschen im Rahmen der Organismen.

Das ist die eine Frage *nach den Kriterien*[1] – Sie erinnern sich, die Frage der Philosophischen Anthropologie ist, wenn man sie rein formal nimmt, was ist der Mensch? –, damit ja auch schon in der Hinsicht auf die biologischen Probleme ganz klar angegeben. Dann weiterhin: das physiologisch-psychologische Problem, das psychophysische Problem, das Problem des Verhältnisses von Körper und Seele, Körper und Geist, meinetwegen Körper und Bewußtsein. Also die alte, berühmte, durch Descartes aufgeworfene Frage, die dann eine bestimmte Antwort durch Spinoza bekommen hat. Die *Frage der Einheit des Menschen*,[2] d. h. der Einheit mit Rücksicht auf die Doppel- oder Zwillingsnatur des Menschen, daß er sowohl das eine als auch das andere ist. Dann die *Frage nach der Konstanz.*[3] Die Frage, die sowohl aufgeworfen wird durch die Vielheit der Völker und ihrer Kulturen und durch ihre Geschichte, das Verhältnis von Konstanz und Variabilität beim Menschen. Wir zweifeln nicht daran, daß sie alle Menschen sind, obwohl sicher frühe Kulturen diesen Begriff noch gar nicht kannten. Wir kennen auch eine frühbezeugte Tatsache, daß sich ja Völker, gerade auch primitive Völker, selbst auch schon mit diesem generellen Ausdruck bezeichnen. Daß sie für sich selber unter Umständen keinen privaten Namen haben. Das, was uns heute in der Differenzierung der Nationen selbstverständlich ist, daß wir sagen: wir sind Deutsche im Unterschied zu den Franzosen, im Unterschied zu usw., das ist ja etwas, was sich mit der anderen Bezeichnung verträgt für uns, was sich aber in der Geschichte und in der Vielfalt nicht ohne weiteres überall belegen läßt.

Dieses Konstanz-Variabilität-Problem, das uns also durch die Vielfalt der Völker und ihrer Geschichte und vor allen Dingen, wie ich am Dienstag sagte,[4] durch die Entwicklung der Geschichtswis-

1 Am Rand: 1).
2 Am Rand: 2).
3 Am Rand: 3).
4 Gemeint ist die erste Kollegstunde.

senschaft, durch die Verfeinerung der historischen, aber auch der ethnologischen Methoden uns mehr und mehr deutlich wird als ein echtes Problem, das verlangt ebenfalls offensichtlich eine philosophische Überlegung. Denn Konstanz und Variabilität bezieht sich ja hier nicht auf etwas pur Äußeres, sodaß man sagen könnte, das ist genau dasselbe Problem, wie es etwa die Botaniker haben, da gibt es die große Gruppe der Koniferen, und da gibt es nun also Tannen und Fichten und Pinien usw. usw., also Nadelhölzer in allen Varietäten. So einfach ist das Problem ja nicht, sondern es ist zugleich ein Wertproblem, ein Normenproblem, ein Problem der Maßstäbe.

Ich bin auf diese Fragen nur relativ flüchtig eingegangen, ich möchte da noch etwas sagen, denn es leitet zu der heutigen Betrachtung über. Sehen Sie, wir sind davon überzeugt, daß wir den richtigen Aug-Punkt haben, den richtigen Gesichtspunkt zur Beurteilung der Vielfalt der Völker und ihrer Kulturen und ihrer Geschichte. Versetzen Sie sich nun aber in den kulturellen Horizont etwa eines primitiven Volkes, eines naturnahen Volkes, das ein solches Geschichtsverständnis nicht besitzt, auch gar keine Gelegenheit hat, konfrontiert zu sein mit der Vielfalt der historischen Welt und der sonstigen ethnologischen Vielfalt. Können wir nun einfach sagen, wir stehen drüber, wir haben den richtigen Aspekt, wir sehen die Sachen richtig, wie sie in der Tat sind, während die anderen nur in einem beschränkten Gesichtskreis leben. Überlegen Sie etwa, daß das Problem oder der Begriff ›Mensch‹ in diesem Sinne, wie wir ihn haben, selber schon das Produkt einer langen geistigen Geschichte ist, in welche antike Vorstellungen und christliche Vorstellungen eingemündet sind. Und daß, sagen wir einmal, Völker, auch Hochkulturvölker, die außerhalb dieses Kulturkreises gelebt haben, daß die einen solchen Begriff vom Menschen und Menschheit nicht gekannt haben.

Was ist das für eine Frage? Ich sagte vorhin, viele Völker (primitive Völker) bezeichnen sich selbst als Menschen und werden sich auch ohne weiteres mit Fremden so verstehen. Aber ihnen fehlt die Differenzierung zwischen dem, was sie sind in ihrer Sonderart[,] und dem Allgemeinen, was in diesem Menschenbegriff sozusagen mitgemeint ist. Das ist erst bewußt geworden durch eine lange geistige Geschichte. Wenn Sie sich einmal die Sache unter dem Aspekt ansehen, dann sehen Sie, daß in dem Problem Konstanz und Variabilität viel mehr drinsteckt als man aufs erste meint. Es ist eben nicht so, daß man sagt, das ist ein pures Klassifikationsproblem, sondern es ist ein Wertproblem zugleich und ein Wertproblem, an dem die ganzen Schwierigkeiten eben von Relativität des Standortes, des Horizontes mithängen, von dem ich das letzte Mal bereits gesprochen habe und was uns besonders natürlich durch unsere historische Bildung allmählich bewußt geworden ist.

Mit diesen Fragen sind wir also konfrontiert, und das sind offensichtlich Fragen, die von den betreffenden Wissenschaften nicht gelöst werden. Nun verstehen Sie auch, warum in einem relativ späten und hochentwickelten wissenschaftlichen Stadium, eben des 20. Jahrhunderts, in dem alle diese genannten Wissenschaften sich entfaltet haben, das Bedürfnis nach einer solchen philosophischen Besinnung unter dem Titel ›Philosophische Anthropologie‹ entstanden ist.

Es ist mit einer solchen Disziplin oder einer solchen Wendung in der Philosophie – wenn Sie es so nennen wollen, das lasse ich zunächst mal ganz offen – genau so bestellt wie mit der Soziologie, die ja auch eine sehr späte Wissenschaft ist und von der wir hier kurz etwas sagen müssen. Denn die Soziologie als die Wissenschaft von den gesellschaftlichen Gebilden und den Vorgängen, von dem Menschen als einem spezifisch in sozialen Verbänden lebenden Wesen ist ja auch ein sehr spätes Gebilde. Eine Soziologie hat es ja keinesfalls etwa in der Antike gegeben oder im Mittelalter. Sondern das ist ein Produkt, und zwar ein Spätprodukt der entfalteten bürgerlichen Welt. In dem Maße, in dem sie anfängt, sich zu industrialisieren, und in dem sie der Probleme, welche die Industrialisierung ihr stellt, Herr zu werden versucht. Sie ist also durchaus ein geschichtlicher Spätling in der ganzen Gruppe der genannten Wissenschaften, aber sie hat ein besonderes Interesse eben an der Philosophischen Anthropologie, weil ihr Begriff vom Menschen als gesellschaftlichem Wesen ja ganz offensichtlich nichts beginnen kann mit den Begriffen vom Menschen, die die älteren Wissenschaften – die medizinischen und die naturwissenschaftlichen, die psychologischen und die historischen Wissenschaften, ethnologischen Wissenschaften [–] so mehr oder weniger gebraucht haben und mit denen sie arbeiten. Denn gerade die Soziologie will offensichtlich ja noch mehr oder etwas anderes als die genannten [Wissenschaften].

Diese Schwierigkeiten spürt sie vor allem, seitdem sie mehr und mehr darauf aus ist, eine selbständige Wissenschaft mit eigenen Methoden zu werden. So ist es kein Zufall, daß ungefähr in dem Maße, in dem sich die Soziologie als Disziplin konsolidiert, wir können sagen, das geschieht erst im späten 19. Jahrhundert und eigentlich mit wirklichem Nachdruck erst in diesem Jahrhundert, daß dieser Prozeß, dies Interesse, eine selbständige Wissenschaft vom Menschen als einem gesellschaftlichen Wesen zu werden, parallel läuft mit dem allmählichen Interesse an einer philosophischen Überprüfung des Menschenbegriffs. Das alles sind nun rein wissenschaftliche Interessen, und Sie können auch sagen, wir haben zunächst einmal die Aufgabe der Philosophischen Anthropologie gesehen unter methodologischen Interessen, unter erkenntnistheoretischem Interesse, wie es durch verschiedene Wissenschaften relativ jungen Datums – Biologie, Psychologie, Ethnologie und Geschichtswissenschaft –, man kann praktisch sagen, erst seit dem 18.-19. Jahrhundert, entstanden ist.

Sie werden sagen, das ist aber ein sehr enger Aspekt, unter dem wir die Sache bisher sehen, und das ist von mir auch ganz bewußt so in seiner Enge gewählt. Denn wenn Sie sagen, über den Menschen hat man doch immer nachgedacht. Gut, meinetwegen, man hat nicht immer wissenschaftlich über ihn nachgedacht, aber man hat noch immer sich darüber Sorgen gemacht, was der Mensch ist. Man kann bis ins *Alte Testament* zurückgehen an die berühmte Formulierung: »Was ist der Mensch, daß Du seiner gedenkest?«[5] Und wenn man an das *Neue Testament* denkt, wenn man an die alten Kulturen denkt – sie haben doch alle Vorstellungen von dem Wesen des Menschen gehabt. Natürlich, keine Religion, keine Sitte, keine sittliche Ordnung, kein Moralkodex, keine Rechtsordnung, die nicht irgendwie eine explizite oder implizite Vorstellung vom Menschen hat. Aber darf man dann ohne weiteres von einer Anthropologie des Apostel Paulus sprechen? Oder von einer Anthropologie der Inkas?

Man kann sagen: gut, Vorstellungen vom Menschen. Das gehört aber offenbar zum Menschen mit dazu. Der Mensch kann nicht leben, ohne ein Leben zu führen, d. h. ohne mit dieser seiner Existenz sich auseinanderzusetzen und sie nach irgendwelchen Vor-

5 Psalm 8,4.

stellungen, Normen, Idealen, Werten, Auffassungen zu gestalten. Und das zeigt sich eben in der Fülle der Kulturen, in der Fülle des geschichtlichen Wandels, das zeigt sich in der gesellschaftlichen Existenz, die ja nichts anderes letzten Endes sein kann als die Realisierung dieser Aufgabe.

Sie sehen, von daher betrachtet, auf diesem großen Hintergrund, muß sich die Philosophische Anthropologie also als etwas Besonderes etablieren, um nicht von vornherein mit all den anderen Aussagen belastet zu werden, die sich im Lauf der geistigen Geschichte über den Menschen überhaupt finden. Genau dasselbe Problem, dieselbe Schwierigkeit haben wir auch bei der zuletzt genannten Wissenschaft, der Soziologie, in gewisser Weise auch bei der Psychologie. Sie werden sehr oft in der Literatur etwa dem Gedanken begegnen, die Psychologie Platos oder die Psychologie des Aristoteles oder die Psychologie des Thomas von Aquin und ähnliche Probleme oder: Sie werden finden die Soziologie Platos, die Soziologie des Thomas.

Sie sehen, die Frage ist die, darf man diesen modernen Begriff, der mit einer sehr spät konsolidierten, spät gestifteten Wissenschaft des 18. und 19. Jahrhunderts zusammenhängt, ohne weiteres zurückprojizieren in frühe Zeiten und unsere Vorstellung? Als ob es sich um ein Sonderfach handelte, gleichsam unhistorisch, auf das frühe Mittelalter, die Spätantike, die Frühantike einfach zurückzuversetzen! Natürlich gibt es Aussagen, denken Sie mal an Augustin, die *Confessiones* des Augustin sind eine Fundgrube, wir würden heute auch sagen, auch psychologischer Urteile und Aussagen. Aber sie sind doch nicht gemeint als Beitrag zu einer Wissenschaft, zu einer Wissenschaft in dem Sinne, wie wir sie heute kennen. Sie enthalten enorm viel Einsicht und fruchtbare Erkenntnis, sie lassen sich von uns gewissermaßen auswerten im Hinblick auf bestimmte Probleme unserer Wissenschaft, zweifellos, aber sie selber sind ja nicht so gemeint gewesen.

Und genau dasselbe, wenn man etwa sagt, der *Staat der Athener* von Aristoteles, das wäre ein Stück Staatslehre oder das wäre ein Stück Soziologie, die *Politeia* des Plato wäre sozusagen ein Beitrag zur Soziologie avant la lettre – vollkommen falsch! So ist es nicht gemeint gewesen. Und genau dasselbe gilt, es sei noch einmal unterstrichen, für die Anthropologie, und speziell die Philosophische Anthropologie. Wir müssen also dieses von vornherein festhalten.

Wir wollen von Philosophischer Anthropologie nicht sprechen in dem Sinne, als ob sie eine Vorgeschichte habe, die bis in die Antike und in alle möglichen anderen frühen Kulturen zurückreicht, sondern wir wollen uns bewußt beschränken und begrenzen darauf, daß sie eine Disziplin ist, die eine relativ sehr kurze Geschichte hat, die allenfalls bis ins 19. Jahrhundert zurückreicht, aber nicht früher, die zweifellos zusammenhängt mit dem Wissenschaftsgewebe, von dem ich Ihnen in der 1. Stunde und auch heute gesprochen habe, und die weiterhin von daher zunächst mal ihre Probleme empfängt.

Nun fragt man sich, wenn das so ist, dann ist zunächst einmal die ganze moralisch-ethische Seite des Problems, die religiöse Seite – gewissermaßen oder scheinbar – abgeschnitten. Das ist sie aber nur aus methodischen Gründen. Wir werden sofort im Verfolg unserer Überlegungen darauf kommen, daß sie mit drin enthalten ist, aber auf eine eigenartige Weise.

Ich sagte schon: die Frage, die die Philosophische Anthropologie stellt, nämlich, was der Mensch ist oder wie wir ihn zu bestimmen haben, scheint eine rein logisch-definitorische Frage zu sein, ist es aber nicht *nur*. Sie enthält bereits im Hinblick auf die großen Schwierigkeiten des Problems von Konstanz und Variabilität der Werte mehr. Und das ist also nun der Punkt, auf den wir hinzielen müssen.

Es ist eine unverbrüchliche Erfahrung, daß der Mensch so wird oder so ist, wie er sich auffaßt. Die Beurteilung seines Wesens und sein wirkliches Verhalten hängen offensichtlich miteinander zusammen. Was wir also hier tun werden, muß in irgendeinem Sinne eine Rückwirkung haben auf das, was wir sind. Wir können auch sagen, das, was wir sind, hat eine Rückwirkung auf unsere Bestimmung, unsere Auffassung von uns.

Auch hier ist ein merkwürdig neues Problem gegeben, das von eminenter Bedeutung ist, nicht nur, wie Sie sehen, für die Wissenschaften im rein theoretischen Sinne, sondern ein Problem mit moralischen Konsequenzen. Wenn ich den Menschen auffasse als im wesentlichen durch seine Rasse bestimmt etwa – nehmen wir einmal an, dieser Begriff hätte beim Menschen einen zuverlässigen Sinn! –, der Mensch wäre durch seine biologische Sonderbestimmtheit wesentlich definiert, dann muß er sich entsprechend zu sich und seinen Mitmenschen verhalten. D. h., man kann das eine nicht vom anderen lösen, das eine bedingt das andere. Es hat

Konsequenzen für die Gestaltung des gesellschaftlichen Zusammenseins der Menschen, wenn eine solche Lehre, eine solche Idee sich durchsetzt.

Gehen wir noch einmal auf die Frage der Definition des Menschen zurück: Man könnte sagen, warum sollte man denn das eine mit dem anderen verbinden, das ist doch gar nicht nötig. Die Frage nach der Sonderstellung des Menschen unter den lebendigen Organismen ist eine Frage ganz nüchterner Art. Ich will das Menschenhafte feststellen. Dasjenige, was ihn von den nächstverwandten höheren Säugetieren, und in Sonderheit den Anthropoiden, unterscheidet. Da muß man sagen, dazu gehört zu dem Menschenhaften z. B. die Möglichkeit des dauernden Sich-Aufrichtens und aufrechten Ganges, dazu gehört eine ganze Reihe von anatomischen und physiologischen Eigentümlichkeiten, dazu kann man eine bestimmte Zahnformel aufstellen, dazu kann man die Form der Behaarung nennen, dann die Differenzierung von Hand und Fuß, die Ausbildung des Fußes als Stand- und Lauforgan, die Hand als Greiforgan, dazu gehört aber auch, daß er sprechen kann, dazu gehört das, was wir Vernunft nennen, das kann man näher definieren, das kann man auch behavioristisch definieren, so daß der Begriff nichts Dunkles und Metaphysisches an sich hat, Werkzeugherstellung-Fähigkeit usw. usw.

Man würde zunächst einmal sagen, eine solche Definition betrifft das Menschenhafte im Sinne eines Komplexes von Merkmalen, welche den Menschen in der Tierreihe heraushebt, ohne ihn von der Tierreihe völlig falsch zu isolieren. Ja, gut, das Menschenhafte!, zweifellos ist das aber nicht alles! Sondern es gibt ja eben dadurch, daß Wertprobleme hier angerührt werden, wenn wir an die kulturelle Seite der menschlichen Existenz denken, ja auch noch das Problem des Menschlichen.

Werner Sombart hat in seinem Buch über den Menschen[6] – ein Spätwerk von ihm, er war ja ein Nationalökonom von Haus aus, er hat, wie das oft bei alternden Gelehrten zu geschehen pflegt, angefangen zu philosophieren, er hat das aber sehr gut gemacht, indem er nicht über seine Kompetenzen hinausgegriffen hat, er hat eben als Nationalökonom und als Soziologe die Bedeutung der Anthropologie für seine eigenen Wissenschaften sehr tief erkannt. W.

6 Werner Sombart, *Vom Menschen. Versuch einer geisteswissenschaftlichen Anthropologie*, Berlin-Charlottenburg 1938.

Sombart hat das so getrennt, daß er sagte: Es gibt auf der einen Seite die Frage nach dem Menschenhaften, d. h. nach dem Hominen, und es gibt die Frage nach dem Menschlichen, das, was den Menschen zum Menschen macht, d. h., dasjenige, was dem Menschen auferlegt ist, aus sich zu machen, damit er ein Mensch im wahren Sinne des Wortes ist, und das ist das Problem des Humanen. Wie immer, W. Sombart war ein eleganter Schriftsteller, nicht zuletzt wahrscheinlich durch die französische Tradition in seiner Familie, [und] sagt also so: Wir müssen bei dem anthropologischen Problem zwei Dinge unterscheiden, nämlich einmal das Problem, die Fragestellung des Hominen[,] und die Frage nach dem Humanen.

Aber so hübsch das ist als erste Unterscheidung, das eine hängt natürlich mit dem andern zusammen. Der berühmte Heidegger hat in der Einleitung oder in den ersten Paragraphen seines Buches *Sein und Zeit* die hübsche Formel gebraucht, daß der Mensch (er spricht aber nicht so gern vom Mensch[en], sondern er spricht immer vom ›Dasein‹), das Da-sein ein Sein ist, das um sein Sein weiß. Oder, um es noch etwas akademischer auszudrücken, ein »On« (griechisch) ist, das von sich aus ontologisch ist.[7] Das hat merkwürdigerweise den Leuten fürchterliche Schwierigkeiten gemacht, ist aber, möchte ich sagen, eine sehr einfache und unwidersprechliche Feststellung. Es ist ein Sein, dem es in seinem Sein um sein Sein geht, es ist daran interessiert, es ist sozusagen ständig mit sich befasst. Oder die Selbstdeutung des Menschen gehört zu seiner Existenz. Der ganze Existenzbegriff der Moderne ist ja nichts anderes, als daß darauf der Finger gelegt wird. Wenn man also das Homine von dem Humanen trennen zu können glaubte, irrt man sich, das hängt natürlich miteinander zusammen, das ist miteinander verhakelt.

Und hier in dem kleinen Buch, bei Göschen erschienen, was ich Ihnen durchaus empfehlen kann als Lektüre neben dieser Vorlesung, das Buch von dem Berliner Philosophen Michael Landmann, *Philosophische Anthropologie*, Sammlung Göschen erschienen, vor 5 Jahren erschienen, das eine vorzügliche Übersicht gibt,[8] sagt Land-

7 Vgl. Martin Heidegger, *Sein und Zeit. Erste Hälfte*, Halle a. d. S. 1927, 12. Aufl. Tübingen 1972, S. 12 f., 42, 52 f.

8 Michael Landmann, *Philosophische Anthropologie. Menschliche Selbstdeutung in Geschichte und Gegenwart*, Berlin 1955, 4., überarbeitete und erweiterte Aufl., Berlin, New York 1976, S. 10.

mann mit folgenden Worten genau das, was wir hier im Auge haben: Daß der Mensch nicht nur dies andere Seiende einfach ist, sondern nach sich selbst fragt und sich selbst deutet, daß der Anthropos einen Anthropologen einschließt. Das ist nicht theoretische Spielerei, die auch fehlen könnte, sondern es entspringt der tiefsten Notwendigkeit desjenigen Wesens, das sich selbst schaffen muß und das daher eines Leitbildes bedarf, auf das hin es sich schaffen soll. Beides greift ineinander.

Nun kann man sagen, der Anthropos hat einen Anthropologen in sich. Ja, ich will es durchaus in diesem allgemeinen Sinne unterschreiben. Trotzdem würde ich sagen, wir gebrauchten diesen Begriff der Anthropologie in der späteren Form. Es ist wohl in unserer Sicht richtig, daß zu allen Zeiten der Mensch, indem er über sich nachdenkt, was soll ich, was soll aus mir ..., wozu muß ich, was ist der Sinn dieser ganzen Existenz, wie muß ich mich verhalten, welche Rolle muß ich spielen, was habe ich zu tun?, daß das irgendwie Überlegungen des Menschen über sich sind und insofern anthropologische Überlegungen sind. Aber ich möchte hier doch als historisch erzogener Mensch zugleich sagen, bitte, diesen Begriff nur in Anführungszeichen. Dieses Nachdenken hat die Funktion, daß es zugleich einen Beitrag liefert für eine anthropologische Besinnung. Aber eine anthropologische Besinnung im offenen Sinne des Wortes gibt es, wie gesagt, erst seit dem 19. und dem 20. Jahrhundert.

Selbstdeutung ist ein Ausdruck, hat man gesagt, der Unvollendetheit des Menschen. Sie können auch sagen, seiner Freiheit. Einerseits muß er sich zu dem machen, was er schon ist, und andererseits macht er sich immer wieder zu etwas, was er noch nicht ist. Die *création de soi par soi*, wie das Bergson ausdrückt,[9] die im Menschen sich vollzieht, ist also ganz offenbar etwas, was sich über eine reine biologische Existenz hinaushebt. Dabei brauchen wir ihn noch gar nicht einmal für frei zu erklären in etwa dem Sinne, der für Kant maßgebend war oder für die großen Freiheitsproblematiker des 17., 18. und 19. Jahrhunderts, die immer fragten, ist der Mensch durch den Naturlauf determiniert oder ist er unabhängig von den Naturgesetzen, ist er nicht determiniert. Angenommen, er wäre determiniert, so würde ihm das nichts helfen, sich in der

9 Henri Bergson, *L'évolution créatrice*, Paris 1907, S. 7; Ders., *L'Énergie spirituelle. Essais et conférences*, Paris 1919, S. 33.

Situation, in der er eben Mensch ist, sich mit sich auseinanderzusetzen und etwas aus sich machen zu müssen, was ihm niemand anderes abnimmt.

Diese Seite der Frage hat nun, wie viele von Ihnen wissen werden, und sei es auch nur aus der Zeitung oder aus dem Rundfunk, das Zentralproblem der modernen Existenzphilosophie gebildet. Dabei darf ich etwas über die Entstehungszeit der Philosophischen Anthropologie in diesem Sinne, wie wir es hier jetzt allmählich entwickeln wollen, und der Existenzphilosophie sagen. Es ist kein Zufall, daß beide etwa in den 20er Jahren dieses Jahrhunderts entstanden sind, und zwar gleichzeitig. Die ersten Arbeiten zur Philosophischen Anthropologie, wenn ich jetzt einmal nicht [an] die Vorgänger im 19. Jahrhundert, die es in der Tat gibt, vor allem an Feuerbach, denke, liegen nach dem 1. Weltkrieg, also im Anfang der 20er Jahre. Dort hat sich das Problem entwickelt. Es ist interessant, daß fast zur gleichen Zeit die Existenzphilosophie entsteht, die nun durch ihren anderen Anspruch, durch ihren geringeren Anspruch[,] sozusagen sich mit den Naturwissenschaften, mit der Psychologie, mit der Soziologie usw. auseinanderzusetzen, aber einen viel stärkeren unmittelbaren metaphysischen Anspruch hat und sich sehr stark ursprünglich an theologischen Thesen orientierte; daß sie in einer solchen Welt der Erschütterung der Wertmaßstäbe nach dem 1. Weltkrieg eine viel tiefere Resonanz haben mußte als etwa die Philosophische Anthropologie. Hier schien, und das sagt ja Heidegger auch gleich am Anfang seines hier eben schon genannten Werkes, hier schien die Philosophische Anthropologie schon von vornherein überspielt zu werden oder überspielt zu sein. Man hatte den Eindruck, daß eine Frage nach dem Sein des Menschen als einem Zugang zur Frage nach dem Sein schlechthin viel tiefer und viel zentraler auf das Wesentliche gerichtet sei als eine so relativ nüchterne Exposition von verschiedenen Wissenschaften her, wie wir sie hier gaben und wie wir sie auch damals in den 20er Jahren in meinen Sachen und bei Scheler, zunächst mal bei diesen beiden, finden.

Die Existenzphilosophie hat also einen unmittelbaren Anspruch gleich angemeldet auf die moralisch-religiöse Problematik und glaubte von hier aus die Wesensbestimmung des Menschen mit dem vollen Anspruch, daß es sich um eine Bestimmung seiner Essenz handelt, anmelden zu können, und zwar in der Hinsicht, man sagte, hier handelt es sich im Letzten um ein spezifisch ontologisches Problem. Indem wir den Menschen in seinem Sein, in seiner besonderen Seinsstruktur bestimmen, treffen wir gewissermaßen zwei Dinge mit einem Schlag: Einmal die theoretische Frage wird gelöst nach der Sonderstellung des Menschen in der Welt, rein theoretisch, also seine Abgrenzung als ein eigentümlicher Seinsbereich gegenüber der Natur, der biologischen Natur, die ganze Frage von Körper und Seele, Körper und Geist als Einheit, die Frage nach der Konstanz und Variabilität – alles wird zusammen mit einem Griff hier zusammengenommen –, und auf der anderen Seite die Frage nach seiner Bestimmung in dem Sinne des Verhältnisses dieser Struktur zu der eigentlichen Frage, was soll der Mensch in dieser Welt, was ist die ihm zugeworfene sittlich-moralische Aufgabe, was ist die Frage also des Verhältnisses seiner Natur zu seiner Bestimmung. Indem die Existenzphilosophie von vornherein dieses in den Griff bekam oder in den Griff zu nehmen suchte, hatte sie von vornherein das zentrale philosophische Interesse auf sich gezogen. Die Philosophische Anthropologie bestand als eine mehr oder weniger für einzelne Wissenschaften interessante, gleichsam noch im Vorläufigen steckengebliebene Spezialuntersuchung an der Peripherie.

Diese Auffassung hat sich eigentlich im Grunde genommen in diesen Dezennien nicht wesentlich geändert. Allmählich freilich, beginnt das Interesse an der Existenzphilosophie zu erlahmen, nun, das gilt von allen großen philosophischen Bewegungen. Mit dem Hegelianismus ist es auch so gegangen. Der Hegelianismus hat, sagen wir einmal, auch nicht länger gedauert als bis etwa in die 30er Jahre des 19. Jahrhunderts, er hat so eine gute Zeit von 30-40 Jahren gehabt, und dann wurde er allmählich uninteressant, auch schon durch die Veränderung der Umwelt. Es kamen andere Probleme, und schließlich wird man ja einer bestimmten philosophischen Grundhaltung müde. Rothacker hat mal sehr hübsch gesagt, die Probleme werden in der Philosophie immer neu gestellt, gelöst werden sie eigentlich nie, das Interesse an ihnen erlahmt und dann kommen neue Interessen, dann treten neue Aspekte in den Blick. Das ist gar kein Einwand. Aber das ist einfach eine historische Tatsache.

Wie steht's nun mit dem Interesse an der Philosophischen Anthropologie? Das war nie besonders stark. Sondern das hielt sich eigentlich immer durch die starke Verbindung mit wissenschaftlichen Fragen etwas mehr im Hintergrund. Aber man kann sagen, das ist auch ein Glück für die Philosophische Anthropologie gewesen, denn dadurch ist man eigentlich immer noch wieder bereit, sich mit ihren ungelösten Problemen doch einmal auseinanderzusetzen. Das alte psychophysische Problem etwa, das durch die Existenzphilosophie gewissermaßen durch einen Griff überspielt und ausgeschaltet wird, besteht ja nach wie vor. Und ob man sagt, das ist eine rein wissenschaftliche Frage, oder ob man sagt, das berührt eine Frage, die überhaupt nicht zu lösen ist, oder ob man sagt, es ist ein Scheinproblem – wie auch immer, es bleibt als eine ganz solide ungeheure Frage. Die Frage, wie ist das eigentlich, wie geht das vor sich? Die Frage nach dem Verhältnis der Prozesse im Körper, im Gehirn und der seelisch-geistigen Dinge. Das ist eine alte, uralte, nach wie vor lebendige Frage, die Frage nach der Sonderstellung des Menschen in dem Lebendigen, in der Reihe der Organismen, eine nach wie vor harte, bleibende Frage.

Wir sehen, die Dinge sind, würde ich sagen, auch nachdem die Existenzphilosophie ihren wesentlichen Beitrag geliefert hat, sind die anthropologischen Fragen nach wie vor ungelöst. Was die Existenzphilosophie uns gegeben hat, war in der Tat der Versuch, ontologische und ethische Probleme in einen Griff zu bekommen. Das ist ihr sozusagen nur im Ansatz geglückt. Daraus hat sich bei Jaspers, eigentlich könnte man sagen, eine negative Philosophie entwickelt, die die eigentliche Erhellung der Existenz von jeder theoretischen Aussage abschneidet und einen puren Appell übrig läßt. Die Einzelwissenschaften bestimmen den Menschen theoretisch, er ist im Grund der Kantianer geblieben, der er immer war, und das Eigentliche, das kann nur in dem unmittelbaren praktischen selbstgewissen und in der entscheidenden Stellungnahme nach dem eigenen Gewissensanruf sozusagen nicht erlebt, aber geleistet, realisiert werden. Damit entzieht sich die Wesensbestimmung des Menschen jeder theoretischen Aussage. Heidegger, der es versucht hat, bleibt eigentlich letzten Endes in einer merkwürdigen, sehr zeitbedingten Formalbestimmung des menschlichen Seins im Hinblick auf eine ethische Entscheidungssituation stekken. Alle Beziehungen aber zur gesellschaftlichen Realität wie zur natürlichen Realität werden abgeschnitten. Es wird gewissermaßen ein Durchschnitt gegeben, aber von äußerster Einseitigkeit.

Die Philosophische Anthropologie demgegenüber hält sich gewissermaßen der Vielfalt des Wirklichen gegenüber offen und versucht, eben diese eigentümliche Bestimmung des Verhältnisses von homin und human – um die Sombartschen Begriffe hier zu gebrauchen – eben in dem Rahmen der Vielfalt des Seienden zu sehen und durchzuführen. Ob ihr das gelingt, ist eine Sache für sich, aber man muß es auch methodisch möglich machen.

Meine Damen und Herren, das wird also die kommende Aufgabe sein, und wir werden nach den Pfingstferien – das Sommersemester besteht ja im wesentlichen aus Ferien – damit nun einsetzen. Es wird Sie nicht verwundern dürfen, daß wir dabei auch auf echt und im alten Sinne immer wieder philosophische Fragen stoßen und daß wir uns mit manchen Richtungen auseinandersetzen werden, die scheinbar durch die Philosophische Anthropologie eigentlich bestritten werden. Das aber kann sie gar nicht, aber wie das Verhältnis sein wird, das kann nur in der einzelnen Analyse vor Ihnen sichtbar gemacht werden.

3. Stunde[,] Dienstag, 30. Mai 1961

[Philosophische Anthropologie als Erkenntnistheorie der Wissenschaften vom Menschen]

Meine Damen und Herren! Wir werden dieses einleitende Kapitel über Problem und Standort der Philosophischen Anthropologie heute abschließen. Aber ich möchte es nicht abschließen, ohne Sie noch einmal mit dem Aufbau des Ganzen in möglichst knapper Form bekannt zu machen. Bisher habe ich es im allgemeinen vermieden, stark einzuteilen. Das hat ja für den Hörer manches Mißliche. Sie werden gesehen haben, daß ich eigentlich mehr präludierend Sie in das Problem eingeführt habe, das wollen wir heute in eine etwas klarere Form bringen.

Wir haben uns zunächst einmal gegen die Auffassung gewandt, als ob es immer eine Philosophische Anthropologie gegeben habe. Sie finden heute in den Publikationen zu dem Thema sehr oft die Auffassung vertreten, als hätte es so etwas eigentlich immer in der Geschichte der Philosophie, ja, noch weiter darüber hinaus, in der Geschichte der großen Religionen und der großen moralischen Systeme gegeben. Denn, sagt man, der Mensch hat immer über sich nachgedacht, da wo er zu einer gewissen geistigen Freiheit gekommen ist, da, wo wir Hochkulturen haben, gibt es immer auch eine Frage nach Wesen und Sinn des Menschen und seines Lebens. Wenn man so weit den Begriff der Philosophischen Anthropologie ausdehnen will, dann fällt sie praktisch mit allem zusammen, was ein Kernstück jeder entwickelten Ethik, jeder entwickelten Philosophie ausmacht. Das scheint uns nicht richtig zu sein und deshalb habe ich an einigen Stellen am letzten und auch am vorletzten Male gesagt, man sollte nicht von einer Philosophischen Anthropologie oder einer Anthropologie des Apostel Paulus oder Augustins oder Thomas von Aquins sprechen. Ja, man kann und muß eigentlich sagen, daß dieser Begriff möglichst eingeengt, zu verschieden ist im Rahmen der modernen wissenschaftlichen Entwicklung, also in dem Horizont oder unter dem Horizont, den wir heute als das System der Wissenschaften kennen.

Die Begrenzung also des Begriffs und des Problems dieser merkwürdigen Disziplin auf die gegenwärtige Situation, wie sie sich aus der Entwicklung der modernen Wissenschaft und ihrer Disziplin ergeben hat, das war der Einsatzpunkt unserer einleitenden Betrachtung. Dabei bin ich nun so vorgegangen, daß ich unter vier Punkten Sie aufmerksam gemacht habe, da, wo das Problem in dieser spezifischen Form auftritt, wo uns eine Frage gestellt wird, wie sie in früheren Zeiten nicht aufgetreten ist.

– 1. einmal *durch die Entwicklung der Biologie* und der modernen Abstammungslehre ist die Frage nach der Sonderstellung des Menschen als Organismus im Laufe des 19. Jahrhunderts aktuell geworden. Daß auch in früheren Zeiten die Frage gelegentlich aufgeworfen ist, versteht sich von selbst. Aber als eine wirklich dringliche Frage, die ins Philosophische hineinreicht, weil die Entwicklung bestimmter Zweige der Naturwissenschaft, der Ur- und Vorgeschichte uns in Konflikt bringt mit traditionellen Auffassungen, vor allem durch die Theologie gefestigten Auffassungen vom menschlichen Wesen und von der menschlichen Stellung, das ist ein Produkt der Entwicklung des 19. Jahrhunderts.

– 2. *durch die Entwicklung der Psychologie und der Physiologie* wiederum im wesentlichen im Laufe des 19. Jahrhunderts ist das Leib-Seele-Problem, also das Problem von der Doppelnatur des Menschen, zu einer echten, dringlichen greifbaren Frage geworden. Dieses Leib-Seele-Problem hat,[1] das hat vielleicht den einen oder anderen von Ihnen etwas verwirrt, eine Vorgeschichte, die aber auch nicht weiter zurückreicht, als bis ins 17. Jahrhundert im wesentlichen. Warum? Weil im 17. Jahrhundert sich die Naturwissenschaften als mathematische Naturwissenschaften zu entwikkeln beginnen und weil erst in diesem Jahrhundert das Problem der Begrenzung der mechanistischen Weltdeutung überhaupt für die Menschen sichtbar und fassbar wird. Descartes, der ja aus dem 16. Jahrhundert stammt und im wesentlichen ein Denker des 17. Jahrhunderts ist und eine große Entwicklung einleitet, Descartes formuliert zum ersten Male diese merkwürdige Doppelnatur in seiner berühmten Zwei-Substanzen-Lehre und löst damit eine Gedankenbewegung aus, die dann in[2] Spinoza und Leibniz kulminiert. Hier ist allmählich das Problem des Verhältnisses des Körpers als einer ausgedehnten Wesenheit, die letzten Endes mechanisch, mathematisch zu fassen, zu erkennen ist, und einer unausgedehn-

1 Im Typoskript »ist«.
2 Im Typoskript »im«.

ten geistig-seelischen bewußtseinsmäßigen Wesenheit klargestellt. Hier ist zum ersten Mal erfaßt die Schwierigkeit, daß der Mensch als ein geistiges Wesen, als ein Subjekt eingebettet und auf eine rätselhafte Weise verbunden ist mit einer ausgedehnten körperlichen Existenz. Und ich habe Ihnen gesagt, daß daher die Lösungsversuche, die das 17. Jahrhundert eben schon gegeben hatte, vor allem in dem berühmten Monismus Spinozas, dadurch eine Aktualität behalten haben für das 18., aber vor allem für das 19. Jahrhundert, weil das 19. Jahrhundert zum ersten Mal eben, oder sagen wir: erneut durch die Entwicklung zweier Wissenschaften, der Psychologie und der Physiologie, wieder konfrontiert worden ist mit dieser Existenz dieser Doppelnatur. Wir finden natürlich diesen Gedanken immerfort auch im 18. Jahrhundert schon variiert. Aber eine wirkliche Dringlichkeit bekommt es eben durch die Entfaltung dieser beiden Disziplinen.

– 3. *Die Entwicklung der Geschichtswissenschaft* und ihre weitere gedankliche Durchbildung im sogen. Historismus hat uns mit einem neuen Problem konfrontiert, wie es frühere Zeiten nicht kannten, nämlich dem Problem von Konstanz und Variabilität. Konstanz einer menschlichen Natur und der Variabilität als der Geschichtlichkeit des Menschen. Und die Frage, die das 19. Jahrhundert nun zutiefst beunruhigt bis in die Gegenwart, ist und lautet so: Wieweit reicht Geschichtlichkeit in das menschliche Wesen oder in die menschliche Natur selbst hinein? Können wir noch von einer Konstanz sprechen, die sich gleichsam durch alle historischen Ausprägungen des menschlichen Wesens durchhält, oder ist das eine Fiktion? Diese Frage ist, wie Sie sehen, zugleich eine Frage, die ja ihre berühmte Ausprägung gehabt hat in der Diskussion, in der Debatte um das Naturrecht. Denn nur da, wo eine konstante menschliche Natur besteht, trotz aller Variabilität, im Historischen oder Ethnischen, kann man überhaupt einen Ansatzpunkt für ein zeitüberlegenes Naturrecht – ein *jus naturale* – finden.

Und – 4. davon haben wir eigentlich bisher nur sehr en passant gesprochen – *durch die Entwicklung der Soziologie*. Sie werden ja sagen, wenn ein Soziologe sich mit diesem Problem befaßt, dann muß das wohl einen besonderen Grund haben. Wir haben davon bisher an einigen Stellen gesprochen. Die Soziologie wiederum, genau wie die exakte Geschichtswissenschaft und die anderen genannten Wissenschaften, ist ein Produkt im wesentlichen des Ausgangs des 18. und vor allem des 19. Jahrhunderts und hängt aufs engste zusammen mit der Entwicklung unserer modernen Gesellschaft. Die Soziologie entsteht, möchte man sagen, in den Dezennien, in denen die Menschen durch eine Veränderung der wirtschaftlichen, der sozialen, der politischen Verhältnisse an den traditionell hingenommenen großen institutionellen Einrichtungen irre werden und sich aufgerufen fühlen, sie zu korrigieren, sie abzubauen, sie umzubauen, sie neu zu bauen. Die Soziologie ist also eine Tochter der Revolution. Sie entsteht, kann man sagen, in ihren Vorformen schon im Anschluß an die großen Beunruhigungen im Anschluß an die große bürgerliche Revolution in England, und dann erhält sie neuen Auftrieb durch die französische Revolution. Die Frühsozialisten sind gewissermaßen die ersten wissenschaftlichen Soziologen. Daran schließt sich die ganze Entwicklung vor allem des Marxismus an.

Und nun, kann man sagen, ist in Reaktion darauf eine eigene Wissenschaft entstanden, welche die große Transformation der sozialen Welt unter dem Einfluß der Industrie, der industriellen Entwicklung ständig kontrollierend, kritisierend, teils vorgreifend, teils in Form nur von Anpassungsvorschlägen begleitet und damit zum ersten Male eigentlich die ganze soziale Existenz des Menschen als Problem erfaßt. Als Problem, das durch den Menschen selbst gemeistert werden muß. Die Entdeckung also des Menschen als Produzent und Produkt zugleich, als produzierendes Produkt oder als produzierter Produzent einer Gesellschaft und ihrer Verhältnisse ist das Thema, das uns nunmehr zwingt, von neuem das Problem des Menschen in den Blick zu bekommen. Die Verhältnisse von Öffentlichkeit im weitesten Sinne, jetzt nicht staatlich-politisch gemeint, sondern im weitesten Sinne als gesellschaftliche Existenz, und Privatheit oder, moderner ausgedrückt, von sozialer Rolle und Eigentlichkeit bilden das Problem, mit dem wir es hier zu tun haben. Und es hat seinen berühmten Aspekt bekommen in dem Thema der von Hegel und Marx gestellten Idee der Entfremdung. Noch Sartre hat in seiner Kritik *De la raison dialectique* (die bisher nur in Französisch da ist, jetzt im letzten Jahr erschienen ist)[3]

3 Jean-Paul Sartre, *Critique de la raison dialectique, précédé de Question de méthode. T. 1: Théorie des ensembles practiques*, Paris 1960; dt.: *Kritik der dialektischen Vernunft. Band 1: Theorie der gesellschaftlichen Praxis*. Deutsch von Traugott König, Reinbek 1967.

dieses Thema als das Zentralthema geradezu erfaßt und versucht, von hier aus eine philosophische Soziologie aufgrund einer ganz bestimmten anthropologischen Auffassung, die ihn ja weitgehend mit Heideggerschen Einsichten verbindet.

Sie sehen also, hier ragt überall durch die Entwicklung der modernen Wissenschaft immer wieder dieses eine Problem in jeweils einem ganz anderen Aspekt hervor. Und darauf wollte ich den Nachdruck von vornherein legen, daß man nicht, wie das z. B. in dem kleinen Buch von M. Landmann, was ich Ihnen das letzte Mal nannte, geschieht, von einer Geschichte der Philosophischen Anthropologie sprechen kann, die so alt ist, wie das Denken des Menschen über sich selbst. Es ist vielmehr wesentlich für uns die Erkenntnis, daß die moderne Wissenschaft gerade dies Problem aufgeworfen hat. Freilich die moderne Wissenschaft in ihrer unauflöslichen Verbundenheit mit der modernen Gesellschaft. Denn sie ist ja ein ganz wesentliches Element, ein wesentlicher Faktor dieser modernen Gesellschaft. Diese moderne industrielle Gesellschaft oder die sich fortgesetzt industrialisierende Gesellschaft ist ja angewiesen auf die Entwicklung bestimmter Wissenschaften. Man denkt immer nur an die Naturwissenschaften, an die Physik, an die Chemie, aber man kann nicht so einseitig dieses Gewebe dieser modernen Wissenschaften sehen, sondern, was hier im Bereich der anorganischen Naturwissenschaften geschieht, findet ja sein Komplement, seine Ergänzung, seine notwendige Auffüllung und Beantwortung in anderen Bereichen, den Bereichen der organischen, speziell der biologischen Wissenschaften, in dem Bereich der Geisteswissenschaften, der Geschichte, der geschichtlichen Wissenschaften, der Philologien, der Soziologie, der Psychologie.

Wenn man nun diese Einsicht an den Anfang stellt, und sieht, daß diese Gesellschaft wiederum von der Wissenschaft mit getragen wird, wie sie ihrerseits diese moderne Wissenschaft trägt, dann bringt uns das den gesamtkulturellen Aspekt einschließlich des religiös-moralischen Aspekts unseres Problems in den Blick. Davon ist Max Scheler in seiner kleinen Schrift über die Stellung des Menschen im Kosmos im Jahre 1928 ausgegangen.[4] Er hat also dies Problem der Philosophischen Anthropologie von vornherein auf diesem großen Hintergrund projiziert. Die moderne Unsicherheit

4 Max Scheler, *Die Stellung des Menschen im Kosmos*, Darmstadt 1928.

des Menschen über sich selbst erstaunlicherweise in Konnex mit seinem außerordentlich gewachsenen Wissen über sich selbst bezeichnet er, und mit Recht, als den Einsatzpunkt unserer philosophischen Überlegung in dieser Richtung.[5]

Soweit also wäre, glaube ich, Klarheit darüber gegeben, welchen Gesamtaspekt wir hier im Blick halten. Nun ist die Frage, wie setzt gegenüber diesen Anforderungen die Philosophische Anthropologie nun wirklich ein. Es ist klar, daß eine Fülle von rein empirischen Dingen zunächst einmal uns bekümmern muß. D. h. wir können eine solche philosophische Besinnung nicht von vornherein so vornehmen, als ob wir auf eine Reihe von empirischen Einsichten oder Problemstellungen verzichten könnten. D. h. wir können es uns nicht leisten, einfach zu sagen, das geht uns als Philosophen nichts an. Laßt die Biologen und die Abstammungstheoretiker ihre Probleme einfach lösen oder laßt die Psychologen und die Physiologen ihre Probleme behandeln, laßt die Historiker für sich, laßt die Soziologen für sich – sondern: in all diesen Überlegungen spielt ja doch der Begriff des Menschen irgendwie eine Rolle. Er ist ein tragender Begriff, er ist von diesen Wissenschaften, wenn auch auf sehr verschiedene Weise, jeweils vorausgesetzt. Die Frage nach den spezifischen Voraussetzungen dieser empirischen Wissenschaften ist eine typisch philosophische, näher: erkenntnistheoretische und methodologische Fragestellung.

So gesagt, ist Philosophische Anthropologie zunächst einmal der Versuch einer Erkenntnistheorie der Wissenschaften vom Menschen. Ganz einfach und schlicht gesagt. Da wird man aber sagen, ja wie – der Begriff des Menschen, wie ihn die Soziologen gebrauchen, ist doch völlig anders wie etwa der biologische Begriff des Menschen. Die Abstammungstheoretiker operieren doch und beschränken sich doch ganz bewußt – operieren doch mit einem ganz anderen Begriff als etwa die Soziologen oder wiederum die Psychologen.

Da muß man nun von vornherein auf etwas aufmerksam machen, was eine interessante Tatsache in verschiedenen Bereichen der genannten Wissenschaften ist. Ich mache Sie zunächst einmal aufmerksam darauf, daß die biologische Abstammungslehre ja ständig an einem bestimmten Punkte die Schwierigkeit hat, zu

5 Vgl. ebd., S. 11.

sagen: wo endet in der Abstammungslehre das rein Tierische und wo beginnt das spezifisch Menschliche. Was trennt – was macht es für den Menschen spezifisch –, welche Eigenschaften, welche Merkmale, die Frage also: Sie erinnern sich an die Frage von Sombart, die Frage nach den Kriterien des Hominen. Das ist genau der Punkt, der uns hier interessiert. Denn offensichtlich genügt es ja nicht, kann nur dem Biologen in einem gewissen Sinne genügen, daß er sagt, ich betrachte die und die besonderen körperlichen Eigenschaften als ausreichende Merkmale zur Bestimmung der Sonderart der Spezies Mensch. Er muß ja weitergehen. Er muß ja doch bei seinen Betrachtungen, wenn sie wirklich tragen sollen, für eine Erklärung der Entstehung des Menschen aus den tierischen Vorformen – er muß ja hinblicken auf solche spezifischen Monopole des Menschen, wie etwa Werkzeugherstellung – und zwar veränderliche Werkzeugherstellung – oder auf das Vermögen der Sprache, auf das Vermögen des Bildens, des Abbildens, denken Sie an die Höhlenmalereien und ähnliches. Er muß an das Wohnen des Menschen denken, an die spezifischen Arten des eben menschlichen Sich-ein-Zuhause-schaffens, in wie primitiver Art auch immer. Mit anderen Worten, er wird durch seine Fragestellung zu einer Metabasis, zu einem Übergang in eine andere Dimension, gezwungen.

Interessant sind nun aber auch, wenn wir an die zweite Wissenschaftsgruppe, die Psychologie und die Physiologie hier denken, die Tendenzen in der modernen Psychologie wie auch in der modernen Physiologie bzw. den von der Physiologie abhängigen medizinischen Fächern, Querverbindungen zu finden. Das, was man die psychosomatische Medizin, das, was man die Tiefenpsychologie nennt, sieht sich ja gezwungen, einfach rein aus empirischem Zwang, nicht durch philosophische Überlegungen, aus dem Zwang der Sache, die sie beobachten und die sie behandeln wollen, Querverbindungen zwischen diesen beiden Bereichen zu finden. In einer anderen Weise als das noch die Psychophysik von Gustav Theodor Fechner etwa wollte, die sozusagen die Konzeption einer strengen Parallelwissenschaft hatte mit Zuordnungsmöglichkeiten zwischen den beiden Bereichen des Bewußtseins und der körperlichen Prozesse, der Reizprozesse und der Empfindungsprozesse. Nein, hier geht es um etwas anderes, die Tiefenpsychologie sieht sich gezwungen, den Bereich des Bewußtseins auf tiefere Bereiche zu fundieren. Dafür hat man dann den generellen Begriff des Unbewußten geprägt, wobei man zunächst einmal gar nicht weiß und nicht behauptet, zu wissen, was damit gemeint ist. Diese unbewußten Mechanismen oder Vorgänge, diese unbewußten Vorgänge, ja, wie soll man sie fassen? Sind sie noch psychisch oder sind sie etwa physisch? Oder sind sie weder das eine noch das andere? Sie werden also in der Theorie der Psychoanalyse wie überhaupt in der Theorie der Tiefenpsychologie immer finden, daß man auf solche Fragen gestoßen wird. Der Empiriker wird sich schwer hüten, da eine Privatphilosophie zu veranstalten. Er wird sagen, das sind Dinge, die wir als saubere Empiriker einfach nur in ihren Wirkungen konstatieren können. Aber die Beeinflussung eines Krankheitsgeschehens durch bestimmte psychische Prozesse und umgekehrt der psychischen Prozesse durch bestimmte physische Prozesse ist etwas, womit der Arzt heute schon weitgehend als wissenschaftlicher Arzt rechnen muß. Sie sehen also, hier wird das Problem wiederum von einer anderen Seite aufgerollt und wird uns dringend.

Weiterhin: In der Geschichtswissenschaft und im Historismus, haben wir gesagt, ist diese ganze Schwierigkeit von Konstanz und Variabilität eine dringende Schwierigkeit geworden, die unsere eigene Fragestellung hier, die Fragestellung des Phil[osophischen] Anthropologen, unmittelbar berührt. Denn unsere Begriffe, mit denen wir hier arbeiten, sind Spätbegriffe, sind historische Spätlinge. Wenn wir vom Menschen sprechen, dann meinen wir etwas, was frühere Epochen in dieser Form nicht gemeint haben. Wir befreien diesen Begriff von ganz bestimmten, z. B. theologischen Voraussetzungen. So, wie vom Menschen früher gesprochen wurde, also etwa wie Paulus sprach oder Augustin sprach, so sprechen wir heute als Anthropologen eben nicht. Die eigentliche Objektivierung des Menschen, wie sie diese Wissenschaften vornehmen, zeigt uns jetzt, verstehen Sie mich recht, die geschichtliche Prägung unseres eigenen Begriffsapparates, unseres eigenen Wertapparates, unseres Normen- und Kriterienapparates.

Also, das Problem, was wir hier zunächst einmal ganz in der Distanz entwickelt haben, das Problem von der menschlichen Natur als einer Grundkonstante, die sich durch alle Völker, durch alle Kulturen, durch alle historischen Epochen hindurch erhält, dieses selbe Problem schlägt nunmehr auf uns zurück, auf unsere eigene Fragestellung und stellt uns vor die Frage, und zwar die echt philosophische Frage: Wie setzen wir uns mit unserer eigenen Geschichtlichkeit gewissermaßen in dem, was wir hier tun, auseinander? Denn wenn wir das nicht können, wenn wir nicht irgendeinen Weg finden, diese Begrenztheit unseres eigenen Aspektes in den Griff zu bekommen, dann würden wir uns einer schweren Illusion schuldig machen und würden statt einer echten wissenschaftlich-philosophischen Überlegung eben das Opfer werden eines Phantasmas.

Und diese selbe Problematik gilt ja doch für den Soziologen, nur eben nicht so historisch, sondern unmittelbar gefaßt auf seine eigene gesellschaftliche Existenz. Das hat uns ja der Marxismus mit aller Nachdrücklichkeit vor Augen geführt, wieweit unser Bewußtsein, unsere Denkmöglichkeiten, Hilfsmittel und Fragestellungen, wieweit die selbst schon gesellschaftlich bedingt sind. Und ob wir uns hier nicht, wenn wir ein solches Problem aufwerfen, wiederum einer ideologischen Verfälschung schuldig machen. Einer ideologischen Verfälschung in dem Sinne, daß wir glauben, mit ewigen Problemen zu tun zu haben, obwohl sie letzten Endes zeitlich und gesellschaftlich, vielleicht nur ökonomisch, jedenfalls sozialökonomisch, machtkonstellationsmäßig bedingt sind. Das ist ja die große Frage, die uns der Marxismus stellt[,] und das müssen wir jedenfalls mit im Blick halten.

Ich nannte den Namen Feuerbach und sagte, man könnte sagen, daß das Problem der Anthropologie vielleicht so, wie wir es hier erfassen, zurückreicht bis etwa zu ihm. Daß er in gewisser Weise sogar der erste Anthropologe in diesem Sinne gewesen sei. Das würde also sein die Zeit etwa von 1840, 1850, also er war ein Zeitgenosse von Marx. Das wird uns noch zu schaffen machen. Denn Marx und die Marxisten wenden sich besonders leidenschaftlich oder haben sich gegen den Gedanken der Anthropologie damals schon gewandt. Die Idee nämlich, von der Feuerbach ausgeht, daß Theologie zu ersetzen sei durch Anthropologie und daß der Mensch in allen Gestaltungen das letzte verantwortliche Subjekt sei für seine eigene Welt, für seine eigenen Einrichtungen, für seine eigenen Werte und Maßstäbe, dieser Gedanke wird von Marx zwar akzeptiert, aber er sagt, man darf dabei nicht stehenbleiben. Denn der Mensch ist nur eine Abstraktion. Die konkrete jeweilige Form und Art menschlicher Existenz ist vielmehr das Maßgebende. Sie sehen also, hier ist das Problem von Konstanz und Variabilität schon einmal entscheidend gegen eine Philosophische Anthropologie im Ansatz ins Feld geführt worden.

Nun meine Damen und Herren, diese Problematik ist in den zwanziger Jahren so etwa entfaltet worden, wie ich sie Ihnen hier dargestellt habe. Sie ist begreiflicherweise in den dreißiger Jahren unterdrückt worden, vergessen worden, inhibiert worden, selbstverständlich, denn dort gab es eine sehr bestimmte, eine politisch führende Anthropologie, eben die Rassenlehre. Die mit sehr primitiven Mitteln in Anknüpfung an die alte biologische Rassentheorie des ausgehenden 19. Jahrhunderts und der Darwinschen Zuchtwahltheorie sozusagen zum Staatsdogma erhoben wurde. Deshalb konnte sich begreiflicherweise in dieser Zeit eine Philosophische Anthropologie überhaupt nicht entwickeln. Und, was weiterhin wichtig ist, von daher besteht denn auch nach wie vor eine gewisse Reserve, vor allem naturwissenschaftliche, biologische Probleme mit dieser Frage zu verknüpfen. Nachdem man einmal gesehen hat, daß diese ganze Rassenkonzeption, wenn nicht überhaupt ein Trugbild, so im höchsten Sinne dubios und einseitig ist, hat sich gleichsam ein Tabu hier entwickelt, daß man sagt, an diese Dinge wollen wir lieber überhaupt nicht ran. Gleichwohl ist das eine echte Aufgabe.

Nun darf ich vielleicht hierbei folgendes sagen: Wie muß nun, wenn wir dieses Problem in seiner vollen Breite so entfalten, zunächst einmal der Erkenntnistheoretiker vorgehen? Philosophische Anthropologie als Erkenntnistheorie der Wissenschaft vom Menschen. Wie muß das aussehen? Er muß sich von allen idealistischen Einseitigkeiten von vornherein freimachen. D. h., es genügt nicht, daß wir das menschliche Subjekt nur in seiner Isolierung von allen Bindungen, sei es naturhafter, sei es geschichtlicher und gesellschaftlicher Art betrachten. Mit anderen Worten: Die Konzeption des Daseins, so wie sie Heidegger – in gewisser Weise auch Jaspers, aber den können wir hier einstweilen einmal ausklammern – wie Heidegger das versucht hat und wie es in gewisser Weise auch, wenn auch mit Modifikationen, Sartre tut, aber Sartre steht hier doch getrennt von ihm. Diese Konzeption des menschlichen Daseins rein als eines körperfreien und gesellschaftsfreien Daseins ist im Ansatz falsch, reicht einfach nicht aus. Eine Daseinsanalyse muß also von vornherein offen sein nach der Seite der Naturhaftigkeit, der naturhaften Faktizität wie nach der Seite seiner gesellschaftlichen Faktizität. Infolgedessen kann für uns – ich habe das letzte Mal Heidegger ja so ein wenig ironisch angerufen (gewissermaßen berufen) – kann uns dieser Ansatz nicht tragfähig genug sein. Die Heideggersche Daseinsanalyse ist, das muß an dieser Stelle auch mit allem Nachdruck gesagt werden, damals ein sehr positiver Schritt gewesen, das philosophisch-anthropologische Problem überhaupt anzufassen. Aber er hat von vornherein einen bestimmten einseitigen Weg gewählt, und zwar, weil ihm die Anthropologie nicht dabei die Hauptsache war, sondern nur ein Mittel. Die Daseinsanalyse war für ihn nur ein Ansatz, um – wie er sich ausdrückte – zu einer Ontologie, zu einer Fundamentalontologie, d.h. zu einer Theorie, zu einem Verständnis des Seins, genauer gesagt: des Wortes Sein zu kommen. Deshalb sagt er: Wo erschließt sich mir, an welcher Stelle kann sich mir überhaupt nur Sein als die Grundformel aller Metaphysik und aller Ontologie erschließen? Da, wo dieses Sein sich selber durchsichtig ist, nämlich in dem Da-Sein (Mensch). In diesem Da-Sein nämlich ist es sozusagen mit sich selber im Gespräch, ist es mit sich selbst um sich selbst besorgt, redet es von sich mit sich. Das Sein erschließt sich mir nicht an den Dingen, an den Gebrauchsdingen nicht, an den Gegenständen nicht. Da kann ich letzten Endes nur naturwissenschaftlich oder praktisch-technisch zu Werk gehen. Da komme ich nicht in die Seinshaftigkeit dieses Seienden hinein, das kann ich nur, indem ich bei mir anfange. Ich, der ich ein merkwürdig Seiendes unter Seiendem bin, aber mir selbst zugänglich.

Das ist ein uralter Gedanke der Philosophie immer gewesen, nun wird es bei ihm von vornherein eine merkwürdige Methode zugleich der Isolierung dieser Daseinsanalyse von allem anderen. Sie sehen, indem man auf diese Weise einsteigt in eine solche Analyse des spezifischen Daseins wird man von vornherein abgehoben – und bei ihm ist es sehr ausgesprochen – von allem Naturhaften, Leibhaften, Leibgebundenen, Leibbedingten wie auch von allem Gesellschaftlichen, Sozialen, Sozial-bedingten. So kommt es zu einer merkwürdigen Isolierung in dieser Analyse. Die Anthropologie wird zu einem bloßen und sehr einseitigen Hilfsmittel, um eine Fundamental-Analyse des Seins zu versuchen.

Bei Jaspers ist dieser Bereich des spezifisch Menschlichen gesehen, aber Jaspers verbietet sozusagen, diesen Bereich selbst in seiner eigenartigen Struktur noch einmal zu analysieren. Eine Vergegenständlichung des Menschen, des spezifisch menschlichen Seins ist für ihn unmöglich. Vergegenständlichung ist nur in einzelnen wissenschaftlichen Formen denkbar, und zwar genau in den Disziplinen etwa, die ich Ihnen hier am Anfang genannt habe. So bleibt für uns also die Aufgabe, und damit treten wir das nächste Mal in das 2. Kapitel ein, uns zu sagen, wie müssen wir vorgehen, damit wir von vornherein diesen Fehler vermeiden.

4. Stunde[,] Donnerstag, 1. Juni 1961

[Das Problem der Sprache I]

Meine Damen und Herren! Zum Abschluß der Betrachtungen unseres ersten Kapitels nur noch ein Wort: Sie erinnern sich, daß ich unsere Betrachtungen über den Gegenstand, das Thema der Philosophischen Anthropologie bezeichnet habe als eine Erkenntnistheorie der Wissenschaften vom Menschen. Das ist nun ein etwas schwieriger und unter Umständen sogar missverständlicher Begriff. Eine Bezeichnung, die eigentlich impliziert, daß für die verschiedenen Wissenschaften, die sich auf den Menschen beziehen, ja doch ganz verschiedene Begriffe vorausgesetzt sind. Der Biologe arbeitet völlig anders als der Psychologe und noch ganz anders arbeitet der Historiker oder der Soziologe. Nun könnte man sagen, die Aufgabe der Philosophischen Anthropologie ist, diese verschiedenen Begriffe, diese Partialbegriffe vom Menschen, wie sie jeweils den einzelnen Disziplinen zugrunde liegen oder vorausgesetzt werden, wie auch immer, die zu einer Einheit zu bringen. Und so hat man dann auch sehr oft die Philosophische Anthropologie gewissermaßen mit der Aufgabe belastet, eine Synthese dieser verschiedenen Aspekte oder Grundbegriffe der einzelnen Wissenschaften zustande zu bringen. Diese Auffassung ist sicher zunächst einmal von uns zu akzeptieren. Aber wir wollen doch das Ganze noch mit einem Fragezeichen versehen. Sie werden im Laufe unserer verschiedenen Kapitel sehen, daß sich diese Bezeichnung von einer Erkenntnistheorie der Wissenschaften vom Menschen nicht voll durchhalten läßt. Aber ich möchte auch am Anfang nicht mehr sagen. Ich warne nur davor, gleich am Anfang mit einem sehr großsprecherischen Wort das Wort Ontologie oder das Wort Wesen hier an den Anfang zu stellen. Als ob wir das menschliche Sein oder sein eigentliches Wesen hier zur Erscheinung, zur Darstellung bringen müssten. Das mag sich im Verlauf unserer Betrachtungen als eine legitime Aufgabe allmählich herausbilden. D. h., wir können wohl und dürfen am Anfang auch nicht vergessen, was wir gesagt haben, daß die Merkmale des Hominen und die Kriterien des Humanen offensichtlich miteinander verbunden sind. Und daß schließlich eine Betrachtung, die dahin zielt, die Kriterien des Humanen und damit der

Humanität zu erarbeiten, wohl sicher sich unter den Gedanken stellen kann, daß sie es mit dem Wesen des Menschen zu tun hat. Trotzdem möchte ich vorschlagen, dieses uns noch offen zu halten. Dies nur gewissermaßen an eine Bemerkung in der letzten Stunde anschließend, und damit schließen wir das erste Kapitel ab und gehen nunmehr zu dem 2. Kapitel über.[1]

Dieses Kapitel wird sich im wesentlichen mit dem Problem der Sprache beschäftigen. Aber nicht in der Weise, wie das heute von zwei großen Richtungen in der Philosophie betrieben wird, deren eine extreme Exponente bei Wittgenstein und mit ihm verwandten Richtungen einer linguistischen Analyse und Semantik charakterisiert ist und einer anderen Richtung, die ihre extreme Ausgestaltung bei Heidegger, vor allem in dem späten Heidegger, und seiner Schule findet. Wir müssen also versuchen, da wir überzeugt sind, daß beide Aspekte durchaus legitim sind, aber von sich aus keine von beiden imstande ist, das Problem, das dieser Aspekt aufwirft, zu lösen, müssen wir versuchen, einen anderen, ich würde sagen, einen dritten Weg zu gehen. Hier zeigt sich dann, würde ich glauben, gerade im Anschluß dann an die Betrachtung, das Recht eines anthropologischen Ansatzes in einer Theorie der Sprache.

Für das Verständnis der Art und Weise, wie beim Menschen die beiden großen Aspekte seiner Existenz, nämlich der physische und der seelisch-geistige Aspekt, ineinandergreifen, hat man von jeher das Phänomen der aufrechten Haltung als entscheidend angesehen. Wir werden also zunächst einmal von diesem merkwürdigen Komplex der aufrechten Haltung zu sprechen haben und uns überlegen, was das nach der physischen wie nach der geistig-seelischen Seite eigentlich bedeutet. Dabei kommt heraus eine merkwürdige Dominanz desjenigen Feldes, das durch das Sehen und das Greifen wesentlich bestimmt ist.

Zunächst einmal ist ja ganz klar, die Biologen haben das immer festgestellt, daß die aufrechte Haltung des Menschen etwas ist, was dem Menschen eine besondere Monopolstellung verleiht. Eine Monopolstellung, wohlgemerkt, unter denjenigen höher entwickelten Säugetieren, und hier wiederum den ihm nächststehenden Anthropoiden, daß er dadurch eine Entlastung findet, einmal für die Kopfpartie mit all den Organen, die an die Kopfpartie gebun-

1 Das im Typoskript folgende »2. Kapitel« getilgt.

den sind, also vor allem die Sinne des Auges, des Ohrs in erster Linie, die auch als Orientierungssinne für den Menschen offensichtlich eine besondere Bedeutung haben, und dann weiterhin, durch die damit freigesetzte Möglichkeit einer Differenzierung von Hand und Fuß.

Daß diese Aufrichtung, diese Elevation tief in unserer physiologisch-anatomischen Struktur angelegt ist, beweist schon die Entwicklungsgeschichte des Individuums, die Ontogenie. Bereits im zweiten Monat der Schwangerschaft zeigt der Embryo die ersten Gestaltveränderungen, welche die typisch menschliche Krümmung der Wirbelsäule in der Beckenregion kennzeichnet. Mit den durch sie gegebenen statischen Verhältnissen hängt dann wiederum die eigentümliche Entwicklung der Schädelkapsel und damit des Großhirns zusammen, dem, wie wir aus einer Fülle von Erfahrungen wissen, die differenzierten Leistungen des Koordinierens und des Regulierens, und zwar des sensorischen und des motorischen Koordinierens und Regulierens zugeordnet sind. Denn wir wissen weiterhin, die hochentwickelte Struktur des Großhirns beim Menschen ist offensichtliche Bedingung für das assoziative und kombinative Können menschlicher Wahrnehmung und menschlicher Intelligenz. Auch wenn wir bis heute nicht wissen, keine irgendwelche Vorstellung haben, wie dieser Zusammenhang eigentlich funktioniert. Wir wissen nur das eine, das ist offensichtlich die Voraussetzung für das Zustandekommen solcher geistig-seelischer Leistungen. Dieser psychophysische Zusammenhang verwirklicht sich nur im Vollzug unserer Existenz. D. h., er muß vom Menschen geleistet werden. Das ist schon sehr seltsam. Die Tatsache also, daß das Kind lernen muß, sich aufzurichten und in der Daueraufrichtungs-Haltung zu verharren, zu gehen, zu stehen, was sich z. T. im ersten Lebensjahre schon anbahnt, um dann im darauffolgenden Jahre sich einigermaßen zu stabilisieren, das ist schon, wie wir später sehen werden, wie das Erlernen der Sprache etwas, was dem einzelnen Individuum nicht abgenommen ist, man könnte ja sagen, es wäre viel besser, er brauchte das nicht erst zu lernen, sondern er hätte das sozusagen gleich mitbekommen. Denn die anatomisch-physiologischen Voraussetzungen hierfür sind ja einfach ontogenetisch gegeben. Trotzdem ist es eigenartig, er hat sozusagen nur die Möglichkeiten mitbekommen, das Gehen, Stehen, ist kein angeborenes Verhalten, sondern nur die Möglichkeit dazu ist ihm angeboren. Gaston Bachelard, ein bedeutenderer französischer Philosoph und Psychologe, hat das sehr hübsch ausgedrückt mit dem folgenden Satz: …[2]

Die größte der menschlichen Verantwortlichkeiten, physisch wie sittlich, geistig-moralisch, ist die Verantwortlichkeit unserer Vertikalität. Und genau dasselbe sagt Erwin Straus, ein nach Amerika gegangener bedeutender deutscher Psychologe, wenn er von dem Tat-Charakter des Sich-Aufrichtens nicht nur beim Kinde spricht.[3] Das zeigt sich ja auch sehr hübsch in gewissen sprachlichen Wendungen. Wir sagen, ein aufrechter Mensch. Aufrecht, aufgerichtet, aufrichtig kreisen also um diese merkwürdige Prädilektion, diese merkwürdige Vorzugsstellung der Vertikalrichtung. Im Holländischen wird das sehr hübsch differenziert, wer im Holländischen nicht gut zuhause ist, der macht dann sehr gern den Fehler, oprecht und recht op miteinander zu verwechseln.

Was wird nun damit gewonnen? Eine biologisch sehr ambivalente Haltung. Das wissen wir ja alle. Mit der Aufrichtung ist eine instabile und für die Ortsbewegung, die Lokomotion ähnlich wirksame Haltung eingenommen. Andererseits, mit dieser Instabilität wird, das ist von vornherein mitgegeben, zugleich die Aufmerksamkeit auf das Äquilibrium notwendigerweise rein vital gerichtet. Es ist sozusagen eine permanente Leistung, sich im Gleichgewicht zu halten. Das kann man sagen, ohne irgendwelche Metaphysik ins Spiel zu bringen. Das ist in diesem Strukturzusammenhang direkt gegeben. Nun braucht sich das nicht immer als eine Krisensituation beim einzelnen Menschen permanent zu zeigen. Soweit wollen wir auch wieder nicht gehen, aber es gibt die Möglichkeit, in solche Krisensituationen zu geraten. Weiterhin ist in dieser Ambivalenz mit drin ein großer Vorteil. Nämlich weite Sicht für das Feld des Auges, also eine Erweiterung des Augenfeldes in einer Weise, wie

2 Handschriftlich vermerkt: »Zitat fehlt«. Gemeint ist aber wohl das Zitat aus Plessners *Conditio Humana*: »La plus grande des responsabilités humaines – physiques et morales – est la responsabilités de notre *verticalité*.« (Gaston Bachelard, *L'Air et les Songes. Essai sur l'imagination du mouvement [1943]*, Paris 1950, S. 45, Hervorhebung im Original, aus: Helmuth Plessner, »Die Frage nach der Conditio humana«, in: *Gesammelte Schriften* VIII: *Conditio humana*. Hg. von Günter Dux, Odo Marquard und Elisabeth Ströker, Frankfurt/M. 1983, S. 170).

3 Erwin Straus, »Die aufrechte Haltung. Eine anthropologische Studie« (1949/1951), in: ders., *Psychologie der menschlichen Welt. Gesammelte Schriften*, Berlin u. a. 1960, S. 224-235.

es dem Vierfüßler oder dem ....[4] Vierfüßler, dem temporären Vierfüßler nicht möglich ist[,] und weiterhin eben die Befreiung der Hand. Die Befreiung der Hand und ihre deutliche Differenzierung im Unterschied zum Standorgan und Lauforgan des Fußes. Grenzphänomene gibt es überall, selbstverständlich bei vielen Primitiven, sagt man mit Recht, wenn er noch nicht durch den Schuh etc. gebremst wird, ist er weiterhin auch noch als Greiforgan mit funktionsfähig, aber das ändert nichts an dieser grundsätzlichen Differenzierung.

Die Befreiung der Hand nun und die Freilegung des Auges in diesem eigenartigen Sinne, daß das Auge sozusagen auch ein maximales Übersichtsfeld erschließt, führen von vornherein zum Werkzeuggebrauch vor allen Dingen der Hand. Ich sage vor allen Dingen, nicht nur. Die Hand ist also das erste Werkzeug des Menschen, das ihm angeboren im eigentlichen Sinne des Wortes ist. Und zugleich ist die Hand damit der Ansatzpunkt, die Ansatzfläche, das Ansatzorgan für weitere Werkzeugausgestaltungen künstlicher Art. Der alte Kapp hat in den 70er Jahren bereits eine Philosophie der Technik auf diesem Gedanken aufgebaut, in dem er bis zu einem gewissen Grade, man kann sagen: mit Recht nachweist, wie weitgehend die Werkzeuge, vor allem in ihren primitiven Ansatzformen, eigentlich Projektionen oder Weiterführungen, künstliche Weiterführungen unserer Organe darstellen.[5] Von der Hand als Greiforgan, der Hand als der geballten Faust, als Schlagorgan u.ä., also Hammer-Greiforgane können sozusagen gleichsam aus der Struktur von Arm und Hand bis zu einem gewissen Grade mit entwickelt werden.

Dies ist wichtig für ein uraltes Problem der Anthropologie, ein Problem, mit dem ja auch ständig die Ur- und Frühgeschichte zu tun hat, nämlich, wie man sich diese ersten Werkzeugerfindungen zu denken habe. Und in der Literatur bis heute spielt die Frage immer wieder eine Rolle, was nun eigentlich früher war: die Aufrichtung oder die Werkzeugfertigung bzw. der Werkzeuggebrauch. Sehr merkwürdig: eine Frage, die man ja empirisch aufgrund der Überreste, die man schließlich in den Erdschichten zutage fördert, ja eigentlich nie lösen kann. Wahrscheinlich aber eine falsch ge-

4 Lücke im Typoskript.

5 Vgl. Ernst Kapp, *Grundlinien einer Philosophie der Technik. Zur Entstehungsgeschichte der Kultur aus neuen Gesichtspunkten*, Braunschweig 1877, bes. Kapitel II und III.

stellte Frage, weil das eine mit dem anderen ja einen Strukturzusammenhang bildet. Wie auch immer wir uns diesen merkwürdigen Aufrichtungsübergang vorstellen zu einer Daueraufrichtung, also zu einem Wesen, das die Daueraufrichtung wählt oder dem die Daueraufrichtung zugefallen ist, ein solches Wesen wird sofort in irgendeinem Sinne, so primitiv wie auch immer, nicht nur die Möglichkeit, sondern auch die Notwendigkeit haben, zugleich zum Werkzeug, zur Werkzeuggestaltung überzugehen.

Werkzeuggebrauch in diesem rein äußerlichen Sinne, daß in das Verhalten eines Lebewesens irgendwelche künstlichen Materialien zur Erreichung vitaler Zwecke eingebaut sind, kennen wir ja bei sehr vielen Tieren. Das ist nicht das Entscheidende. Wenn ein Vogel sein Nest baut, da kann man sagen, er gebraucht natürlich in irgendeinem Sinne Materialien dazu, und das kann man dann ein Werkzeug nennen. Genauso wie auch bei viel primitiveren Organismen dasselbe Phänomen zu beobachten ist. Also das ist nicht das Entscheidende. Das Entscheidende ist die Herstellung, also die eigentliche Erfindung und die Variation. Die Variation, d.h. das Weitergestalten des künstlichen Materials oder der künstlich aber irgendwie dem Material anhängenden Form. Das finden wir in der Tat bei Tieren niemals, sondern es ist sozusagen eine bestimmte Tierart, eine bestimmte Spezies immer auf einen mehr oder weniger dieser Spezies spezifischen, aber konstanten Material- und Formgebrauch festgelegt. Beim Menschen beobachten wir diese eigenartige Fähigkeit zu modulieren, umzugestalten, zu verbessern, sich an neue Situationen mit diesen Werkzeugen anzupassen und sie weiter zu gestalten, zu entwickeln.

Also, die Frage, welche die Psychologin Hayes, eine amerikanische Psychologin, in einem vor einigen Jahren erschienenen Buch gestellt hat,[6] nämlich die Frage, was nun früher sei: Werkzeuggebrauch oder Aufrichtung, auch die These, die von manchen vertreten wird, daß der Werkzeuggebrauch früher gewesen sei und erst aufgrund dieses Zwangs, Werkzeuge zu gebrauchen, die Daueraufrichtung sich biologisch durchgesetzt habe im Laufe der Ur- und Vorgeschichte. Es ist also so überhaupt nicht zu entscheiden und sicherlich nicht richtig, denn man kann das eine nicht ohne das andere sehen. Das eine bedingt das andere.

6 Catherine Hayes, *The Ape in our House*, New York 1951.

Nun ist die Frage, wie es mit diesem Werkzeuggebrauch ist. Vor allem mit dem Werkzeuggebrauch in diesem besonderen Sinne der Variationsmöglichkeit und der Möglichkeit der Werkzeugfindung, der Werkzeuggestaltung. Hier haben die Tierpsychologen der letzten Jahrzehnte wesentliche Experimente gemacht, die aber eigentlich alle zu demselben Resultat geführt haben, daß auch diejenigen Anthropoiden, die uns biologisch am nächsten stehen, also anatomisch am nächsten stehen, auch weitgehend physiologisch am nächsten stehen, daß diese Tiere doch nicht in der Lage sind, eine gewisse Schranke, eine gewisse Schwelle zu überschreiten. Die berühmten Versuche von Köhler, von Wolfgang Köhler haben das am Schimpansen ungefähr um 1917 und in den 20er Jahren gezeigt.[7] Versuche, die dann von den Amerikanern weitergeführt und nachgeprüft sind. Er glaubte zwar aus gewissen Fähigkeiten gerade der Schimpansen, die baumlebende Tiere sind, nämlich der Fähigkeit, mit gegebenen Elementen Kombinationen, und zwar der Situation sinnvoll angepasst, Kombinationen herzustellen, glaubte er, sage ich, schließen zu können, daß es sich hier um eine Vorform menschlichen Erfindungsvermögens handelte.

Die Preußische Akademie hat damals diese Untersuchungen unter den Leitgedanken gestellt, den Frühformen der menschlichen Intelligenz nachzugehen, sozusagen also in dem alten Gedanken: daß die menschliche Intelligenz ein Frühstadium gehabt hätte, was bei den Schimpansen etwas oder den verwandten Anthropoiden noch erhalten sei, hat diesen Gedanken als Leitmotiv für diese Untersuchung deutlich angegeben. Und so war die Neigung bei den Experimenten immer die, man wollte Ansatzformen der menschlichen Intelligenz nachweisen. Was man aber nachgewiesen hat, ist nur, daß bei baumlebenden Tieren von dieser hohen Struktur Kombinationsfähigkeiten vorliegen, die sich der Struktur des Umfeldes, in dem das Tier lebt, durchaus sinnvoll anpassen können. Das Merkwürdige ist, daß solche, in einer bestimmten Situation durchgeführten Kombinationen, also das Ineinanderstecken von zu kurzen Bambusstäben, die dann, wenn sie zusammen sind, die Distanz zu der Banane überbrücken können, u.ä. Versuche zeigen

7 Wolfgang Köhler, *Intelligenzprüfungen an Anthropoiden I*, Berlin 1917 (Abhandlungen der Königlich Preussischen Akademie der Wissenschaften Jahrgang 1917: Physikalisch-mathematische Klasse); *Intelligenzprüfungen an Menschenaffen*, Berlin 1921.

ja nur, daß das Tier in einer Situation eine Aufgabe dieser Art lösen kann. Also eine gewisse Kooperation von Hand, die ja eben noch nicht ganz so differenziert ist wie der Fuß, und dem Auge ist zweifellos nachweisbar. Auch eine gewisse Spielbreite innerhalb der dem Tiere aber artspezifisch zugeordneten materiellen und instrumentalen Möglichkeiten. Aber das Interessante ist, diese Lösung, die die Tiere finden, und da auch nur ganz besondere, »intelligente« Individuen, wird vergessen. Sie wird von der Herde wohl auch aufmerksam beobachtet, aber kaum mitgemacht, vielleicht im Augenblick mit versucht, aber sie wird nicht behalten. Es wird sozusagen die gefundene Lösung nicht fixiert. Das Tier, was selbst in einer bestimmten Situation die Lösung gefunden hat, ist nicht fähig, in einer anderen Situation eine gleiche oder ähnliche Lösung zu produzieren. Und vor allem, wenn dann dieselbe Situation wieder nach einer gewissen Zeit herbeigeführt wird, braucht es eigentlich die gleiche Anstrengung, das gleiche Herumsuchen, Tasten, bis eine solche Lösung dann wieder gefunden wird. Daraus hat man dann tierpsychologisch den Schluß ziehen wollen, daß es sich auch bei diesen hochentwickelten Tieren optisch um eine eigentümliche Gestaltschwäche handelt. Das ist aber wohl keine ausreichende und zulässige Deutung, sondern man sieht, die Tiere verstehen nicht, was sie tun. Sie erfassen sozusagen den Gehalt des Effektes ihres Handelns nicht, sie können das Resultat ihres Verhaltens von dem Verhalten, das dazu geführt hat, nicht ablösen, nicht aufbewahren sozusagen.

Die eben genannte Psychologin Hayes hat in ihrem Buch *The Ape in our House* berichtet über eine 6 Jahre dauernde Beobachtung an einem weiblichen Schimpansenjungen, das in dem menschlichen Milieu der Hayes aufgezogen worden ist. Und da stellte sich nun manches sehr Interessante heraus, was übrigens Beobachtungen der russischen Psychologin Nadia Kohts aus früheren Jahren bestätigt.[8] Nadia Kohts hat damals schon ähnliche Versuche gemacht, wenn auch nicht in dieser großen Beharrlichkeit und dieser Sorgfalt – nämlich, daß der Bestand, der Lautbestand bei einem einjährigen Schimpansen und bei einem 7 Monate alten Jungen gleich sind, sie verfügen etwa über 23 Laute. Dann aber beginnt beim Jungen im nächsten Monat schon die Nachahmung von Worten und mit

8 Nadia Ladygina-Kohts, »La conduite du petit chimpanzé et de l'entfant de l'homme«, in: *Journal de Psychologie* 34 (1937), S. 494-531.

15 Monaten bedient er sich der Worte bereits zur Bezeichnung von Gegenständen. Das Schimpansenkind aber kommt nie weiter und ahmt nie nach.

Die Hayes, das Ehepaar Hayes, hat ähnliche Versuche gemacht und wollte das korrigieren, kam auch zu sehr seltsamen Beobachtungen. Sie haben beobachtet, daß ein weiblicher Schimpanse, im menschlichen Milieu aufgezogen, in der Lage ist, sich vor dem Spiegel das Gesicht mit einem Tuch abzuwischen oder sich im Spiegel beobachtend einen losen Zahn mit einer Zange auszuziehen, was ja immerhin doch allerhand ist. Aber das Merkwürdige ist, in dem Lautbestand des Tieres [gibt es] keine weitere Entwicklungsmöglichkeit, und auch das Interessante ist, daß all das, was das Tier offenbar in dem sympathetischen Konnex mit seinen Eltern tut, sich sofort verliert, wenn es aus diesem Milieu herauskommt. Es bleibt nichts. Es hat das wohl gesehen, und es probiert in dieser Situation, aber man sollte doch denken, das Erlebnis vor dem Spiegel müßte doch eigentlich in dem Tiere einen Ruck zuwege bringen, es müßte eigentlich vor dem Spiegel sozusagen die Menschwerdung stattfinden können. Denn dieses auf sich Zurückbezogensein, das Gebrauchmachen, das sieht man doch an dem Verhalten, das Gebrauchmachen von der Reziprozität müßte doch eigentlich das Tier zur Entdeckung seiner Selbst [führen] – jetzt einmal einfach als lebendiges Wesen, gar nicht mal mit großen psychologischen Theorien belastet, bitte nicht, mit Subjekt-Theorien usw., gar nicht, sondern einfach verhaltensmäßig herauszufallen aus seiner rein tierhaften Situation, das geschieht aber auch dann nicht.

Diese sehr wichtigen Untersuchungen zeigen uns, dass also offenbar hier eine Grenze gegeben ist, daß zwar, so drückt sich Buytendijk aus, in seiner kritischen Betrachtung dieser Experimente, daß zwar eine äußerliche Humanisierung des Verhaltens bis zu einem gewissen Grade möglich ist, daß das aber gewissermaßen rein in der tierischen Sphäre bleibt.[9] Es ist das kein echtes Nachmachen, wie wir gleich sehen werden, sondern ein Mitmachen, wie es eben Herdentiere, das sind die Schimpansen, von vornherein instinktiv haben. Dieses sympathetische Mitmachen kann also sehr weit gehen und führt doch nicht – erstaunlicherweise – zu einem Überschreiten eben jener spezifischen Schwelle, die auch in einer

9 Vgl. F. J. J. Buytendijk, *Mensch und Tier. Ein Beitrag zur vergleichenden Psychologie*, Hamburg 1958, S. 71 ff.

Situation, die der menschlichen sehr angenähert ist und interimistisch eigentlich gleicht, eben gegeben ist.

Die Freilegung des Auge-Hand-Feldes ist nur da offensichtlich von wirklich spezifischer anthropologischer Bedeutung, wo zugleich die Dauerelevation mehr ist als nur eine Möglichkeit. Das wird nun zweifellos gegeben durch die Sprache. Die Sprache leistet in eigenartiger Weise zunächst einmal zweierlei: eine Zusammenfassung der Augenfunktion und der Handfunktion und zugleich mit dieser zusammengezogen eine Entlastung der Augenfunktion und der Handfunktion. Das möchte ich Ihnen nun etwas näher analysieren.

Wir werden sehen, daß das ja nicht ausreicht, daß noch andere Integrationen hierbei ins Spiel kommen. Die Dominanz des Auge-Hand-Feldes ist beim Menschen eigentlich nur gestützt, die also durch die Vertikalität gegebene Dominanz des Auge-Hand-Feldes wird nur gestützt und gleichsam nun vereint dadurch, daß der Mensch sprechen kann. Das hat man ja, solange man über den Menschen nachgedacht hat, man hat ihn immer als das *zoon logon echon* angesehen, als das Lebewesen, was den Logos hat, und das heißt ja zunächst oder darf zunächst einmal ruhig so gesagt werden, er hat das Wort. Er besitzt also die Gabe der Rede, der Sprache. Und das ist zunächst einmal von der Seite des Ausdrucks, aber auch von der Seite der Lautproduktion her ein klares Phänomen.

Nun, Lautproduktion finden wir bei sehr vielen, vor allem auch den höheren Tieren. Die Lautproduktion ist also eine wichtige Kondition für das Sprechen; aber zunächst einmal scheint es doch eine sehr äußerliche Bedingung zu sein. Denn sehr viele Tiere, die über einen Lautschatz verfügen, über einen artikulierten Lautschatz, und die in ganz bestimmten Situationen bestimmte Laute verwenden, können doch nicht als sprechende Tiere angesehen werden. Und zwar zunächst einmal rein äußerlich. Auch hier wieder ist die experimentelle Feststellung nicht zu beachten. Man sieht nämlich, daß auch hier das gilt, was wir vorhin von dem Werkzeuggebrauch sagten. Der Lautschatz ist stabil und situationsgebunden, in bestimmte Situationen des Warnens oder der Brutpflege oder der sexuellen Wahl, des Kampfes um das Weibchen oder der Angst oder in ganz bestimmten speziellen Situationen, etwa, um dem Artgenossen einen bestimmten Hinweis, würden wir sagen, zu geben, daß sich da und da Nahrung befindet. In allen solchen biologisch faßbaren

Situationen treten spezifische Laute oder Lautfolgen auf. Das ist richtig. Wir können das bei den Vögeln wunderbar beobachten; wir können es bei sehr vielen Säugetieren sehen usw. Aber der Lautbestand ist stabil und er ist situationsgebunden. Er ist in sich nicht variationsfähig. Er wird nicht verändert als solcher, er wird nicht weiter ausgebaut, er wird nicht umgebaut, er wird nicht entwickelt. Man könnte das richtig naturwissenschaftlich feststellen. Dagegen nun die Modulationsfähigkeit der menschlichen Lautgebung und Lautproduktion und [des] Lautschatz[es] eben im Laufe schon der Entwicklung des ersten und zweiten Lebensjahres,[10] so haben Sie sofort hier einen entscheidenden Unterschied. Die Situationsentbindung ist sehr wesentlich für eine sprachliche Lautproduktion. Sie neutralisiert sich früh und weiterhin: das hängt damit zusammen, daß die Lautproduktion offensichtlich erfaßt wird als ein Instrument, als ein Werkzeug. Womit zugleich die Möglichkeit gegeben ist, Laute zu kombinieren zu Wortgebilden, die dann nicht mehr eine primäre Affektbindung und -gebundenheit haben oder eine Situationsgebundenheit haben primär, sondern in sich selbst Gegenstandscharakter, dinghaften Charakter, Lösungsfähigkeit aus der Situation.

10 Im Typoskript »etwa konzipieren« getilgt.

5. Stunde[,] Dienstag, 6. Juni 1961

[Das Problem der Sprache II]

Meine Damen und Herren. Mir wurde im Anschluß an die letzte Stunde noch eine Frage gestellt, die ich sehr gut finde, um daran noch einige Mißverständnisse zu beseitigen. Wir kennen in der Tat das Faktum, daß manche Vogelarten, wenn sie in ein anderes Milieu kommen, das ist natürlich nicht zu verwechseln mit dem, was ich über die Nicht-Modulationsfähigkeit eines artspezifischen Lautschatzes gesagt habe. Ich meine, innerhalb dieses Lautschatzes gibt es natürlich Variationsbreiten, das ist selbstverständlich. Es gibt aber auch, und das war der richtige Hinweis, z. B. bei Vögeln, das merkwürdige Faktum, daß in einem anderen Milieu z. B. der Vogel anders singt. Wir kennen ja auch, das möchte ich bei der Gelegenheit auch sagen, bei manchen Vogelarten diese merkwürdige Echolalie, das, was man sehr oft als Verstellung interpretiert oder als Nachahmung. D. h., daß manche Vögel, sagen wir einmal, die Nachtigall imitieren. Nun, solche Sachen gibt es zweifellos. Aber auch hier muß man sehr vorsichtig sein und darf das nicht verwechseln mit der dem Menschen eigenartig vorbehaltenen Fähigkeit, eben seinen ihm zur Verfügung stehenden Lautschatz in einer eigenartigen Weise unabhängig von der Situation zu variieren und zu modulieren. Wir müssen anerkennen, daß es solche Umstellungsmöglichkeiten gibt. Soweit das untersucht ist, kann man sagen, in einem anderen Milieu bilden sich u. a. akustische Eindrücke, vielleicht nicht nur, das sind z. T. ganz offene Fragen, andere Lautmöglichkeiten aus. Aber die sind eben sehr typisch milieuabhängig und situationsgebunden. Daß der Vogel z. B. auf das andere zurückgreift oder es in irgendeinem Sinne weiterentwickelt, das hat man nie feststellen können.

Nun, dies wären aber auch nur äußere Indizien, ich sage, das ist im Grunde auch nur ein Ansatzpunkt, um sich klar zu machen, daß das, was wir sehr gerne eben aus einer Art von bequemem Anthropomorphismus so interpretieren, als wenn der Vogel singe oder wenn er spräche, wenn er sich mit seinen Artgenossen verständige, daß das schon rein vom äußerlichen Erscheinungsbild her offensichtlich nicht stimmt. Es kann, meine Damen und Herren, nur Verwirrung stiften. Wenn überhaupt Kontaktformen, wie sie ja auch zwischen Tieren ganz anderer Art ist, die nicht lautproduzierend sind, wenn wir sie alle unter dem Begriff der Sprache subsumieren. Das hat sich natürlich eingewöhnt, man spricht von der Sprache der Bienen, der Fühlersprache der Ameisen, das alles ist nur metaphorisch zu verstehen.

Die großartigen Untersuchungen, welche der Münchner Zoologe Karl von Frisch an Bienen gemacht hat,[1] haben weitgehend das Phänomen der Sprache geklärt. Hier ist jeweils das ganze Individuum mit einbezogen in die sogen. Mitteilung, besser gesagt in einen Kontakt, der nun freilich je nach besonderen sehr nuancierten Bewegungen des Tieres ganz bestimmte Dinge offensichtlich zu verstehen gibt oder mitteilt. Aber in einer offenbar ganz direkten Weise. Die schönen Untersuchungen haben gezeigt, daß unter ganz bestimmtem Einfall des Sonnenlichtes in einer ganz bestimmten Situation bestimmte sogenannte »Schwänzeltänze« bei den Bienen genau angeben können, wo Nahrung oder Honig, besser: Nektar zu finden ist. Also, bei sehr hoch entwickelten Herdentieren kann durch bestimmte Bewegungen des Körpers, wahrscheinlich sind nur diese maßgebend, nicht andere Kontaktweisen, kann sogar der Abstand und die Richtung, in der das Futter zu suchen ist, mitgeteilt werden. Ähnlich wird es bei der Fühlersprache der Ameisen sein, die noch schwerer zu untersuchen ist, als die Sprache bei den Bienen.

Nun, diese Dinge sollen hier nur angeführt werden als Kontrast, damit wir uns von daher klar machen, was eigentlich Sprache als Kontaktform sui generis bedeutet. Sprache sagt aus, sie teilt mit durch Bedeutungen, sie stellt dar, sie gibt in irgendeinem Sinne Sachverhalte. Die Worte oder Wortbedeutungen sind hinsichtlich diesen Sachverhalten oder Sachen zugeordnet. Als Träger von Bedeutungen, wie wir sagen, sind die Worte und die Wortverbindungen bis zu ganzen Sätzen von diesen ablösbar und durch andere Träger, wie z. B. Schriftzeichen oder auch andere Zeichensysteme, zu ersetzen. Diese merkwürdigen Träger haben also eine verkörpernde Funktion. Wir sagen Worte und meinen etwas, während Laute, die die normale Lautsprache, den verbalen Ausdruck bilden, allenfalls für sich genommen, einen Zustand ausdrücken und

1 Karl von Frisch, »Über die ›Sprache‹ der Bienen. Eine tierpsychologische Untersuchung«, in: *Zoologische Jahrbücher* 40 (1923), S. 1-186.

auch dadurch einen gewissen Signalwert offensichtlich haben. Im Schrei, im Juchzer, im Schluchzen und im Stöhnen manifestieren sich irgendwelche Zustände, würden wir sagen, Zustände, die auch situationsgebunden sind, und daher haben sie Sinn. Aber sie tragen den Sinn nicht, sie sagen ihn nicht. Die Sage-Funktion der Sprache ist gerade in solchen oder bei solchen Expressionen ausgeschaltet.

Dabei darf man wiederum nicht übersehen, wenn die Sage-Funktion ausgeschaltet ist, unter Umständen die Ansteckungskraft wächst. Das kennen wir schon beim Lachen, beim Gähnen sehr stark. Wir sind ja hier nicht etwa völlig herausgehoben, sondern der Mensch hat in der Vitalschicht noch sehr stark die Verwandtschaft mit den Tieren. Wenn wir nun einmal vom Gähnen ausgehen, man weiß ja wirklich nicht, warum das Gähnen ansteckt. Warum das Lachen ansteckt, weiß man eigentlich auch nicht, da könnte man denken, man lacht über die Lautgebung des anderen; das ist es aber nicht. Man lacht auch nicht über den Grund des Lachens, denn Sie wissen ja ganz genau, viele Leute müssen ja den Witz erst erklärt bekommen. Wenn der andere schon aufgehört hat zu lachen, fängt er auch nicht mehr an, nachdem man's ihm erklärt hat. Ach so, sagt er, aus!

Sie sehen also, die eigentliche Ansteckungsmacht und Kraft gewisser Expressionen, auch beim Menschen, ist ganz offensichtlich etwas, was in einer prämenschlichen oder außermenschlichen, untermenschlichen Zone noch verwurzelt ist. Demgegenüber fungiert das sogenannte Signal ja doch als eine bloße Anzeige und nicht als eine sagende Mitteilung. Aufgrund getroffener Regelungen wird dem Signal eine feste Bedeutung zugeordnet. Bei der Eisenbahn: Strecke blockiert oder bei der Autobahn, bei allen Wegen, Eisenbahnübergang etc. etc. Überfahrt etc. Hier ist die Zuordnung unter Beiseitelassung sprachlicher Mittel vorgenommen. Das Signal vermeidet das Wort. Die Schwierigkeit ist nur, daß sie zugleich Sprache und Sprachelemente auch als signalisierende Mittel interpretieren können. Das kann ihm niemand verwehren. Das Wort selbst signalisiert seine Bedeutung und indirekt damit weist es auf einen Gegenstand oder einen Sachverhalt hin. Das Wort selbst wiederum vermag durch seine Einfügung in variationsfähige Wortzusammenhänge, Sätze, seine Bedeutung vom Ganzen her zu verändern, zu verschärfen, zuzuspitzen.

Sie sehen also, da gibt es eine merkwürdige Schichtung. Aber mit [einem] solche[n] Schichtmodell muß man immer sehr vorsichtig sein, denn es ist ja leider nicht so einfach, als ob die untere Schicht bliebe, wenn sich die obere darauf auflegt. Sondern, indem es sich aufschichtet, verändert sich unten die Geschichte mit. Und das schöne Schichtmodell, was wir so gern in allen möglichen anderen größeren Beziehungen bis hin zur Metaphysik, bis hin zur Ontologie, bis hin zum anthropologischen Modell des Menschen hin gebrauchen, erweist sich eben als trügerisch. Aber es ist sozusagen ein Einstieg, ein Hilfsmittel für uns.

Die Signalfunktion, um das nur an dieser Stelle zu sagen, der Sprache erfährt ja ein jeder, wenn er sprechen lernt. Nun, als Kind gleitet man gewissermaßen darüber hinweg. Aber wenn man eine fremde Sprache lernt, muß man ja erst einmal so anfangen. Und alle Wörterbücher, alle lexikalischen Zuordnungen beruhen ja auf diesem Urfaktum. Nun muß man vorsichtig sein. Man muß, um in eine Sprache hineinzukommen, zweifellos diese Signalfunktion der Worte erfaßt haben, um sie dann aber, indem man in die Sprache hineinwächst und sie beherrschen lernt, allmählich aufzugeben. Und nur in dem Maße, in dem man im Stande ist, sie dann wegzulassen, in dem Maße hat man die Sprache und wird von ihr gehabt. Man spricht. Dieses nur als Anfang, wir kommen vielleicht dann noch einmal auf diese Sache zurück.

Das ist natürlich von großer Bedeutung überhaupt für die Auffassung des Verhältnisses von Sprechen, Sagen und letzten Endes Denken und Dichten. Wenn heute in der Heidegger-Schule immer so vornehm getan wird, als ob das bloß eine ganz niedere und periphere Geschichte wäre, womit sich nur die Semantiker oder die Logistiker abgeben, so ist das denn doch zu einfach, man muß die Sprache von vornherein eben als ein, ja, das Wort bietet sich hier sehr leicht an, in ihrer dialektischen Struktur verstehen. Wobei dialektisch hier nun nicht belastet sein soll mit der besonderen Bedeutung aus der Hegelschen Philosophie. Es ist ein merkwürdiges Komplementärverhältnis in aller menschlichen Sprache vorhanden. So ähnlich wie man in der modernen Physik das Komplementaritätsprinzip hat zwischen Korpuskel und Welle muß man in der Sprache dasselbe Komplementaritätsprinzip gelten lassen. Auch die Sprache ist korpuskulär strukturiert, denn sie besteht aus Worten hintereinander, ganz brav, der Satz, so schön er ist, läßt sich zergliedern, fällt in Teilchen auseinander, und diese Teile fallen wieder in Teile auseinander von Lauten, von Phonemen. Und auf der anderen Seite haben Sie das Merkwürdige, daß diese ganze korpuskuläre Auffassung nur ein Aspekt dieses Ganzen ist, daneben, darin (daneben ist schon falsch), darin in eigenartiger Weise eben in sich verschränkt ist der andere Aspekt der Ganzheit oder der wellenhaften Komplexität, der Feldstruktur, die sich nun so manifestiert, daß wir gleichsam durch die Sprache hindurch die Sprache selbst erfassen. Und das wird uns hierbei ein Hinweis sein müssen auf eine merkwürdige, eben anthropologische, Einsicht.

Nun, zunächst einmal gehen wir weiter. Sprachliche Kontaktform ist Kontaktform zwischen Individuen, ist Kontaktform zwischen dem Individuum und seinen Gegenständen, die ihn umgeben oder wie immer. Sprachliche Mitteilung ist also in diesem Sinne ein echtes Mit-teilen, Mit-teilen von etwas, das in der Mitteilung seine Darstellung findet. Diese setzt die Fähigkeit voraus, das Gemeinte und das Mittel, mit dem man es meint, voneinander abzuheben. D. h. das Wesen der Rede und das Wovon der Rede und das Womit der Rede als zueinander passende oder nicht-passende adäquate oder inadäquate Bereiche zu behandeln. Ohne das Vermögen dieser Trennung, dieses Abhebens kein Sprechen. Und wir korrigieren ja ständig. Wir sagen: na ja, Du meinst wohl das und das, aber dann sagst Du das verkehrt oder dann sagst Du das unscharf.

Und hier ist die Frage: was heißt denn überhaupt, etwas klar sagen? Was heißt: etwas präzis sagen? Auch hier in der modernen Philosophie gerade, eine bestimmte Richtung, die vor allem in der angelsächsischen Welt sehr verbreitet ist, die eben sagt, ja, klar sagen, heißt etwas mehr oder weniger präzis definieren können. Aber was heißt nun: definieren können? Man dreht sich ja hier schließlich im Kreise. Etwas durch etwas anderes so festlegen, ist ja nicht ohne weiteres dasselbe, wie etwas klar und präzis sagen. Ein dichterischer Ausdruck kann ja etwas treffen, was die beste wissenschaftliche Definition niemals erreicht. Und zwar gerade durch ein Wort oder einen Satz.

Sie sehen, es gibt ganz offensichtlich hier schon, in der Wurzel, die Möglichkeit verschiedener Konzeptionen von Schärfe, von Präzision, von Deutlichkeit. Der alte Descartes hat gesagt, ja, eine der großen Grundlinien seiner Theorie der Methode ist das Klare, Distinkte. Distinkt, wenn man dem nicht einen bestimmten mathematischen Sinn von vornherein gibt, ist eine außerordentlich schwierig zu umschreibende, schwierig zu fassende oder festzulegende Art. Sollte es nicht so sein, das müssen wir gleich sagen, daß darin gerade die große Macht der Sprache beruht, daß sie mehrere Möglichkeiten hat, sich einer Sache auf präzise und treffende Weise zu bemächtigen. Und daß also nicht das Logische oder eine bestimmte mathematisierbare Art und Weise des Einengens eines Sachverhaltes das Prä hat über eine dichterische Einengung und Präzision.

Wie auch immer aber, Grundvoraussetzung ist für alles Sagen und alle Rede Versachlichung. Versachlichung eben, wie wir sagen, von Sachverhalten. Das klingt sehr nüchtern, aber das ist schließlich das einzige, was wir hierbei als das Substrat des Sagens, der sagenden Mitteilung überhaupt abgeben können. Und darin stehen die Sprache und das Sprechen vollkommen auf derselben Ebene wie die in der letzten Stunde erwähnte Werkzeugbildung. In beiden Richtungen des Umgehens mit Dingen und Wesen seinesgleichen ist der Sinn für Instrumentalität, also beim Sprechen wie beim Werkzeuggebrauchen und bei der Werkzeugerfindung einfach eine Conditio sine qua non, handelt es sich nun um die eigene Hand oder um die Laute, die ich willkürlich produzieren kann.

Ich habe Sie ja schon hingewiesen auf die Beobachtungen der Tierpsychologin Nadia Kohts, die in den 20er Jahren die Beobachtung gemacht hat, daß der Bestand von 23 Lauten beim einjährigen Schimpansen und beim sieben Monate alten Menschenkind einander gleichen, daß dann aber beim Menschen, beim Jungen, im nächsten Monat bereits Nachahmung von Worten einsetzt, und mit 15 Monaten bedient er sich der Worte zur Bezeichnung von Gegenständen, während das Schimpansenjunge nie weiterkommt und nie nachahmt. Dieses zeigt doch offensichtlich, daß beim Menschen etwas ist, was ihm den Übergang überhaupt über dieses merkwürdige von ihm hantierte Instrument der Lautgebung erlaubt. D.h. er entdeckt, daß es ein Mittel ist, er entdeckt die Instrumentalität seines Instruments.

Nun hat man gesagt, das ist bei allen diesen Dingen ja so: sehr schön, sehr interessant, und das sind ja auch eine Menge neuer Daten, aber im Grund hat das unser Herr Pfarrer immer schon gesagt. Nämlich, das ist halt der alte Unterschied zwischen Tier und Mensch, der beruht halt auf der Abstraktionsfähigkeit. Vollkommen richtig. Völlig richtig! Nur hat man sich die Sache früher zu einfach vorgestellt. Man hat zwar sehr richtig gesehen, aber was ist denn das eigentlich: die Abstraktionsfähigkeit?

Auch da haben wiederum eine Reihe von tierpsychologischen Beobachtungen, verhaltenswissenschaftliche Beobachtungen, um das einmal modern auszudrücken, eine Fülle von feineren Nuancen kennen gelernt.[2] An welcher Grenze ist eigentlich dieser Umschlag anzusetzen? Das heißt, das muß uns ja interessieren, weil ja dieses Erfassen der Instrumentalität, sei es nun hier bei der Hand und bei dem mehr oder weniger zufälligen Gebrauch von irgend etwas und bei der Lautgebung offensichtlich diese Abstraktionsfähigkeit aufs engste mit der Fähigkeit zusammenhängt, eben die Instrumentalität meines Tuns zu verstehen und zu fassen.

Man hat Untersuchungen gemacht über Reihenfolgen, d. h. man hat bestimmte Tiere dressiert, Schimpansen z. B., auch Hunde, das jeweils dritte Kästchen in einer Kästchenreihe aufzumachen und zu sehen, ob da was drin ist. D. h., die Tiere wurden dressiert in langen Versuchsreihen, in dem jeweils dritten Kästchen das darin liegende Futter herauszuholen. Solche Versuche hat z. B. auch Révész in Amsterdam gemacht bei Hühnern, auch Katz, der früher in Göttingen war und dann Professor in Rostock, hat solche Versuche gemacht.[3] Bestimmt gefärbte Körner, die in bestimmten Reihen angeordnet waren, das geht. Das Tier kann das dritte in jeder Reihe, wir würden sagen, erkennen, verstehen. Aber es kann nicht das dritte als das jeweils dritte erfassen. Das kann man eben auch wieder im Experiment belegen. Denn wenn Sie die Situation ändern, hört die ganze Geschichte auf. Es wird wohl in einer Reihe, die Psychologen würden sagen, die Gestalt erfassen. Oder, es kann optisch sein, das können Sie aber auch motorisch erfassen, das wäre gewissermaßen so wie bei einem Melodie-Erfassen. Man hat eine bestimmte melodische Struktur, die dabei maßgebend ist. Dazu läßt sich das Tier ohne weiteres bringen, das gleichsam herauszuhören oder heraus zu sehen, heraus zu fassen. Das ist wohl, wie man sich ausgedrückt hat, eine Art von sensorischer Abstrak-

2 Im Typoskript »gehrt«.

3 Vgl. u. a. Géza Révész/David Katz, »Experimentell-psychologische Untersuchungen mit Hühnern«, in: *Zeitschrift für Psychologie und Physiologie der Sinnesorgane*, I. Abt., 50 (1909), S. 93-116; dies., »Experimentelle Studie zu vergleichenden Psychologie (Versuche mit Hühnern)«, in: *Zeitschrift für angewandte Psychologie* 18 (1921), S. 308-320. Vgl. auch David Katz, *Der Aufbau der Tastwelt*, Leipzig 1925.

tion. Aber es ist natürlich keine echte Abstraktion im Sinne des Begriffs.

Ähnliche Versuche hat man gemacht bei Figuren. Die Tiere können dressiert werden, sagen wir einmal, auf das Spitzige oder auf das Dreieckige oder das Viereckige, das geht. Sie erfassen trotzdem nicht die Viereckigkeits-Vierecken oder die Spitzigkeit als solche. Sie erfassen es in einer bestimmten Situation figural, und da sind die Grenzen viel weiter im Empfindungsbereich als man früher immer von Abstraktion sprach im Unterschied zu den bloßen Empfindungen, als man das früher annahm. Das Generelle im begrifflichen Sinne ist ganz offensichtlich, und das meine ich auch, die alte Lehre von dem abstraktiven Wesen des menschlichen Geistes, das bleibt den Tieren verschlossen.

Daß dieses Unvermögen etwas mit dem Mangel an Nachahmungsfähigkeit zu tun haben muß, und damit schlagen wir jetzt ein neues Thema an in diesem ganzen Rahmen, leuchtet allerdings umso weniger ein, als man von jeher gerade in den Affen die Imitatoren par excellence gesehen hat, und Nachäffen als feststehende Redensart unterstreicht ja geradezu diese Auffassung. Es gehört zu den unausrottbaren Anthropomorphismen, die Imitationsfähigkeit, die offensichtlich ein menschliches Monopol ist, warum, werden wir gleich sehen, mit der sympathetischen Erregbarkeit zu verwechseln, deren Erscheinungsbild von dem Erscheinungsbild der Nachahmung ja sehr schwer zu trennen ist. Vor allem dann, wenn Körperbau und Verhalten sowieso Ähnlichkeit mit unserem Körperbau und unserem Verhalten besitzen.

Durch seine Affektstruktur, seine Spielneigungen und seine starke Einpassungstendenz ist der Schimpanse, ein entwickeltes Herdentier, zum Mitvollzug menschlicher Bewegung in besonderem Maße disponiert. Aber er macht sie nicht nach, sondern er macht sie mit. Die Ähnlichkeit des Bewegungserfolges und auch des Bewegungsvollzuges kann täuschen über den wahren Charakter des Vorgangs. Meistens sind es Antwortreaktionen auf unsere Bewegungen, die ihnen korrespondieren, sie aber nicht abbilden.

Das kann man z.B. gerade am Käfig sehr hübsch zeigen. In den zoologischen Gärten sind Tiere ja so abgestumpft, wie Staatsmänner, die ständig photographiert werden, die kümmern sich schon nicht mehr um das Publikum. Aber in besonderer Situation, in der Isolierung eines Versuchsraums, da korrespondiert das Tier mit

Ihren eigenen Bewegungen, da beantwortet es sie. Wenn Sie also so machen, macht es auch so, aber das ist kein Nachmachen, das ist ein Entsprechen. Sie geben ihm etwas, Sie gehen auf es zu, es wehrt ab oder es will etwas, es sucht etwas von Ihnen zu empfangen. Das sind alles außerordentliche Fehlerquellen für die Deutung, es ist mir noch sehr die Frage, wie die vor einigen Stunden hier erwähnte hübsche Geschichte, die die Hayes berichtet hat, von der kleinen Schimpansin, die vor dem Spiegel sich einen lockeren Zahn mit einer Zange auszieht, ob das richtig gedeutet ist. Aber immerhin, das wäre wahrscheinlich in diesem Rahmen verständlich zu machen.

Es ist also so, wir haben es hier ganz offensichtlich mit einer sehr starken sympathetischen Erregbarkeit zu tun, die wir z. B. noch in solchen Resten kennen, wie das Mit-Affiziertwerden durch das Lachen im einfachen Mitlachen oder im Gähnen oder ähnlichem. Nachmachen ist im Unterschied zum Mitmachen nur in einem reziproken Verhältnis von Original und Abbild oder wie immer auch möglich. Diese Reziprozität ist entscheidend für die Sprache. Wie auch für den Werkzeuggebrauch bzw. oder darüber hinausgehend die Werkzeugproduktion. Reziprozität besteht zwischen Menschen, nicht aber zwischen Tier und Mensch im echten Sinne und offensichtlich nicht zwischen Tieren.

Ein Kind reagiert sehr früh schon auf eine Grimasse, die man ihm macht, auf Lächeln, auf zugekniffenes Auge, auf sein Spiegelbild, weil es das Gegenüber als sein Gegenüber versteht. Dem Tier ist das offensichtlich verschlossen. Zwar scheint es anders zu liegen, aber man kann wohl aus der Tatsache, daß eine solche Begegnung im Spiegelbild gar keine weiteren Folgen hat, schließen, daß eben hier nicht das Eigentliche erfaßt wird, eben die Reziprozität. Man hat Untersuchungen gemacht, wie z. B. Tiere auf ihr Spiegelbild reagieren. Hochinteressant! Z. B. bei Fischen ist erwiesen worden, daß sie auf ihr Spiegelbild so reagieren, als ständen sie einem Artgenossen gegenüber. Also, sie sehen, aber sie sehen nicht sich! Das ist der Witz! Sich in einer vis-à-vis-Situation zurecht zu finden, garantiert offensichtlich nicht das Verständnis für den merkwürdigen Dreh (hier ist das Wort ›Dreh‹ wirklich am Platze!), der in ihr steckt, eben in dem vis-à-vis. Ihn gar gedanklich zu fassen, geht allerdings darüber noch wieder hinaus und erschließt sich selbst dem Menschen erst auf entwickelter Stufe der Abstraktion. Bis es dann schließlich in die Philosophie hineinführt, dann wird es ganz schwierig, denn wenn Sie das auseinanderlegen wollen, diese Sache mit dem ›Ich‹ und dem ›Selbst‹ und dem ›Mich‹, dann kommen Sie eigentlich schon in die echten großen tiefen philosophischen Fragen hinein. Denn die Identifikation mit dem Anderen ist ja das eigentliche Geheimnis.

Sie sehen, das hängt also zusammen, Versachlichung, Erfassung der Instrumentalität, was uns hier interessiert bei der Sprache, des gesamten Sprechens, des Sprachinstrumentariums, des Lautschatzes und Imitierens im Sinne zugleich des Erfassens und der Reziprozität. Denn nur durch Imitation lernen wir ja die Sprache. Und nur dadurch, daß wir dann verstehen, was mit ihr gemeint ist, sind wir in der Lage, uns auszudrücken, und zwar bald so und bald so. Also das Instrumentarium abzuheben von der Sache. Zugleich aber hängt dieses Imitierenkönnen wiederum an der Fähigkeit der Reziprozität.

Also, wenn ich diesen Komplex noch einmal ganz kurz zusammenfassen darf: Es hängen offensichtlich Versachlichung oder Vergegenständlichung, Sinn für Instrumentalität und Sinn für Reziprozität miteinander zusammen, die erst machen eigentlich die Basis für die sogenannte Abstraktionsfähigkeit aus. Imitation und Vergegenständlichung, auf denen Erwerb und Gebrauch einer Sprache beruhen, haben also die gleiche Wurzel. Nämlich das dem Menschen gegebene Vermögen, von sich absehen und sich in ein anderes versetzen zu können. Die mit seiner aufrechten Haltung, wenn auch labil gegebene und gerade dank ihrer Labilität ständige Innehaltung der Balance verlangende Kontrolle des eigenen Körpers begünstigt die Entdeckung seiner Emanzipation von ihm wie von dessen unmittelbarer Umgebung. Ich sage: begünstigt, es wäre ganz falsch zu sagen, das wurzelt darin, das wird ja niemand annehmen, es gehört mit in diesen ganzen Komplex, es gehört als ein begünstigendes Element mit hinein. Der Mensch vermag darum seinen Standort als ein Hier von einem Dort zu trennen, welches in umgekehrter Richtung seinen Sinn vertauscht und aus einem Dort zu einem Hier wird. Die eigene Hand oder den ausgestoßenen Laut als Sache wie in einem Dort vom Hier trennen zu können, ist die Grundvoraussetzung für ihre instrumentale Behandlung und Imitation in fixierten Gebilden, auf die sie zurückgreift und über die sie, wie über Dinge, verfügt. Verdinglichung ist mithin Versachlichung und Vergegenständlichung.

Ich sage aber jetzt hier ganz bewußt: Verdinglichung ist mithin ein genuiner, ein legitimer Aspekt des Menschen und keineswegs ein entarteter Modus seiner Existenz, der ihm freilich ebenso verführerisch werden kann, verfälschend werden kann wie sein Gegenaspekt. Also sehr einfach zu sagen, das ist auch wieder, was die Existenzphilosophie macht oder was auch in der Marxschen Grundauffassung drinsteckt, daß Verdinglichung ohne weiteres gebraucht wird als Verfälschung, ist eben nur die eine Seite der Sache. Ja, es wäre uns ja sehr wohl, wenn wir von dieser Verfälschungsmöglichkeit von vornherein befreit wären, das könnten wir aber nur, wenn wir allenfalls Engel wären, aber nicht sind. Sondern bei uns, da wir Menschen sind, haben wir dieses Prä zugleich als ein Handicap.

Wir müssen also die Sache immer in dieser merkwürdigen Doppelheit sehen, erst dann begreift man überhaupt das merkwürdige Phänomen der Sprache. Im Mittel sprachlichen Ausdrucks wird die Sache, wie wir sagen, vergegenwärtigt, gefunden wie erfunden, gemacht wie entdeckt, beides. Hergestellt und aufgefunden. Der sprachliche Ausdruck hebt sich von ihr ab, da er in seiner Gliederung immer zugleich das an ihr Ungesagte als Hintergrund mit vermittelt.

Und das ist ein Punkt, an dem ich Sie kurz noch auf eine wichtige Sache aufmerksam mache. Es ist eine großartige Entdeckung von Wilhelm von Humboldt gewesen, und niedergelegt in der berühmten Einleitung in die Kawi-Sprache,[4] daß er sagt, eine Sprache ist eine ganze Welt. Das heißt, eine Sprache ist nicht nur so und so gebaut und ein bestimmtes bloßes Werkzeug, sondern eine Sprache ist, indem sie durchaus einen bestimmten Sprachbau besitzt, zugleich ein Weltentwurf – er drückt es nicht so modern aus, aber ähnlich. In ihr zeigt und manifestiert sich eine bestimmte Weltanschauung oder Weltauffassung.

Nun, Weltanschauung (ein schauderhaftes Wort geworden, leider! obwohl es einmal etwas sehr Schönes war) ist nichts anderes, wird hier nichts anderes damit beschworen oder erinnert, als daß durch die bestimmte Art und Weise der Grundgliederung einer

4 Wilhelm von Humboldt, *Über die Kawi-Sprache auf der Insel Java, nebst einer Einleitung über die Verschiedenheit des menschlichen Sprachbaues und ihren Einfluss auf die geistige Entwicklung des Menschengeschlechts*. 3 Bände, Berlin 1836-1839, Bd. I, S. I-CCCCXXX.

Sprache eine Vorentscheidung für alle diejenigen schon getroffen ist, die in die Sprache hineinwachsen und die sich mit ihr verständigen. Sie werden also sozusagen von der im Sprachbau vorentschiedenen Weltstruktur die Art und Weise, wie ich gliedere in Substanzen oder Tätigkeiten, d.h. in Subjekte und Prädikate, in Verben, schon von vornherein eine Grundentscheidung mit übernommen. Niemand hat diese Entscheidung getroffen, es sei denn die Sprache selbst, wir können nicht wissen, wer die Sprache gemacht hat. Weil das aber so ist, weil die Gliederung der anschaulichen Weltfülle durch das Artikulationsgerüst sprachlichen Ausdrucks [bestimmt ist], also durch die verfügbaren gliedernden Instrumente einer Sprache schon eine Entscheidung über das Ganze getroffen ist, in dem Sinne, daß ich nun durch sie geführt werde, nur das sagen kann und das nicht sagen kann, hat man von vornherein gesagt, muß ja eigentlich alles Denken auf Sprache zurückgeführt werden und kann nicht ohne weiteres angenommen werden, daß etwa das Denken eines Europäers transportierbar ist in das Denken, sagen wir einmal, eines Chinesen, der im Grund genommen in einer ganz anderen Sprache von vornherein in einem ganz anderen Grundartikulationsschema lebt. Damit erhebt sich dieses große Problem einmal bei der Übersetzung, wobei man ruhig sagen kann, daß das berühmte Wort, daß jede *traduction* eine *trahison* ist, d.h. jede Übersetzung ein Verrat [ist].[5] Das ist sicherlich nicht ganz falsch, auf der anderen Seite sagt man, und trotzdem geht es. Es geht also offensichtlich, daß man gleichsam diesen Zauberkreis des Sprachbaus, innerhalb dessen sich allein Denken entfalten kann,[6] zugleich mit dieser Bindung durchbricht.

5 Jede Übersetzung ist Verrat – italienisches Sprichwort.
6 Im Typoskript »sich« gestrichen.

6. Stunde[,] Donnerstag, 8. Juni 1961

[Das Problem der Sprache III. Das Strukturprinzip der Vertikalität]

Meine Damen und Herren! Die letzten Äußerungen über die Sprache als ein Organ der Weltauffassung, Weltdeutung, wie sie zum ersten Mal Wilhelm von Humboldt entwickelt hat, macht uns ein schwieriges Problem. Jeder weiß, der eine Sprache lernt, daß er nicht nur den Wort-Bestandteil kennen muß, mit ihren eigentümlichen Bedeutungen, die dann im Lexikon ungefähr zugeordnet werden mit unseren Wortbedeutungen, sondern er muß natürlich die Syntax beherrschen lernen, also das eigentliche Gliedern, das Gliederungsprinzip. Und wir wissen, daß innerhalb von Sprachen des gleichen Typus von Sprachbau das einigermaßen gut geht, indem man von dem einen in den anderen einfach überträgt und zuordnet, also zwischen dem Deutschen und dem Französischen und dem Englischen und dem Italienischen macht das nicht unüberwindliche Schwierigkeiten. Sobald man aber Sprachen von einem völlig anderen Bautyp bekommt, wie etwa die ostasiatischen Sprachen oder die afrikanischen Sprachen, wird es außerordentlich problematisch. Da heißt es, man kann das in dieser Sprache nicht so sagen. Man muß es umschreiben oder man kann es gar nicht mehr direkt umschreiben, man kann es eigentlich nur ahnen. Hier zeigt sich deutlich – wir werden später bei dem Problem Umwelt beim Menschen darauf kommen – zeigt sich also deutlich eine Vorentschiedenheit der Weltauffassung durch die Sprachstruktur. Das hat manche Denker schon dazu gebracht, zu sagen: die eigentliche Erkenntniskritik, Denkkritik müßte bei der Sprache ansetzen. Die Kritik der Sprache sei eigentlich der echte Ansatzpunkt für eine Kritik des Denkens und des Erkennens. Der Mensch könne nur soweit denken, als er sich ausdrücken kann. Und diese Zuordnung zwischen den vorgeformten syntaktischen Möglichkeiten, den grammatikalischen Möglichkeiten, dem Wortschatz, Bedeutungsschatz auf der einen Seite und dem, was wir als spezifische Denkleistung oder Erkenntnisleistung uns zuordnen, die sei eben unübersteigbar, hier herrsche ein vollkommenes Gleichgewicht zwischen den beiden, eine strenge, starre Zuordnung. Und deshalb seien hier gleichsam an den Sprachen letzte Grenzen aufgerichtet; man könne von dem einen in das andere nicht ohne weiteres hinübergehen, ohne nicht die gesamte Weltauffassung zu verändern. Ich sage das nur an dieser Stelle, schon weil uns das später wiederum beschäftigen wird.

Nun ist sehr die Frage, ob das die richtige Auffassung ist. Ich nannte eben den Versuch einer solchen Sprachkritik. Der erste, der das im 19. Jahrhundert versucht hat, ist Mauthner gewesen, ein sehr geistvoller Mann, der auch eine Geschichte des Atheismus geschrieben hat und dessen bedeutendes Hauptwerk eine Kritik der Sprache versucht.[1] Wobei er deutlich sagt, daß wir die Welt etwa in Substanzen und Eigenschaften und Tätigkeiten aufgliedern, und in dieser Grundvorstellung lebt ja die gesamte europäische Philosophietradition, also sagen wir einmal: das Verbum Sein mit allem, was drum herum hängt, nicht wahr, das Denken, Gedanke, das Ding, die Substanz, das Attribut und alle diese Grundkategorien, die wir zurückverfolgen können bis in die Entstehung der europäischen Philosophie, das alles sei letzten Endes bedingt eben und hervorgerufen, so stellt er es geradezu dar, durch die Artikulationsmöglichkeiten des indogermanischen Sprachbaus. Das ist ja ein sehr plausibler Gedanke, man müßte also, so lautet die Konsequenz, das in seiner Bedingtheit, in seinem gegenseitigen Sich-Bedingen sehen und nun daraus den Schluß ziehen, daß uns damit Grenzen gezogen sind, also die wahren Grenzen des Erkennens und Denkens gegeben sind durch das vorwirkende uns gleichsam einhüllende und durchdringende Netz der Syntaxis, der Grammatik, also der Sprachartikulation.

Daraus kann man dann natürlich sehr leicht zu mystischen Konsequenzen kommen, also zu einem wirklich negativen Erkenntnisgedanken, und dasselbe findet sich schon bei Mauthner angelegt und wird dann in unserer Zeit bei Wittgenstein ganz deutlich, in den späteren Arbeiten, ausgesprochen.[2] Es ist das berühmte *silencium mysticum*, das schon eine sehr alte Vorgeschichte hat, ja, sich in gewisser Weise sogar zurückverfolgen läßt bis in das Altertum. Denn schon Sophisten haben den Gedanken ausgesprochen, daß

1 Fritz Mauthner, *Beiträge zu einer Kritik der Sprache*. 3 Bände, Stuttgart 1901-1902.

2 Ludwig Wittgenstein, *Philosophical Investigations*, Oxford 1953; dt.: *Philosophische Untersuchungen*, Frankfurt/M. 1960.

man letzten Endes nichts sagen könne, d. h. das höchste Erkenntnisideal eigentlich uns dazu verpflichtet, zu schweigen. Das geht in sehr alte und schwierige philosophische Probleme hinein, die immer wieder auftauchen.

Nun ist das Interessante: unser sprachliches Ausdrucksmittel hat aber zugleich eine andere Möglichkeit, nämlich sozusagen das Unsagbare uns indirekt mitzuteilen und zu vergegenwärtigen. Das wissen wir ja alle, wir gebrauchen ja Sprache auch in einem anderen Sinn, indem wir gleichsam die Grenze mit überspringen und das, was nur anklingt, was nur angedeutet wird, was nur angenähert gesagt wird, aber nicht eigentlich gesagt wird oder indem es gesagt wird, sozusagen sich selber transzendiert, genau diese Funktion kennen wir alle. Und kennen wir nicht nur im gesteigerten künstlerischen Ausdruck, sondern auch im unmittelbaren sprachlichen Konnex des täglichen Lebens.

Noch etwas anderes muß hierbei erwähnt werden. In primitiven, oder sagen wir: in archaischen Gesellschaften, die relativ starr konventionell festgelegt sind, gibt es sehr oft verschiedene Sprachschichten, die zugeordnet sind zu bestimmten Ständen, also etwa im Altjapanischen gab es mehrere solcher Sprachschichten. Für einen streng ritualisierten konventionell festgelegten und überwachten Sprachgebrauch, den wir in altertümlichen sakralen Kulturen als privilegierte Hochsprachen, Schriftsprachen, Sprachen des Adels, Sprachen der Priesterkaste usw., King's English, aber in diesem ganz besonderen Sinn [kennen] – aber [uns] auch in primitiven und starren Verhältnissen, in primitiven Verhältnissen, begegnen, ist dieser Zug an der Sprache dem Sprechenden vollkommen verdeckt. Er weiß ganz genau, der Betreffende, diese Sprache verpflichtet ihn zu einer bestimmten Art des Gebrauchs von Sätzen, Ausdrücken, an die er gebunden ist. Die Dinge haben dort ihren genau festgelegten Sinn. Man kann mit ihnen nicht manipulieren. Bei uns dagegen, in unserer offenen, vielen umwandelnden Einflüssen ausgesetzten Sprachwelt verrät sich dagegen dieser Doppel- oder mehrfache Sinn. Auch die Manipulationsmöglichkeit mit den Sätzen bei jeder Gelegenheit in der Suche nach dem treffenden Ausdruck, in der ständigen Bemühung um Klarheit und Korrektheit, beim Erlernen einer Fremdsprache, bei Übersetzungen.

Man kann also sagen, hier wird die Doppelfunktion der sprachlichen Mitteilung von vornherein mit einkalkuliert. Sprache verdeckt die Sache gewissermaßen wie ein Kleid, verstellt sie gewissermaßen, so daß man sagt, na ja, Sie verstehen schon, was ich meine, ich sage das jetzt so, ich könnte es auch so ...: also man hat immer das Gefühl, es steht dazwischen, und auf der anderen Seite bildet sie das Skelett der Sache, das ihr zur Aussagbarkeit, zur Figur erst verhilft. Sprache artikuliert, d. h. zerstückelt, und tut der ungeteilten Sache, dem Gegenstande selbst, wie man sagt, Gewalt an. Und auf der anderen Seite ebensosehr folgt sie doch nur der inneren Gliederung der Sache, schmiegt sich ihr an, läßt sie erscheinen, bringt sie zur Sichtbarkeit, oder man kann auch wie Heidegger sagen, entbirgt sie. Verbergen und entbergen sind also in der Sprache vollkommen eins.

Das sage ich an dieser Stelle noch einmal und unterstreiche das, weil in der modernen Philosophie, und zwar gerade in der Heideggerschen Richtung, das viel zu sehr einseitig gesehen wird, daß Sprache im Grunde genommen sozusagen nur die entbergende Funktion hat. Oder daß man sagt, eine bestimmte Sprache hat die entbergende Funktion und das sogenannte Gebabbel, das tägliche Gebabbel, das verbirgt. So ist die Sache aber eben nicht! Man kann nicht das eine als den abgefallenen, den schlechten Modus des anderen ansehen. Es ist eben nicht so. Das wäre ja sehr schön, wenn's so wäre. So ist es aber eben nicht! Sprache hat immer diese merkwürdige Doppelfunktion. Und deshalb sage ich: Sprache wahrt als Ausdruck vermittelter Unmittelbarkeit [die Mitte zwischen der Hand und dem Auge].[3] Sie sehen, das Vermitteln im echten Sinne, das Dazwischenschieben eines Mediums, was auf diese Weise mich dahin bringt[,] und auf der anderen Seite ist dieses Vermitteln gerade, wenn ich spreche, wenn ich eine Sprache beherrsche, (hft!) weg. Sprache wahrt als Ausdruck vermittelter Unmittelbarkeit hier – und jetzt gebrauche ich bewußt eine Metapher, aber eine Metapher, die durch unsere früheren Überlegungen hier ihren Ort hat – die Mitte zwischen der zupackenden, greifenden und gestaltenden Hand, dem Organ der Distanz und der Überbrückung der Distanz, und auf der anderen Seite dem Auge als dem Organ unmittelbarer Vergegenwärtigung. Sprache läßt sehen und hat zu-

3 Ergänzt nach: Helmuth Plessner, »Die Frage nach der Conditio humana«, in: *Gesammelte Schriften VIII: Conditio humana*. Hg. von Günter Dux, Odo Marquard und Elisabeth Ströker, Frankfurt/M. 1983, S. 177.

gleich die Funktion des Gestaltens, des Zupackens, des Begreifens. Die Greiffunktion und die Sehfunktion sind hier gewissermaßen noch drin in der Sprache, aber auf eine eigenartige Weise in ihr gleichsam in einer neuen Etage verschwunden.

Aber eben in einer neuen Etage. Sprache steht nicht nur zwischen diesen Funktionen, sondern verschmilzt sie auf eine neue, in ihnen beiden nicht vorgegebene Weise. Ihr packender Zugriff macht sichtbar und evident, ist Hand und Auge sozusagen in einem. Ich sagte, das ist eine Metapher, aber zugleich mehr als eine Metapher. Und wir müssen hier folgendes sagen: diese metaphorische Leistung des Sprechens ist ihre eigentliche Kernfunktion; Sprache ist Metapher, d. h. Übertragen. Übertragen in eben dieser merkwürdigen Weise, sie schiebt sich an Stelle von etwas, sie ist das repräsentierende vergegenwärtigende Zwischenmedium in dem labil ambivalenten Verhältnis zwischen Mensch und Welt.

Dieser Gedanke ist auch schon von anderen klugen Leuten vorgedacht worden. Vielleicht nicht genau in dieser Form, aber doch immerhin, man findet ihn schon, man muß nur mal die alten Denker wie Herder, Hegel, Humboldt eben daraufhin lesen. Aber auch in der neueren Zeit, die diese Dinge stark biologisch sieht, hat man schon etwas davon erkannt. Dem Menschen wächst in der Sprache ein virtuelles Organ zu, dessen Gebrauch den Gebrauch seiner physischen Organe, also Hand und Auge in erster Linie, zwar nicht entbehrlich macht, aber entlastet.

Wie das Werkzeug spezielle Funktionen übernimmt, die ich mit meinen Organen allein, mit meinen natürlichen Organen nicht allein ausüben kann, so übernimmt die Sprache den menschlichen Weltkontakt. Sie übernimmt ihn, sie bekommt ihn in den Griff, indem sie ihn zugleich virtualisiert. Das heißt eben, in das Sprachmedium übersetzt. Sie ist kraft der mit ihr erreichten Ausschaltung der Organe eine Sparmaßnahme nicht des Menschen, sondern durch den Menschen. Ein Ersatz für nicht geleistete und nicht mehr zu leistende Arbeit, eine planmäßige Handlung und zugleich eine Institution mit festen Regeln, welche individuelle Absprachen, Konventionen überflüssig macht und Verständigung auf ihrem Niveau von vornherein der Möglichkeit nach sichert. Das ist das eine.

Dieser Gedanke ist gerade auch in seiner biologischen Form zum ersten Mal geäußert worden von einem Dr. Paul Alsberg, dessen Buch *Das Menschheitsrätsel* 1920 den großen Vorzug genießt, von keinem Menschen mehr gelesen zu werden.[4] Wahrscheinlich hat der Verlag, wie es in den 20er Jahren leicht möglich war, pleite gemacht, und dann ist dieses Buch auf diese Weise in Vergessenheit geraten. Ich empfehle Ihnen, wenn Sie das Buch wieder aufspüren können, das Buch Ihrer Aufmerksamkeit. Ich identifiziere mich nicht mit allem, was der Autor, der von der Naturwissenschaft herkommt, sagt. Aber der berühmte Entlastungsgedanke, der ja in der neueren Zeit wieder sehr stark in die Diskussion geworfen wird, der kommt von daher. Das hat [es] natürlich auch in der früheren Geschichte [gegeben], Sie brauchen nur Schopenhauer zu lesen, solche Gedanken sind nie ganz zum ersten Male gedacht worden. Aber nun muß man wieder folgendes sagen: Man kann das sehr gut verstehen! Sprache, wer sprechen kann, kann sich auf einem neuen Niveau vieles ersparen, was er sonst in der Art überhaupt nicht bewältigen könnte, aber wofür er sich sonst ungeheuer einsetzen müßte mit seinen Organen, seinen physischen Organen. Und das sehen wir auch sehr deutlich in der Kinderpsychologie und in der Entwicklung des Kleinkindes, dessen Motorik in dem Maße gedämpft wird, in dem es sprechen lernt. Man könnte sagen, man kann es geradezu naturwissenschaftlich konstatieren, festmachen, daß die Fülle der ungerichteten Bewegungen sich allmählich verkleinert, in dem Maße, in dem das Kind sprechen lernt.

Damit ist also von außen gezeigt, daß der Weltkontakt, der sonst unmittelbar sensomotorisch allein dem Lebewesen möglich ist, gleichsam eine Kompensation erfährt, eine neue Möglichkeit, die die anderen weitgehend entlastet, oder, wenn man will, ausschaltet. Zugleich aber, und das ist nun weniger von den früheren Autoren gesehen worden, und das kann vielleicht der Biologe nicht so unmittelbar sehen, zugleich bedeutet natürlich jede Entlastung auch zugleich eine neue Belastung. Und diese entlastende Belastung, die uns nun damit wieder zuwächst, die finden wir gerade begründet durch das Spezifische, was eben Sprache leistet. Wir müssen uns, wir lernen sprechen, das ist ja schon kein Vergnügen, das ist weder für das kleine Kind, das wächst nun sozusagen noch hinein, und da es sich zum ersten Mal da hinein entfaltet, wird das nicht als spezifische Anstrengung empfunden, aber doch nur bis

4 Paul Alsberg, *Das Menschheitsrätsel. Versuch einer prinzipiellen Lösung*, Dresden 1922.

zu einem gewissen Grade und dann geht die Sache los, dann muß man richtig sprechen, ja.

Die Sprache hat also ihre eigentümlichen Normen, sie ist in gewissem Sinne eine echte Institution. Sie hat ihre Gesetze, sie hat ihre Ordnung, sie hat ihre Graduierung in sich. Man kann auf eine gewöhnliche und man kann auf gewählte Weise sprechen usw. Da ergeben sich also die spezifischen Belastungen, die Belastungen durch die Mißverständnisse, die eben die vermittelte Unmittelbarkeit ständig mit sich bringt, indem jede Verständigung zugleich die Miß-Verständigung mit sich führt. Also, es ist einfach nicht so, daß das nur auf dem Konto als Gewinn erscheint, sondern ebensosehr als Verlust. Als ein *milieu externe* hat Sprache stabilisierende und sozialisierende Funktion. Stabilisierend, sozialisierend, vergesellschaftend. Für die wiederum das Ineinander von vorgegebener Ordnung (man wächst in sie hinein, hat sich nach ihren Regeln zu richten, und man muß sich Mühe geben, man muß etwas leisten dabei, man muß sie beherrschen lernen, man lernt nie aus) charakteristisch ist.

Ich sagte schon: wie beim Gehen befinden wir uns beim Sprechen in einem labilen Gleichgewicht, das uns wie durch unseren physischen Körper so durch den Körper einer Sprache, den Sprachkörper zwar ermöglicht, aber nicht garantiert ist. Sprechend bin ich wie ein anderer, gegen ihn austauschbar, weil in die Reziprozität der Perspektiven eines Sprachgefüges von vornherein eingetaucht, aufgenommen. Sie ist für das Füreinander der Sprechenden ja geradezu die strukturelle Bedingung.

Das spielt auch in der modernen Philosophie eine gewisse Rolle. Damit ist die merkwürdige Isolierung des Menschen für sich selber, in die er hineingeraten kann, wenn er sich nur als Mitte seines Erlebens erfasst, von vornherein durchbrochen. Es gibt in der Sprache nicht den *solus ipse*, den Menschen allein, das Ich oder das Subjekt allein. Sondern, da gibt es von vornherein immer diese primäre Gemeinsamkeit, die hier noch nicht artikuliert ist. Ich kann natürlich zu dem sprechen und zu dem, ich kann von dem und dem angesprochen werden. Das meine ich hier noch nicht, das ist sekundär. Aber dies Milieu allein, dieses *milieu externe*, [in] das ich von vornherein auch intern mit aufgenommen bin, macht eigentlich die Trennung von Innen und Außen hier völlig unmöglich.

Ich sage das nur denjenigen, die sich auch mit philosophischen Fragen gelegentlich beschäftigt haben. Die Idee, die eine späte Idee ist, daß man sozusagen in seinem Ich für sich allein ist, das ist zweifellos richtig. Daß man in seiner Bewußtseinswelt eingeschlossen ist, daß die Welt meine Vorstellung ist, das alles ist richtig und ist in diesem Aspekt überhaupt niemals zu durchbrechen. Deshalb gibt es ja eben für den Menschen spezifische Psychopathien, spezifische Erkrankungen als Möglichkeiten, daß er in sich selber vollkommen verschlossen ist. Aber an sich ist ihm durch die Sprache, durch den Sprachkonnex der Durchbruch aus dieser Isolierung von vornherein ja garantiert, man muß stärker sagen: er ist weder bei sich noch beim anderen, er ist von vornherein weder für sich noch für den anderen offen. Er ist gar nicht hier. Sprache ist in diesem Sinne ganz primär ein Milieu, in dem weder eine Externität noch eine Internität eigentlich zunächst zu unterscheiden sind. Das zerfällt erst, indem ich mich mit anderen mit Hilfe der Sprache verstehe oder mißverstehe usw. usw.

Ich wollte Ihnen das nur sagen, um Ihnen die spezifische Struktur der Sprache als solcher, diese eigenartige Grundweise, noch einmal ins Gedächtnis zu rufen. Diese Betrachtungen hat man im 18. Jahrhundert unter einem merkwürdigen Aspekt gepflogen. In einer Zeit, in der allerdings diese ganzen Betrachtungen unter dem Gedanken der Frage standen, woher ist die Sprache gekommen, was ist der Ursprung der Sprache? Nach der offiziellen Lehre der Kirche, der Bibel, ist entschieden, die Sprache ist von Gott. Im 18. Jahrhundert beginnt man aber, sich die Frage vorzustellen, wie es denn mit dem natürlichen Ursprung bestellt sei. Da man ja hier zunächst einmal alle spezifischen Leistungen des Menschen als geschichtlich oder natürlich entstanden für möglich hält. Gerade im 18. Jahrhundert war die Frage nach dem natürlichen Ursprung der Sprache ein beliebtes Thema. Und später, in der Zeit des Darwinismus und der stammesgeschichtlichen Spekulation, ist dieser Gedanke noch weiter variiert worden. Was liegt näher, als die Herleitung der Worte etwa aus dem Ruf, aus der Klangmalerei u.ä. Denn eins ist ja sicher, Sprache und Stimme gehören einfach zueinander.

Heute weiß man, daß das Motiv der Zeichengebung für einen vorsprachlichen Zustand, wenn es ihn für den Menschen je hätte geben können, nicht der Faktor sein konnte, wie er zur Bildung von Sprache führte. Denn Sprechen schließt ja bereits den Sinn für Zeichengebung mit ein. Sprache kann, wenn überhaupt, nur mit dem Menschen entstanden sein und nicht aus ihm. Also die

Idee, als ob sozusagen erst der Mensch dagewesen wäre und in einer Art schwer vorzustellender Urversammlung, in der ja sozusagen – ja wie eigentlich? – in einer Art vorsprachlichen Konvention ein Wortschatz festgelegt wäre, oder, wenn man sich das nicht so kindisch vorstellen will, wenn man sagt, »das hat sich so von selbst gemacht«, indem erst mal die Neandertaler, na, die sind ja spät, also wenn man sich die frühen Formen von primigenen Formen von Frühmenschen vorstellt, daß sich das so gewissermaßen unartikuliert oder dann ein bißchen besser artikuliert allmählich so entwickelt hätte – das ist ja ein Gedanke, der nicht zuende zu denken ist. Denn entweder – oder, entweder wir kommen eben über diese Schimpansen- oder Anthropoiden-Grenze herüber oder wir kommen nicht. Und wenn wir rüberkommen, dann ist von vornherein gleich eine andere Situation mitgegeben und dann kann ich eben nicht mehr sagen, das Signal, der Ruf oder solche ähnlichen Urlaute haben sich allmählich erst dann entwickelt.

Aber wesentlich ist, und darauf möchte ich noch hier Ihre Aufmerksamkeit lenken, die Verbindung mit der Stimme, auf die ja vor allen Dingen Herder in seinen Äußerungen über den Ursprung der Sprache Gewicht legt.[5] Gerade in Reaktion auf die alten Herleitungstheoreme und Herleitungsversuche wird ihnen heute von philosophischer Seite zu wenig Aufmerksamkeit und Beachtung geschenkt. Für die Entfaltung eines solchen *milieu externe*, in dem Sprechender und Angesprochener füreinander sind, bietet die lautliche Basis nicht nur Vorteile der Bequemlichkeit. Wenn wir mit den Händen reden müßten, könnten wir sonst bekannterweise nichts tun. Es gibt Situationen, in denen man auch mit den Händen spricht. Aber das ist sehr deutlich eine Okkupation eines Organbereichs, der ja gerade durch die Sprache ausgeschaltet werden kann. Zeichensprache mit Händen ist eine immer sehr primitive und ersatzmäßige Angelegenheit. Daß hier die Stimme entlastend einspringt, bettet die sprachliche Artikulation in eine rückläufige Tätigkeit. Das ist vor allem das, worauf Herder den ganzen Nachdruck gelegt hat. Der hervorgebrachte Laut kehrt zum Ohr zurück. Nirgends sonst wird uns die Produktion eines Produktes so sinnfällig wie hier, wo das Produkt, das von uns Hervorgebrachte, nicht wie ein Werk unserer Hand zum fremden Gebilde gerinnt oder wie

5 Johann Gottfried Herder, *Abhandlung über den Ursprung der Sprache*, Berlin 1772.

eine Geste, die wir machen, zwar Kontakt vermittelt, aber selber dann wieder verschwindet, sondern eben ein wirkliches Medium schafft und trägt. Überdies besitzen Stimme und Mund Nuancierungsmöglichkeiten, die dem Erregungszustand des Betreffenden ebenso unterworfen sein können, wie der bewußten, unerregten, kühlen, beherrschten Artikulation. Viele Sprachen verbinden denn auch mit verschiedenen Tonhöhen – so das Chinesische – verschiedenen Sinn. Sprechen und Singen wahren hier noch ihre sehr enge Nachbarschaft, die sich bis in Zonen der Musik, die vom Lied weit abliegen, als ihr innerer Sprachgestus erhält.

Das ist ja die Frage, nicht wahr, wie wurde früher das Lateinische gesprochen, wie wurde das Griechische gesprochen. Wahrscheinlich wurde viel mehr auf solche Tonhöhen-Differenzen geachtet. Die Art und Weise, das wissen wir ja, ist ja schon kolossal verschieden, wie wir …[6] das Schweizerische, sage ich immer, das kann man überhaupt nicht lernen, einfach so als Sprache, das muß man fast singen. Sie werden sagen, das ist ja gerade beim Schweizerischen etwas merkwürdig, weil doch da die bekannte Geschichte gesagt wird, von dem Österreicher, der gesagt hat, das Schweizerische ist überhaupt keine Sprache, das ist ein Halsleiden, nicht … aber trotzalledem, das ist für unser Ohr, diese große Tonhöhenverschiebungen, wenn gesprochen wird, und so gilt das im Grunde genommen von jeder Sprache. Wenn man also nicht auch darauf achtet, kommt man ja nie richtig hinein.

Aber ganz abgesehen davon, die innere Verbindung von Sprechen und Stimme ist ganz wesentlich. Und das, nicht nur die Verbindung von Lautproduktion und gehörtem Laut ist hier entscheidend, sondern auch für den Gesamtkonnex, also für das *milieu externe* ist diese akustische Basis von größter Bedeutung. Jedenfalls für den Menschen, der ja zu den lautproduzierenden, aber nicht zu den lichtproduzierenden Wesen gehört, die gibt es ja auch. Und die werden sich ja wahrscheinlich auf diese Weise anblinken, und, nicht wahr, auf diese Weise einen optischen Kontakt haben, aber keinen Sprachkontakt. Oder eben Fühlersprache der Ameisen oder chemische Kontakte, daß alles [sind] solche *milieu externe*, auf solche Weise kann man sich sehr viele denken, nur sind es eben keine solchen, in denen sich spezifisch Sprache entfaltet.

6 Lücke im Typoskript.

Imitation und Vergegenständlichung, von denen Spracherwerb und Sprachgebrauch leben, haben die gleiche menschliche Wurzel, nämlich den Sinn für die Reziprozität der Perspektiven im Verhältnis von meinem leibhaften Dasein zum Dasein der andern. Von dieser Rückbezüglichkeit ist eine Partie unseres Leibes wiederum besonders geprägt, die durch die aufrechte Haltung und die frontal gerichteten Augen eine bevorzugte Rolle spielt, nämlich das Gesicht. In ihm faßt sich nun allerdings auf eine eben andere, nicht virtuelle, sondern unmittelbar ausdruckshafte Weise der Mensch sozusagen zusammen. Er ist das einzige Wesen, das ein Gesicht hat. Und eben unter den Anthropoiden in höchst auffallender und anatomisch-physiologisch klar definierter Weise. Das Gesicht ist in Grenzen die Zone einer Spiegelung der ganzen persönlichen Existenz, und zwar unter Einbeziehung des Gesehenwerdens. Das ist ja das sehr Schöne dabei, daß wir sagen, das ›Gesicht‹, es ist eben nicht nur dasjenige, was die Augen trägt, sondern zugleich dasjenige, was gesehen wird, und gesehen werden soll. Als exponierte Front, mit der wir durch Auge und Stimme und den Mund uns dem Gegenüber ständig zuwenden, ein echtes Gegenüber, wird sie in dem Maße akzentuiert und verstanden, in welchem die übrigen Körperpartien durch Kleidung verdeckt werden. Ihre mimisch-physiognomische Durchlässigkeit pointiert sich wiederum selbst nun noch einmal im Auge, im Blick, dessen aufnehmende Funktion dem anderen zugleich als anblickende, als Blick erscheint. Im Blick vermittelt sich das Einverständnis zwischen Menschen. Und zwar das außersprachliche Einverständnis, das vorsprachliche oder übersprachliche.

Bei keinem Anthropoiden gibt die Anatomie des Kopfes ein Gesicht frei. Vielmehr sind da immer der vorgebauten Schnauze die übrigen Partien so zugeordnet, daß sie kein Mienenspiel entfalten kann, oder in äußersten, ganz kleinen Grenzen. Das Tier kann ja natürlich Schreck zeigen oder Gier zeigen, gewisse Grunddinge lassen sich selbstverständlich ohne weiteres festhalten. Aber ein eigentliches Mienenspiel in dem Sinne, wie es eben in dem freigelegten Gesicht des Menschen allein möglich ist, Wangenpartie, Stirnpartie, Mundpartie usw. ist dort einfach mangels Platz nicht möglich. Aber auch mangels anderer Sachen, aber ich wollte auf den Platzmangel besonderen Nachdruck legen.

Also, dies ist entscheidend, mit der Freilegung des Gesichts, durch die Anordnung von Stirn, Nase, Mund und Kinn in der Frontalebene erfüllt sich erst das Strukturprinzip der Vertikalität. Und das stimmt nun völlig überein mit dem, was ja nun gerade die gesamte Anatomie und Entwicklungsgeschichte uns einfach beweisen kann, daß durch die gesamte eigenartige Aufrichtungsstatik und -dynamik zugleich ermöglicht worden ist die merkwürdige Rückbildung der Schnauzenpartie in die eigenartige Frontalebene des Gesichtes. Damit ist aber zugleich möglich geworden, jetzt auch von der anatomisch-physiologischen Struktur aus die eigentlich artikulierte nuancierte Stimmgebung, die eben sonst durch entsprechend andere Schnauzenförmigkeit einfach nicht möglich wäre. Das hängt offensichtlich wiederum zusammen mit der völligen Befreiung zur sprechenden Stimme. Also, wenn man das im Entwicklungssinne mal anvisieren will, hängt also Sprache ganz offensichtlich mit diesen Dingen zusammen. Ob und wie das also vorzustellen wäre, als eine schrittweise Entwicklung, das bleibt der Phantasie völlig überlassen, entscheidend ist, daß einmal dieser Umschwung stattgefunden haben mußte, und dann kann natürlich eine anatomisch-physiologische Rückbildung der Partie durchaus, wenn auch nicht in wenigen Generationen, so doch in biologisch rascher Zeit erfolgt sein. Das also gehört zusammen.

Nun, meine Damen und Herren, dieses Kapitel möchte ich eigentlich hiermit abschließen. Ich bin aber darauf aufmerksam gemacht worden, daß vielleicht doch noch das eine oder andere in dieser Betrachtung noch einmal der Verdeutlichung bedarf. Das will ich gern am Anfang der nächsten Stunde noch nachholen. Es sind so eine Reihe von Begriffen, auch Einwände, die vielleicht doch noch stärker nach Berücksichtigung verlangen.

7. Stunde[,] Dienstag, 13. Juni 1961

[Das Problem der Umwelt]

Meine Damen und Herren! Ich hatte Ihnen gesagt, ich wollte heute noch einmal die Hauptpunkte unserer Betrachtung der Sprache ins Auge fassen und den ganzen Komplex, den wir bisher behandelt haben, noch einmal im Ganzen Revue passieren lassen. Das letzte, was wir gesagt haben, war eigentlich, darauf aufmerksam zu machen, daß es sich hier um einen Gesamtkomplex handelt, um eine Grundstruktur, die unter dem Namen der Vertikalität von uns eingeführt worden ist, und zu der rein anatomische wie spezifisch leistungsmäßige Äußerungen des Menschen gehören. Sprache, Gesicht, Stimme, Auge, Hand bilden ein Ganzes, gehören zueinander. Wohlgemerkt in dem Sinne, daß die Sprache eine eigenartige Verselbständigung zeigt und erst dadurch überhaupt Sprache wird.

Diese Sonderstellung der Sprache unter den Äußerungen des Menschen haben wir nach verschiedenen Seiten hin betrachtet. Und da kann ich anknüpfen vielleicht zunächst einmal an das, was ich in der letzten Stunde am Ende sagte, an die alten Sprachtheorien, wie man sie vor allem im 18. Jahrhundert so sehr variiert hat. Die Ableitung, die Entstehung der Sprache aus der Lautgebung. Der Versuch also, eine natürliche Herleitung des Sprechens aus dem Schrei, aus dem Ruf, aus allen möglichen situationsgebundenen Lautäußerungen oder aus der Klangmalerei, aus dem Imitieren von Geräuschen usw. begreiflich zu machen. Alle diese Sprachtheorien sind ja längst Museumsstücke geworden und haben nur eine antiquarische Bedeutung. Aber interessant ist, daß man gerade daran einsehen kann, was Sprache zu Sprache macht. Nämlich genau diese Abwendung von all den genannten emotionalen Äußerungen, die natürlich uns genauso natürlich sind wie vielen lautproduzierenden Tieren. Die Ablösung von der Expression ist also sozusagen ein ganz wesentliches Moment der sprachlichen Artikulation. Die Ablösung von der Situationsgebundenheit und von der Affektgebundenheit. Daß natürlich in jeder sprachlichen Mitteilung das mitschwingt, ist selbstverständlich. Denn sonst wäre sie eben nicht eingebettet in die Stimmgebung, und die Stimmgebung vibriert natürlich je nach dem bezüglichen Spannungszustand, in dem der Betreffende sich befindet. Also ein solches Mitgehen der emotionalen Komponente, das wollte ich noch einmal sagen, das wird damit nicht geleugnet.

Aber dieses Mitgehen, Mitsein, mit dem Affektspiegel sozusagen ist nicht entscheidend für das Sprachliche an der sprachlichen Mitteilung. Auf der anderen Seite darf man gewiß nicht in den Fehler verfallen, die sprachliche Mitteilung einfach nur von dem her zu verstehen, was die Sprache besagt, im einfach sachlichen Sinne. Also von den jeweiligen Sachverhalten und den zugeordneten Bedeutungen, Bedeutungskomplexen. Auch das wäre wiederum wieder zu einseitig gesehen, Sprache hat gerade die Kraft, gleichsam beides ineinander zu binden. Und jede sprachliche Mitteilung ist darin notwendigerweise bei aller Präzision immer offen und unscharf. D. h., jede Schärfe, die eine sprachliche Mitteilung hat, ist überbietbar, ist ersetzbar, ist austauschbar mit anderen. Und das ist ein Punkt, den wir in einer früheren Stunde schon unterstrichen haben, eine Seite der Sache, die mit einem philosophischen Gedanken zusammenhängt, der vielleicht für den einen oder den anderen die sprachliche Analyse immer wieder durchkreuzt hat.

Ich möchte das bei dieser Gelegenheit noch einmal in Erinnerung rufen, auch wenn ich in unserem Kolleg auf diese Frage nicht eingehe. Sie werden sich daran erinnern, es ist ja eine alte Bemühung in der Philosophie, gleichsam letzte sichere Ausgangspositionen zu gewinnen für das menschliche Erkennen und Denken. Dieser Ausgangspunkt, dieses Suchen nach dem sicheren Ausgangspunkt, nach dieser Basis, nach diesem Grunde, nach diesem echten Grunde ist ein Kennzeichen der modernen Philosophie, die eben mit den berühmten Betrachtungen des Descartes einsetzt, und bei Descartes ist der eigentlich sichere Grund für alles Denken und für alles Erkennen das eigene Bewußtsein, die eigene Bewußtseinsgewißheit. Daran knüpft sich eine große Geschichte des philosophischen Gedankens[,] und erst mit dem allmählichen Bezweifeln der Haltbarkeit dieses Bewußtseinsgrundes, und zwar durch eine ganze Fülle von Argumenten, gerade im Lauf des 19. Jahrhunderts, hat man den Versuch gemacht, gleichsam noch einen Schritt zurückzugehen, und zu sagen, der eigentliche Grund, auf den wir zurückmüssen, die Quelle aller Denkformen und Erkenntnisformen ist die Sprache. Wir müssen also auf die Sprache zurück, und hier ist der Ansatzpunkt einer Kritik der Sprache, das ist der wahre

Hebel, da muß man ansetzen, um diese Probleme der definitiven Bestimmung menschlichen Denkens und Erkennensvermögens zu erreichen.

Sie sehen also, daß dieser Gedanke einer Sprachkritik, wie er in der modernen Philosophie, vor allem in den angelsächsischen Ländern, beherrschend ist, Philosophie ist dort geradezu fast ausschließlich *linguistic analysis* geworden, und ähnliche Versuche kennen wir ja auch bei uns, diese Richtung können wir hier nicht weiter verfolgen. Sie sehen nur, wie wichtig es ist, sich einmal das Sprachgebilde, das Gebilde Sprache überhaupt, von einem anderen Aspekt her anzusehen und sich zu fragen, ob denn die Sprache diese Grundfunktion tatsächlich besitzt.

Bei dieser Gelegenheit möchte ich Ihnen noch einmal aus einem Vortrag, den der Zürcher Anglist Ernst Leisi vor einiger Zeit gehalten hat,[1] eine Passage vorlesen, damit Sie sehen, daß unsere Überlegungen hier denn doch nicht so weit von den positiven Forschungen abliegen, wie das vielleicht dem einen oder anderen vorkommt. Haben Sie etwas Geduld, wenn ich Ihnen eine längere Passage aus dem Vortrag über englische und deutsche Bedeutungen vorlese. Leisi sagt folgendes: »Über das Verhältnis zwischen den Wörtern und den durch sie bezeichneten Dingen bestehen zwei Vorstellungen, die man als die naive und die bewußte bezeichnen kann. Nach der naiven Vorstellung, mit der wir alle anfangen, besteht die Welt aus endlich vielen Sorten von Gegenständen, Lebewesen, Eigenschaften und Tätigkeiten, Sorten, die von der Natur deutlich abgetrennt sind. Zu jeder dieser Sorten gibt es einen Namen, d.h. ein zugehöriges Wort. Die Funktion der Sprache besteht demnach lediglich darin, zu den bereits bestehenden Kategorien die Namen, die lautlichen Zeichen zu liefern. In dieser naiven Anschauung verharren wir, bis uns eines Tages, sei es durch Beschäftigung mit fremden Sprachen, sei es durch die Philosophie und Sprachwissenschaft, der wahre Sachverhalt aufgeht: Die Kategorien der Dinge sind nicht schon durch die Natur gegeben, sie werden erst durch die Sprache geschaffen. Am nachdrücklichsten erweist sich dies am Beispiel der Farben, das geradezu klassisch geworden ist. In der Natur gibt es, wie uns die Physik lehrt, keine fest abgegrenzten Farbbereiche, sondern nur Licht verschiedener Wellenlängen in

1 Ernst Leisi, »Englische und deutsche Wortinhalte. Zonen der Deckung, Zonen der Verschiedenheit«, in: *Wirkendes Wort* 12 (1962), S. 140-150.

praktisch unendlichen Varianten. Wenn wir normalerweise eine bestimmte endliche Anzahl von Grundfarben unterscheiden, etwa rot, gelb, grün, blau, violett, so verdanken wir diese Kategorien keineswegs der physischen Natur. Sie werden erst durch unsere Sprachen geschaffen, sind deshalb keinesfalls von Sprache zu Sprache gleich und sind auch innerhalb derselben Sprache nicht zu allen Zeiten dieselben. Das Englische z. B. besitzt im Feld ›braun‹ eine ganze Anzahl von Grundwörtern, die im Deutschen keine direkte Entsprechung haben, so ›auburn‹ ›rotbraun mit Bindung an das menschliche Haar‹; ›ruddy‹ ›braunrot, gesundfarbig, mit Bindung an das Gesicht‹; ›tan‹ ›Farbe der tiefen Sonnenbräune‹; ›buff‹ ›blasse Milchkaffeefarbe‹; ›dun‹ ›stumpfes Graubraun gegen Mausgrau‹. Um diese Begriffe wiederzugeben, müssen wir im Deutschen und in anderen Sprachen zu Umschreibungen greifen. Ebenso auffällig sind die Veränderungen in der Zeit. Das deutsche Wort ›braun‹ umfaßte noch im 17. Jahrhundert neben dem heutigen Braun auch den blauroten Bereich, also das, was wir heute violett nennen – daher die barocke Formel ›die braune Nacht‹, die noch bei Nietzsche weiterlebt. Erst das neu aufkommende Wort ›violett‹ gliederte diesen Bereich als etwas Separates ab und schränkte ›braun‹ auf seinen heutigen Umfang ein. So erscheint uns heute in zwei getrennten Kategorien, was noch im 17. Jahrhundert als eine einzige Farbe galt. Aber nicht nur bei den übergänglichen Farben, sogar im Tierreich, wo wir die Abgrenzungen von der Natur geschaffen glauben, sind die kategoriellen Unterschiede von Sprache zu Sprache größer, als wir allgemein annehmen. Wir brauchen nicht zum Chinesischen zu gehen, wo Schaf und Ziege unter ein Wort, yang, zusammengefaßt und als eine Gattung behandelt sind. Schon zwischen dem Deutschen und dem Englischen finden sich auffallende Unterschiede. Der deutschen Kategorie Affe stehen im Englischen zwei gegenüber: ape für die großen, schwanzlosen, monkey für die kleineren, geschwänzten Tiere. Oder, was weniger bekannt ist: die deutsche Kategorie Schnecke zerfällt im Englischen in zwei, snail für die Schnecken mit Haus, slug für die Nacktschnecken – entsprechend französisch escargot und limace.«[2]

Dies als Illustration. Sie werden sagen, das wird sich ja historisch usw. erklären können, das ist nun mal so: gut. Das Aufregende ist

2 Ebd., S. 140-141.

bloß, wenn wir uns die Frage vorstellen, haben die Leute nun die Violettfarbe im 17. Jahrhundert als solche gesehen oder nicht? Solche Probleme kennen wir ja auch in größeren Abständen ethnologisch wie historisch. Der homerische Grieche, wie ist das mit dem Eunoporos [?], der Adria – den Weinfarben im Meer?[3] Natürlich, die Adria hat in der Tat diese merkwürdigen blauroten Töne, man könnte also zwischen dem tiefen Rotwein und da – könnte man in der Tat bestimmte Ähnlichkeiten finden. Aber es gibt für gewisse Farben keine Ausdrücke. Oder das sehr Merkwürdige: Auffassung von Finsternis als dicht, als stofflich oder als Ausdruck der absoluten Leere, auch das ist etwas, was in diese Dinge immer hinein spielt. Die Abhängigkeit also unseres sinnlichen Bewußtseins, d. h. unseres sinnlichen Aspekts der erscheinenden Welt von den Ausdrucksmöglichkeiten mit Hilfe der Sprache ist eine, auch psychologisch, auch durch Fälle von Aphasie, also durch Fälle pathologischer Sprachstörungen und Sprachausfalls belegte Tatsache. Es greift also das sprachliche Artikulationsfeld unmittelbar in das Feld der Erscheinungen mit ein und gliedert, hebt heraus, so daß also die Beschäftigung mit der gesamten Sprachdomäne nicht etwa so begrenzt werden kann, daß man sagt, na ja, bis dahin reichen die Ausdrücke, das ist variabel, unterliegt dem geschichtlichen Wechsel, sondern hineingezogen in die gesamte Struktur der erscheinenden Welt.

Sie sehen also die Frage, hat also die Sprache die Kategorien geschaffen. Hier, der Anglist Leisi sagt das mit aller Ruhe. Und das ist auch sein gutes Recht als Sprachwissenschaftler. Denn was soll man mehr von ihm verlangen, daß er auf den inneren Zusammenhang zwischen beiden aufmerksam macht? Bloß, ob hierbei die Sprache den Primat hat, die Führung hat, oder vielleicht die Kategorie, die in dem sprachlichen Gefüge sozusagen eingebettet ist, das ist noch eine offene Frage. Und die Unentscheidbarkeit genau dieses Problems, was vorangeht, was die Führung hat, was entscheidend ist hierbei, ob in der Tat die geistige Apperzeptionsweise oder der sprachliche Ausdruck, der mit ihr erwächst, ist, wie gesagt, etwas, was diese Betrachtung begrenzt. Und da muß man sich doch wahrscheinlich die Frage vorlegen, was ist nun eigentlich – wo zeigt sich

3 Πορφύρεος, also Porphyreos, könnte der korrekte altgriechische Ausdruck bei Homer sein. Gemeint ist ein Farbton: pupur-blau und purpur-rot.

denn die Grenze sprachlicher Mächtigkeit. Es zeigt sich, wie wir schon an verschiedenen Stellen betont haben, immer wieder, wie die kategoriale Form nicht das letzte ist für die sprachliche Mitteilung, daß merkwürdigerweise wir offensichtlich die Fähigkeit haben, als Menschen über den Sprachen zu stehen. Einerseits in den Sprachen zu stehen und nur mit den Sprachen eben in der Tat Welt bewältigen zu können und auf der anderen Seite darüber zu stehen oder darauf zu stehen. Und dieses Drinnen-Draußen-Verhältnis bezeichnete ich in der letzten Stunde mit milieu externe.

Es ist also ein merkwürdiges Verhältnis, was in der Sprache und dem sprachlichen Konnex offensichtlich zwischen dem Menschen – dem Subjekt und seiner Umwelt, den Gegenständen oder wie immer und den andern Menschen, mit denen er im Sprachverband ist, herrscht. Sonst wäre ja auch keine Übersetzung möglich. Wie sind wir denn in der Lage, sozusagen nun immer wieder die verschiedenen Wortfelder in ihrer teilweisen Kongruenz und teilweisen Inkongruenz voneinander zu unterscheiden? Wie können wir es denn, daß wir uns auf dieses ganze merkwürdige Verhältnis von Kategorien und Erscheinung besinnen können? Es muß doch offensichtlich möglich sein, diesen Bereich zu durchbrechen, von dem wir zugleich wissen, daß wir ihn nicht durchbrechen können. Dies wird uns den Ansatzpunkt für die Weiterführung unserer Betrachtungen geben.

Aber ich möchte noch einmal auf ein paar andere Seiten des bisher Besprochenen zurückblenden. Sprache, haben wir gesagt, ist nur da möglich, wo Sinn für Instrumentalität und für Reziprozität besteht. Sie werden sich an eine Reihe von Beispielen erinnern, die das eigentlich klar machen sollten. Das Instrument ist eben immer nur dann gebrauchbar, wenn es in seinem objektiven Charakter erfaßt und verstanden wird. Werkzeugherstellung und Werkzeuggebrauch findet man gewissermaßen in Anführungszeichen auch vielleicht schon in Ansätzen bei Tieren. Aber das im eigentlichen Sinne Herstellen und Benutzenkönnen und immer wieder Rückgreifenkönnen auf ein Instrument, das ist ganz offensichtlich nur da möglich, wo Sinn für Sachlichkeit, für Objektivität überhaupt schon die Voraussetzung geschaffen hat. Und das hängt wiederum mit dem Gedanken der Reziprozität zusammen, d. h. dieses eigentümlichen Wechselverhältnisses zwischen mir und der Sache oder mir und meinem Gegenüber, mir und dem Anderen. Diese merkwürdige Rückbezüglichkeit ist eine ganz fundamentale, eben auch die Sprachmöglichkeit tragende Grundbeziehung des Menschen.

Noch auf einen Punkt bin ich zu sprechen gekommen, der vielleicht auch nicht gerade von dem einen oder anderen erfaßt worden ist, das ist das Komplementaritätsprinzip zwischen der elementaren, d.h. in Elemente zerfallenden Struktur jeder Sprache und ihrem nichtelementaren globalen oder ganzheitlichen (ich gebrauche das Wort nicht gern) Charakter. Also den merkwürdigen sich einerseits ergänzenden andererseits ausschließenden zwei Seiten sprachlichen Mitteilens, sprachlichen Ausdrucks. Jede sprachliche Mitteilung, jede Aussagung, jedes Sprechen geht in der Zeit nacheinander vor sich, läuft ab in einer Reihe artikulierter Grundbestandteile, Worte, Worte als Lautkomplexe, sie sind also letzten Endes auflösbar. Sie werden auf sehr verschiedene Weise aufgelöst, das ist völlig richtig. Denn bis in der Tat die Interpretation gefunden war der sprachlichen Mitteilung nach Einzellauten, denen Buchstaben zugeordnet wurden, ist ja bekanntlich eine ungeheure Geschichte erst verflossen. Und nicht alle Völker haben diese Auffassung der sprachlichen Mitteilung entdeckt oder gleich am Anfang mitgemacht. Die Zuordnung von einer endlichen Menge von Buchstaben, also einem Alphabet, zu der Lautgebung, – die Idee, daß alles wiederkehrt, daß es also so und so viel endliche Elemente gibt, und daß man überhaupt die sprachliche Mitteilung so zergliedern kann, daß sie zerfällt in Einzelteile, die dann syntaktisch, d.h. zusammengesetzt werden, – diese Idee, daß da etwas vorliegt, ein echtes Instrument in dem Sinne, daß man es in seine Teile dekomponieren und wieder zusammensetzen kann, daß das innerlich Gelenke hat, weil man also die syntaktischen und grammatischen Figuren gleichsam ganz bestimmte Kombinationen ausführen lassen kann, – das also (eine erstaunliche rationale Leistung, ein ungeheurer Aufbruch, ebenso wie der Übergang von der Bilderschrift zur eigentlichen Wortschrift) sind spezifische Durchbrüche, spezifische Leistungen im Laufe der menschlichen Geschichte. Das enthält bereits in sich rationale Vorentscheidungen, die dann die weitere Entwicklung der Rationalisierung zweifellos begünstigt haben.

Aber, wie gesagt, auch da wieder, wenn man glaubt, man kann Sprachen aufgrund eben dieser eigenartigen Struktur sozusagen nun in Universalsprachen abbilden und mathematisieren, formalisieren, dieser Gedanke hat seine Grenze eben an dem anderen ganzheitlichen Charakter der Sprache selbst. Elementarität auf der einen Seite und Komplex- oder Feldhaftigkeit auf der andern Seite. Ich habe da das vielleicht etwas weit hergeholte Beispiel aus der Physik Ihnen gebracht – Korpuskel und Welle – so ein ähnliches Komplementaritätsprinzip gilt zweifellos auch für die sprachliche Mitteilung. Damit wären wir eigentlich im wesentlichen mit diesem Kapitel fertig geworden. Und nun können Sie sich zum Schluß noch einmal sagen, damit ist gezeigt, die Vielfalt, der Aspektreichtum der Sprache, ihre Einbettung in eine bestimmte Struktur eben der Vertikalität, aber zugleich ihre Ablösbarkeit davon. Diese Ablösbarkeit ist ja das Entscheidende.

Nun wende ich mich in einem neuen Kapitel dem Umweltproblem zu, dem Weltverhältnis des Menschen, genau dem Problem, das uns bei der Sprache aufgegangen ist. Ich sagte, einerseits stehen wir in der Sprache, ganz offensichtlich, wir können einfach nicht anders als mit dem Kategorialgerüst, das uns eine Sprache zur Verfügung stellt und in das wir hineinwachsen, das wir lernen müssen, mit dem wir uns wie mit einer Institution abzufinden haben, wir können zugleich, obwohl wir auf dieses angewiesen sind, auf dieses Kategorialgerüst, es offensichtlich durchbrechen, indem wir eben von einer Sprachwelt in eine andere Sprachwelt übergehen. Die Zuordnung, die, sagen wir einmal, zwischen dem Deutschen und dem Englischen vorgenommen werden (und das sind ja nun Sprachen desselben Grundsprachbaus), sind natürlich über viel größere Abstände vorzunehmen, wenn auch vielleicht dann die Präzision und die Eindeutigkeit der Zuordnung große Schwierigkeiten machen.

Damit kommen wir jetzt an ein Problem, das ich Ihnen ganz kurz entwickeln muß, und zwar, weil wir hier die eigenartige biologisch-vitale und die nicht-vitale Natur des Menschen uns vergegenwärtigen müssen. Wir wissen, daß alle Lebewesen in spezifischen Umwelten leben. So ist auch anzunehmen, daß der Mensch in einer spezifischen Umwelt lebt. Das wird gewissermaßen auch schon in der Besinnung auf die Sprache unterstrichen. Es ist ganz offensichtlich, daß die Abhängigkeit der uns erscheinenden Umgebung von der Sprache eine Gebundenheit zeigt, die zunächst einmal noch genau so als eine spezifische Umweltgebundenheit anzusprechen ist wie andere Umweltgebundenheiten anderer Lebewesen auch. Der

Gedanke der Umweltgebundenheit ist nur eine relativ späte Entdeckung der Biologie. Der Biologe Jakob von Uexküll hat diesem Gedanken großen Eingang in der Wissenschaft, vor allem in der modernen Verhaltensforschung, seiner eigentlichen Domäne und seiner eigentlichen Gründung, verschafft.[4]

Ich möchte Ihnen das an ein paar Beispielen erst einmal klar machen, was das heißt. Die normale, naive Auffassung ist die, wir sind eben alle in derselben Welt. Und zwar alles, was da drin lebt, lebt eben im Grunde genommen mit denselben Zugangsmöglichkeiten, die von vornherein darin vorgeschrieben sind. Das stimmt aber natürlich schon einfach aus der Überlegung offensichtlich nicht, weil ja die Sinnesorgane, mit denen die verschiedenen Tiere, um es erst einmal auf den tierischen Bereich zunächst zu beschränken, die Tiere die verschiedenen Sinnesorgane ja gar nicht erfassen können. Wenn Sie sich also überlegen, wie sieht eine Stubenfliege das Zimmer, da werden Sie sagen, dazu habe ich leider keinen Zugang, denn ich bin ja nun keine Fliege und weiß das also nicht. Und außerdem kann sie es mir nicht sagen, wenn sie's mir sagen könnte, würde sie entweder mir das Geheimnis nicht verraten oder aber sie würde es mir in einer Weise mitteilen, daß ich dann glauben könnte, sie sieht auch so wie ich, sie sieht vielleicht nur schlechter oder vielleicht ein bißchen anders, aber im Grunde genommen sehen wir dasselbe. Nun, sie spricht nicht, und sie hat ja auch allen Grund dazu als Fliege, denn sie ist ein völlig anderes Lebewesen.

Ja, nun hat Uexküll, genial und witzig, wie er war, gesagt, der Sache kann man schon näherkommen, wir wollen uns einmal die Augen der Fliege genauer ansehen, und dann wollen wir versuchen, das Bild, das ein solches Fliegenauge entwirft, zu fixieren. Das kann man heute, wenn es auch experimentell nicht sehr einfach ist, in der Weise machen, daß man ein solches Fliegenauge einem fotographischen Apparat vorschaltet und dann mit entsprechend mühseligen Zurüstungen die Geschichte, das Bild, so auffaßt, daß es durch dieses Fliegenauge, durch dieses Facettenauge gebrochen wird. Es handelte sich ja um Facettenaugen. Dann bekommt man in der Tat ein sehr merkwürdiges Mosaikmuster auf die Platte. Ein solches Bild finden Sie abgebildet in Uexküll und Kriszat, *Streifzüge durch*

4 Jakob von Uexküll, *Umwelt und Innenwelt der Tiere*, Berlin 1909; 2., vermehrte und verbesserte Aufl., Berlin 1921.

die Umwelten von Tieren und Menschen (1934).[5] Da finden Sie das also abgebildet.

Nun hat man ganz mit Recht gesagt, ja, was Du uns gezeigt hast, ist, wie es der Apparat des Fliegenauges entwirft, aber auf einem Mechanismus, den wir so sehen. D. h., Du schaltest gewissermaßen dem menschlichen Auge, wenn auch über den Umweg der Fotographie, etwas vor, aber wie nun tatsächlich der Mosaikeindruck, der zweifellos auf der Netzhaut des Fliegenauges entsteht, (das kann man mit Sicherheit sagen), wie der dem Tier selber bewußt wird, das ist noch die Frage, das weiß man eben nicht. Wir sehen jetzt sozusagen, aber auch immer nur wir, durch das Fliegenauge.

Das ist also ein erkenntnistheoretischer Einwand, dabei muß man sagen, in der Tat, hier können wir nicht weiter. Denn Fliegen sind wir nicht. Wir sind eben immer nur auf uns begrenzt. Aber wir können daran erkennen, daß es völlig andere Auffassungsmöglichkeiten, Apparaturen der Vermittlung zwischen Lebewesen und Umwelt gibt, als wir sie eben haben. Unser Auge, unser Augenapparat, den merkwürdigerweise (man weiß nicht recht, warum?) der Tintenfisch hat (ein zweifellos intelligentes Tier, aber warum er nun ausgerechnet mit diesem Goetheschen Auge ausgestattet ist, ist nun schwer zu verstehen), wie gesagt, die Apparaturen wechseln außerordentlich. Und nicht nur die Apparaturen der Wahrnehmung, sondern natürlich auch die entsprechenden motorischen Organe. Denn es macht ja einen ungeheuren Unterschied, z. B. zwischen wasserlebenden und auf der Erde, dem Boden lebenden Tieren oder den Tieren, die im Luftraum sich bewegen, sondern selbstverständlich auch die verschiedenen Bautypen der im gleichen, echten gleichen Milieu.

Hier hat nun früher das entwicklungsgeschichtliche Denken die Sache immer versperrt, weil es gesagt hat, alles, was nicht Mensch ist, ist sozusagen noch nicht so weit, ist irgendwie noch primitiv geblieben, ist noch nicht bis zu dem und dem vom Menschen erreichten Durchbruch zur Welt voll gelangt, d. h. man hat eine Skala an die Dinge herangetragen, statt daß man sich einmal überlegt, ob man nicht, ich möchte sagen, wie der Kunsthistoriker zwischen seinen Stilen nicht mehr wertet, und sagt, was früher war, ist pri-

5 Jakob von Uexküll/Georg Kriszat, *Streifzüge durch die Umwelten von Tieren und Menschen. Ein Bilderbuch unsichtbarer Welten*, Berlin 1934; Neuausgabe mit einem Vorwort von Adolf Portmann, Hamburg 1956, S. 40 f.

mitiver gewesen, sondern sich die Sache wie eine bunte Formenfülle zunächst einmal ohne jeden Versuch einer skalaren Bewertung von früh = primitiv und später = schon etwas besser und von ganz spät = also jetzt aber endlich so weit – mit diesem dummen Schema zu operieren.

Diese gewissermaßen vergleichende Betrachtung, die aber die Eigenart jedes Bautyps und jedes Funktionstyps im Auge behält, die hat uns nun ein gewaltiges Problem aufgeworfen. Zunächst einmal die Frage, genießen denn diese verschiedenen Umwelten, in denen die Tiere leben, sensorisch wie motorisch, in irgendeinem Sinne einen Kontakt, äußerlich für uns natürlich. Denn die Schnecke, die da läuft, und die Spinne, die da an der Wand ist, sie sind ja in demselben, im gleichen Raum. Gewiß, sie sind ja so oder so miteinander in Kontakt. Unter Umständen! Das eine ist die Beute des anderen. Das eine ist die Gefahr für den anderen. Trotzdem: wie spiegelt sich denn das? Wie sieht denn das aus für das jeweilige Lebewesen?

Der erwähnte Uexküll hat auch einen reizenden Versuch gemacht, übrigens im Anschluß an einen alten Gedanken des Dorpater Biologen und Mediziners Karl Ernst von Baer, einem Mann noch aus der Goethe-Zeit, der einmal gesagt hat, daß unsere Zeitauffassung ja ganz offensichtlich abgestimmt sein muss auf unsere Bewegungsmöglichkeit. Und daß, wenn wir eine andere Zeitauffassung hätten, wenn wir sozusagen eine Minute erleben könnten wie eine Stunde, das für uns dann die Welt völlig anders wäre.[6] Uexküll hat auch einmal ein solches Experiment an der Schnecke gemacht und hat zu zeigen vermocht, daß es eine Schwelle gibt, eine Reizschwelle, für das Tier, den kleinsten Moment, den ein Tier erfaßt. Und da zeigt sich nun amüsanterweise, daß dieser kleinste Moment bei der Schnecke entsprechend ihrer weltbekannten Trägheit ihrer Bewegung in der Tat denn auch ungefähr so ist.[7] Es ist nämlich das, was wir schon sagen, na, das sind ja nun schon paar Sekunden, das ist für das Tier ein Moment, ein Augenblick. Also, dieser hübsche Gedanke, daß man die Zeit je nach den biologischen Möglichkei-

6 Vgl. ebd., S. 46; Karl Ernst von Baer, *Welche Anschauung der Natur ist die richtige? und Wie ist diese Auffassung auf die Entomologie anzuwenden? Zur Eröffnung der Russischen entomologischen Gesellschaft im Mai 1860 gesprochen*, Berlin 1862.

7 Vgl. Uexküll/Kriszat, *Streifzüge durch die Umwelten von Tieren und Menschen*, S. 47 f.

ten, die zur Verfügung stehen, um mit der Zeit etwas anzufangen oder in der Zeit etwas zu tun, daß das korrespondiert mit dem Erlebnis des Augenblicks. Daß die Augenblicklichkeit bald so und bald so ist. Dieser Versuch zeigt also deutlich eine Abstimmung zwischen der Wahrnehmungsstruktur und der motorischen Struktur. Langsame Bewegungen haben keine rasche Auffassungsgabe, wenn ich mich so ausdrücken soll, nötig, und umgekehrt.

Sie sehen also, von allen diesen Versuchen her kommt man zur Einsicht, daß die Tiere je nach ihrem Bauplan, anatomisch wie physiologisch, in spezifischen Umwelten leben, die wir natürlich als solche nicht erleben können, denn dann müßten wir uns sozusagen in das andere Tier versetzen können, und das ist völlig unmöglich. Unsere Menschlichkeit werden wir ja nie los. Aber wir können die jeweiligen Strukturen entwerfen und können zeigen, daß hier merkwürdige Korrelationen bestehen. Fähigkeiten der Wahrnehmung von ganz anderen Reizen, Ansprechbarkeit auf ganz andere Reize, als wir sie haben. Sagen wir einmal, manche Fische, die ganz offensichtlich empfänglich sind für elektrische Spannungen, die beim Menschen eben keine unmittelbare sensorische Wirkung auslösen, oder aber wiederum für Lichtwellen, für die wir nicht ansprechbar sind usw. usw. Es ist also ganz offensichtlich so, daß wir hier eine merkwürdige Divergenz von Weltbildern haben, unbeschadet der Tatsache, daß sich das alles für uns in ein und derselben abspielt.

Da sehen Sie nun, hier ist die Frage, von außen, von uns aus gesehen, sind das alle[s] Monaden, die aber in unserem großen Aquarium mit drin schwimmen. Aber wie [ist] es nun für die Monade selbst? Und sollte nicht vielleicht – und das ist hier der alte aufregende Gedanke – eben unsere, unser sogenanntes Bild von der Welt, unsere Fülle, dieses ganze Große, in dem wir glauben, daß alles andere mit drin ist, nur wir umfassen alles, sollte das nicht vielleicht auch so eine Monade sein? Der Gedanke ist nicht neu, er ist von Leibniz bereits gedacht worden, ohne diese biologischen Überlegungen eben aus der Kraft des Nachdenkens über die Konsequenzen, die der Bewußtseinsbegriff mit sich bringt. Also jetzt ein merkwürdiges pluralistisches Pluriversum. Ein Pluriversum, bei dem es sehr die Frage ist, ob es eine Mitte gibt zu dieser Fülle. Also, sozusagen, ob dieses Pluriversum irgendwo beheimatet oder in einem großen Rahmen eines Universums tatsächlich zu Hause ist.

8. Stunde[,] Donnerstag, 15. Juni 1961

[Das Welt-Umweltverhältnis des Menschen]

Wir haben bei dem Umweltgedanken eingesetzt und behandeln also jetzt in diesem Kapitel das Welt-Umweltverhältnis des Menschen. Wie muß die Umwelt eines Wesens aussehen, das ihr in aufrechter Haltung, Aug in Auge, Hand in Hand, mit Sprache begabt, gegenübersteht? Oder anders gefragt: Welche Züge müssen sich in unserem Umweltbild zurückführen lassen auf diese genannten Eigentümlichkeiten oder mit ihnen korrelieren? Uexküll hat einmal seinen Umweltgedanken so formuliert: »Wo ein Fuß ist, da ist auch ein Weg. Wo ein Mund ist, da ist auch Nahrung. Wo eine Waffe ist, da ist auch ein Feind.«[1] Und nach diesem Gedanken müßte man denn eigentlich für das Feld, in dem Auge und Hand zusammenwirken, eine ähnliche korrelative Beziehung zur Struktur unserer erscheinenden Welt feststellen können. Aber für das Feld, in dem, wie wir gesehen, Auge und Hand zusammenwirken, ist es auch möglich, die Sprache mit einzubeziehen in diese Kooperation, ja es ist unvermeidbar. Und bei der Sprache, haben wir gesehen, ergibt sich eine ganz neue Dimension. Ihre Dimension läßt sich mit dem sensomotorischen Umfeld nur so zusammenbringen, daß dieses, wie wir gesehen haben, eine Transposition in jene erfährt, eben in die Dimension der Sprache. Das macht es schwierig, den Umweltgedanken für das Ganze, auf Hand, Auge und Sprache Bezogene, beizubehalten. Ja, ich kann von vornherein jetzt schon die These formulieren: Es wird sich der Umweltgedanke nicht durchhalten lassen.

Das hat man ja auch von vornherein immer gesagt. Gerade im Anschluß an Uexküll hat man gesagt, bei den Tieren gilt die Umweltbindung, beim Menschen ist sie durchbrochen, er ist weltoffen. Die Weltoffenheit gegenüber der Umweltgebundenheit ist seit etwa dreißig Jahren ein beliebtes Kontrastmittel geworden für die Philosophische Anthropologie. So einfach ist die Sache aber nicht. Wir können uns diese Schwierigkeit zunächst einmal vergegenwär-

1 Jakob von Uexküll, *Theoretische Biologie*, Berlin 1920; Neuausgabe. Mit einem Vorwort von Rudolf Bilz, Frankfurt/M. 1973, S. 153.

tigen an der Individualentwicklung des Kindes. Daran können wir sie illustrieren. Hier läßt sich nämlich diese Umstrukturierung von Umwelt-Bindung in Weltoffenheit – aber bedingt! – und eine entsprechende Umstrukturierung seines Verhaltens deutlich zeigen. Fast zur gleichen Zeit, in der das Kind stehen lernt, und die ersten Worte nachspricht, beginnt das, was wir einsichtiges Handeln nennen. In die Aktionen des Mit-machens, die immer häufiger den Charakter von echten Nachahmungen annehmen, gewissermaßen in Nachmachen umschlagen, sind bestimmte Leistungen eingestreut, die ein Verständnis für Sachzusammenhänge verraten. Sie treten, wie übrigens an Intelligenzuntersuchungen an Anthropoiden, Schimpansen vor allen Dingen, erwiesen ist, im Zusammenhang mit Gebrauch von Werkzeugen auf. Während die Tiere aber das Problem immer nur als Schwierigkeit einer bestimmten Situation erfassen und gelegentlich überwinden, überschreitet das Kind im letzten Drittel des ersten Lebensjahrs bereits diese Grenzen und zeigt sich der Übertragung des Einfalls einer Problemlösung, einer Schwierigkeit auf analoge Situationen fähig.

Die Versachlichung des Umfeldes hat also begonnen und setzt sich am Leitfaden der wachsenden sprachlichen Artikulation fort. Seine Gebundenheit an Situationen lockert sich. An ihre Stelle, die Stelle der Situation, tritt der Sachverhalt, noch nicht als *abstracta* gefaßt, bei weitem nicht, aber er fungiert schon, da er die Ähnlichkeit des Verschiedenen von der Verschiedenheit des Ähnlichen abhebt. Der Mensch öffnet sich der Welt, wie wir sagen. Was ist damit tatsächlich erreicht? Ist damit die Umweltbindung völlig verschwunden und sozusagen in Weltoffenheit aufgegangen? Oder besteht die Umweltbindung neben der Weltoffenheit und in ihr weiter? Im ersten Falle, wenn die Umweltbindung völlig verschwunden wäre, und wenn der Mensch nun wirklich das weltoffene Wesen wäre, hätte die biologische Betrachtung des Menschen kein Recht mehr, sie wäre gewissermaßen auf vitale Schichten seiner Existenz zurückgedrängt worden, während im zweiten Fall, wenn die Umweltbindung sich in einer neben der Weltoffenheit oder in ihr, mit ihr in irgendeiner fatalen Weise verwickelt, erhielte. Im zweiten Falle wäre sie auf die physischen Leistungen nicht mehr begrenzt, sondern das geistige Leben müßte auch irgendwie, also vor allem die Sprachleistung des Menschen, unter dem Gesichtspunkt der Umweltbindung gesehen werden können. Die Frage, die sich daran anschließt, wie, wenn der Status der Weltoffenheit selbst eine dem Menschen spezifische Form von Umweltbindung wäre, in der sich vielleicht engere und weitere Zone der Korrespondenz zu seinem Bauplan noch unterscheiden lassen, ohne daß die Korrespondenz im ganzen tatsächlich durchbrochen und überwunden wird. Das ist die letzte Frage, die wir ja schon in der Dienstag-Stunde[2] angeführt haben, wie ich Ihnen sagte, im Hintergrund der Uexküllschen Idee lauert der Gedanke der Monadologie. Aber einer Monadologie ohne eine Zentralmonade, wie bei Leibniz. Lassen Sie mich mal an eben diesem Punkte abschweifen, um das noch etwas näher zu klären.

Der alte Uexküll war, und das entsprach der philosophischen Richtung seiner Zeit, ein Mann aus der zweiten Hälfte des 19. Jahrhunderts, im wesentlichen (sagen wir einmal, Jahrgang 1870 etwa[3]) [,] also für ihn war Kant und der Kantianismus die eigentlich entscheidende philosophische Einsicht. Er hat immer den Gedanken vertreten, daß Kant gewissermaßen schon die Umweltbindung, wenn auch in einer anderen Form, nicht in einer biologischen Form, erkannt hätte beim Menschen, indem ja Kant bekanntlich die These vertritt, daß das menschliche Subjekt mit bestimmten Anschauungsformen und Denkformen ausgestattet sei und außerdem noch mit Ideen, die ihm den ebenso fruchtbaren wie hoffnungslosen Hang und Hunger zum Unendlichen einimpfen. Es gibt eine Naturanlage zur Metaphysik, sagt Kant, aber wir sind leider nicht in der Lage, die jenseitigen und überirdischen und unirdischen, jenseits aller Erfahrungen liegenden großen Probleme von Tod und Unsterblichkeit, von Ursprung der Welt, dem Wesen der Freiheit usw. zu erkennen. Wir können da nichts beweisen, wir können nur ewig streiten, und wir können leider den Streit nicht abbremsen. Obwohl wir einsehen, daß wir's nicht können, können wir es nicht lassen.

Das ist die Grundkonzeption, die ebenso aufgeklärte wie eigentlich tragische Vision Kants auf die endliche Natur des Menschen. Aufgeklärt gegenüber den großen metaphysischen Traditionen, skeptisch, wenn Sie wollen, zurückhaltend, resignierend, und auf der anderen Seite also doch tief genug blickend, um zu sagen, er kann's nicht lassen. Wir können nicht, wie man das in der mo-

2 Vorlesung vom 13. 6.

3 Uexküll wurde am 8. 9. 1864 geboren.

dernen Philosophie, der Wiener Schule und verwandten Richtungen, tut, sagen, das sind alles bloß Scheinprobleme. Gut, es sind Scheinprobleme, aber leider lassen sie sich nicht ex[s]tirpieren, wir können nicht darüber hinausgehen, wir können nicht von ihnen lassen.

Der Mensch ist also das menschliche Subjekt, ausgestattet mit gewissen Anschauungsformen von Sein und Zeit und weiterhin mit bestimmten Denkformen, den sogenannten Kategorien. Und nun liegt es sehr nahe, und diesen Gedanken vom alten Uexküll hat dann der bekannte Verhaltensforscher Lorenz, von dem Sie ja das eine oder andere Buch auch schon mal in der Hand gehabt haben, von dem Sie sicher das eine oder andere hübsche Experiment schon gehört haben, auf dem Gebiete der Tierpsychologie oder der Verhaltensforschung, der hat diesen Gedanken in der Tat einmal in einer sehr hübschen Abhandlung über die angeborenen Formen der Erfahrung in den 40er Jahren hier weiter ausgebaut und illustriert.[4] Er hat gesagt, ja, das ist vollkommen richtig, heute können wir mit Hilfe von Experimenten auch deutlicher zeigen, welche Anschauungsformen und welche Kategorien den Tieren, und zwar den verschiedensten Tierformen, zur Verfügung stehen. So würde man also sagen müssen, sagen wir einmal, eine Libelle, die lebt in ihrer Libellenwelt. Die ist eine Welt aus Libellendingen. Diese Libellendinge haben für dieses Tier Bedeutung, darauf spricht es an. Und diese Libellenwelt enthält, wenn wir sie auf unsere Welt jetzt abbilden, und das tun wir ja als Forscher, das müssen wir ja, wenn wir darüber Versuche anstellen und kontrollieren, was wirkt auf das Tier[,] und was wirkt nicht auf das Tier, wo sind die Grenzen seines optischen Vermögens, die Grenzen seines akustischen Vermögens, die Grenzen seiner Motorik, dann bilden wir doch sozusagen die Geschichte auf unseren großen Rahmen ab. Und auf dem großen Rahmen von uns erscheint die Libellenwelt wie ein bestimmtes durchfiltriertes, sehr begrenztes Weltchen. Dasselbe können wir bei Seesternen machen, dasselbe bei Schnecken, dasselbe bei Hunden, bei den Hühnern und so weiter. Da sehen wir also, daß sich z.T. diese Umwelten sehr voneinander unterscheiden, weitgehend nicht voneinander transponierbar sind, aber nur in gewissen Grenzen sich gewissermaßen überlappen, in anderen Dimensionen voll-

4 Konrad Lorenz, »Die angeborenen Formen möglicher Erfahrung«, in: *Zeitschrift für Tierpsychologie* 5 (1943), S. 235-409.

kommen auseinander liegen, Und daß sie alle mehr oder weniger doch sich abbilden oder projizieren lassen auf unsere Welt.

Und nun kommt der weitere Gedanke, ja, aber unsere Welt ist natürlich auch eine Umwelt, nur eine Umwelt, die eben charakterisiert ist durch z. T. schwächere, z. T. höhere Sinnesleistungen, aber durch den offenbaren großen Vorteil einer homogenen Raum-Zeit-Anschauung und weiterhin durch den großen Vorteil dieser Kategorien, ob es nun gerade 12 Kategorien sind, wie Kant in seiner Tabelle aufzählt – oder ob es mehrere sind, darüber kann man ja streiten. So wird gewissermaßen diese sensuelle, und gedankliche Apparatur des Menschen einfach so aufgefaßt, daß ihn damit die sogenannte Welt, das, was er Welt nennt, eben als ein gewaltiges Umweltgehäuse umgibt. Und was dahinter steht, ja, das weiß er nicht, das ist jenseits seiner Möglichkeit, das wäre dann die Welt in Anführungszeichen, die eigentliche Welt, die verborgene Welt, die Hinterwelt, das wäre das Ding an sich.

Sie sehen, man kann diesen Kantischen Gedanken sehr hübsch in diesen Gedanken von der Umweltlichkeit überführen und hat dann sozusagen den Kantischen Gedanken ins Biologische erweitert, scheinbar, und hat dann ein sehr schönes Schema, das genau dem entspricht, dieser dritten Möglichkeit, von der ich Ihnen eben gesprochen hatte, nämlich wie aber – ich wiederhole noch einmal: wenn der Status der Weltoffenheit der Menschen selber eine dem Menschen spezifische Form seiner Umweltbindung wäre, in der sich vielleicht engere und weitere Zone der Korrespondenz zu seinem Bauplan, also Aufrechterhaltung, Auge, Hand und Sprache, Kategoriensprache, Sie erinnern sich, unterscheiden lassen, ohne die Korrespondenz selbst und im ganzen in Frage zu stellen.

Hier müssen wir noch einmal auf das Gesagte über diese Umweltbindung reflektieren. Also von vornherein, daß wir uns darüber verstehen, diese Deutung Kants als des ersten Umwelttheoretikers ist natürlich philosophisch sehr primitiv und dagegen läßt sich sehr Entscheidendes von vornherein ins Feld führen, das möchte ich aber an der Stelle noch nicht tun, ich möchte nur sagen, das hat schon allerhand Vorgänger. Z. B. gab es um die Jahrhundertwende einen russischen Physiologen, Elias von Cyon,[5] der hat den interessanten Gedanken entwickelt, daß die Raumanschauung des

5 Korrigiert aus »Ernst von Zühr«.

Menschen nichts anderes sei als der Ausdruck eines inneren Ohr-Organs.[6] Wir wissen, daß im inneren Ohr der sogenannte Vestibularapparat existiert. Und der Vestibularapparat ist ja so hübsch gebaut, genau so, wie wir ihn auch bauen würden, und wie wir ihn auch tatsächlich bauen, wenn wir Richtungsverschiebungen in den verschiedenen Dimensionen des Raumes kontrollieren wollen. Also nach so hin, nach vorn, hinten, links, rechts, in der schrägen Richtung, und genau so ist der Vestibularapparat denn auch gebaut. Das sind so kleine Bögen, die druckempfindlich sind, im Innern ist Flüssigkeit, und je nach den Wendungen des Kopfes, auch unseres Körpers werden verschiedene Drucke in diesem Bogengangsystem ausgelöst, Nun sagt Cyon, da habt ihr's, das ist der Ursprung unserer Raumanschauung. Mit anderen Worten, erst ist das Vestibular-Organ, und weil wir das haben, dadurch können wir oben, unten, vorn, hinten, links, rechts unterscheiden. Nun ist das natürlich philosophisch nicht ganz richtig. Aber sagen Sie das mal so einem Physiologen, das ist nicht ganz so einfach. Und daß der Gedanke auch bei klugen Leuten heute weitergeht, das sieht man eben an den hübschen philosophischen Sonntagsjägereien von dem verehrten Lorenz, der sonst ein brillanter und geistvoller Untersucher ist. Die philosophischen Sonntagsspaziergänge von Nicht-Philosophen sind immer etwas verdächtig und erstrecken sich nicht sehr weit, wie ja Sonntagsspaziergänge überhaupt nicht so weit sein sollen.

Was ist nun diese merkwürdige Umweltbindung. Der alte Uexküll hat in einem seiner Spätwerke, in dem er seine Gedanken und Einsichten noch einmal zusammenfaßt, den Titel gegeben: Bedeutungslehre.[7] Damit will er folgendes sagen: Nehmen wir mal wieder die Libelle. Für die Libelle, das können wir feststellen, haben bestimmte Gerüche, d. h. bestimmte chemische Reize, aromatischer Substanz oder was es sonst sei, bestimmte Drucke, Winddruck etc., bestimmte Farben, bestimmte Geräusche, Bedeutung und andere Reize haben's nicht, die fallen aus. Eine Eidechse reagiert auf ein kleines raschelndes Geräusch, aber sie reagiert nicht auf einen Pistolenschuß, der in ihrer Nähe abgefeuert wird, und den sie an

6 Elias von Cyon, *Das Ohrlabyrinth als Organ der mathematischen Sinne für Raum und Zeit*, Berlin 1908.

7 Jakob von Uexküll, *Bedeutungslehre*, Leipzig 1940.

sich nach den Leistungen ihres Gehörorgans ohne weiteres hört, hören kann. Aber dieser Eindruck macht keinen Eindruck, er ist bedeutungslos.

Um nun derartige Untersuchungen wirklich sauber durchzuführen, muß man natürlich die Leistungsfähigkeit des Organs von der Effektivität, den der Eindruck im Rahmen der Leistungsfähigkeit auf das Verhalten des Tieres hat, sorgfältig unterscheiden können, und das ist ja eigentlich *die* große Aufgabe der Verhaltensforschung. Da zeigt sich nun, daß aus dem Bereich, der an sich vielleicht viel größer ist, aus dem eigentlichen Wahrnehmungsbereich, den Wahrnehmungsmöglichkeiten, ein bestimmter Kreis herausgeschnitten ist, der für das Verhalten des Tieres von Bedeutung ist. Und das meint hierbei der Begriff Bedeutung in diesem biologischen Sinne. Kennt also das Lebensfeld der Tiere nur Bedeutungen als Tönungen, d. h. als Gefahrton, (das sind Ausdrücke von Uexküll) als Schutzton, als Nutzton, als Tragton, als Kletterton usw., spielt also in hundert verschiedenen Umwelten für uns derselbe Gegenstand, bald mit diesen bald mit jenen Teilen, eine völlig verschiedene Rolle, wohlgemerkt, hinter ihm und in ihm verschwindend für das Tier – so vermag der Mensch derartige Tönungen seines Lebensfeldes, seines Interessenfeldes einzuklammern und die Einheit des Gegenstandes in und trotz allen seinen Aspekten festzuhalten. Die lebensbezogene impuls- und strebebedingte Umwelt ist getönt, die Welt der Objekte und Sachverhalte ist tonlos. Im wahrsten Sinn des Wortes, in diesem Sinne bedeutungsfrei oder sinnfrei. Wenn wir getönt gleich sinnvoll setzen, so stellt sich eine jede Umwelt ihrem lebendigen Zentrum – für das Tier also – als eine Ordnung von Bedeutungsbeziehungen, als eine Ordnung von Sinnbeziehungen dar, während Welt, in diesem Sinne, im Gegensinne, im Kontrast dazu bedeutungsfrei, sinnfrei heißen müßte. Damit haben wir natürlich einen klaren Gegensatz konstruiert, mit dem sich dann weiteroperieren lassen muß für unser Problem.

Also noch einmal, und damit komme ich auf einen Begriff, den ich Ihnen früher einmal hier vor ein paar Stunden schon bei unseren Besprechungen über die Sprache vorgebracht habe, – sehen Sie, man beobachtet immer wieder, daß das Verhalten der Tiere, und sehr verschieden, der höheren, der niederen Tiere, wie auch immer, Sie können das als ein durchgängiges Gesetz geradezu annehmen – immer wieder diesen merkwürdigen selektiven Charakter hat.

Ich meine, wir merken's, das Tier merkt das nicht. Dem Tier sind sozusagen die Möglichkeiten sehr eng gegeben in allem Verhalten, und es ist abgestimmt in seinem Verhalten eben entsprechend dem biologischen Horizont, den das ganze Umfeld hat. Das läßt sich deutlich zeigen. Das sieht immer wieder anders aus, je nach dem Bauplan des Tieres, es ist ja selbstverständlich, daß ein Insekt oder ein Wirbeltier oder ein luftlebendes Tier und ein erdgebundenes Tier, daß die selbstverständlich andere Umwelten haben müssen, und daß es von daher eben falsch ist, einfach immer so zu sagen, bei den niederen Tieren ist alles primitiver und bei den höheren ist es komplizierter – im Gegenteil, nur die Arten und Weisen von Komplikation und Primitivität, die sind je verschieden. Aber durchgängig ist die Bedeutungsgebundenheit, die Bedeutungsgesättigtheit jedes Verhaltens.

Beim Menschen dagegen tritt das ein, daß für ihn etwas bedeutungsvoll oder bedeutsam, sinnvoll wird, aber in einem anderen, in einem Sinne nämlich, der basiert ist auf der Möglichkeit, daß es auch sinnlos, bedeutungslos ist, daß es für ihn kein Interesse hat, daß es ihn nicht angeht und daß es trotzdem besteht, Anspruch macht, anerkannt zu werden. Also, mit anderen Worten, auf der Basis eben dieser Sachstruktur seiner Umwelt. Damit aber wird der Begriff Umwelt durchbrochen. Denn eine Umwelt, die die Sachstruktur in sich enthält, ist eben in dem alten Sinne mehr als Umwelt. Sie sehen also, damit stehen wir vor der eigentlichen Frage, wie verhält sich diese Umwelthaftigkeit, wie wir ja beim Menschen zunächst einmal vom Organismus, vom Bauplan des Organismus und dem Umfelde seines Lebens festhalten müssen, zu dieser merkwürdigen Sachstruktur, mit der er vermittels der Sprache konfrontiert ist?

Ich kann das vielleicht so zusammenfassen: Die Anhänger der Umwelttheorie, also der unbegrenzten Umweltlehre, widersprechen einander nur im Punkte des Maßes, in welchem auch für den Menschen Umweltbindung besteht. Daß er als Vitalwesen, also gewissermaßen unterhalb seiner ihn zum Menschen machenden Personstruktur in solchen Lebensbezügen und korrelativen Einengungen des Blickfeldes und der Aktionsmöglichkeiten gefangen ist, darüber gibt es merkwürdigerweise keinen Streit. Die Schwierigkeit besteht nur in der Isolierung dieser unteren Vitalschicht seiner Existenz von der Existenz im ganzen. Die entsprechende Schicht ist eben beim Menschen in ein umfassenderes Gefüge eingeschmolzen, und mit der Dimension seiner Sprachfähigkeit und Abstraktionsgabe so verwoben, daß schon im normalen menschlichen Verhalten die rein vitalen Funktionen, wie Schlaf, Ernährung, Verdauung, Begattung, Orientierung, Schutzreaktion, Abwehrreaktion, gegenüber der entsprechenden Funktion auch der nächstverwandten Tiere anders stilisiert sind.

Wenn der Mensch zum Tier wird, und sei es auch nur zum Gewohnheitstier, wie wir sagen, das spielt, wie wir wissen, eine kolossale Rolle in unserem täglichen Leben, viel mehr als wir je wissen, wozu wir zu den blödesten Handlungen ständig verführt werden, die natürlich die Sache ständig in Frage stellen, die aber zeigen, daß das lebendig da ist, daß wir viel mehr umwelthaftig reagieren, umweltgebunden als wir meinen, erscheint ein Torso, keine lebensfähige Vitalität, eine Pseudoumwelt, keine echte Umwelt.

Wir haben also zweifellos diese Umweltbindung – da gibt es sehr hübsche psychologische Untersuchungen – aber sie ist sozusagen eine, die sich gleichsam durch die Macht der Gewohnheit, durch die Macht der Trägheit, durch die Macht der Nachlässigkeit ergibt, aber sie ist keine echte, keine undurchbrechbare Umwelt. Diese Verfallsmöglichkeit in Umweltbindungen kennen wir. Wir wissen alle ganz genau, wenn man seine Uhr aufgezogen hat, dann kann man schon im nächsten Augenblick sagen, – habe ich sie eigentlich aufgezogen?, nochmal nachsehen. Sie bringen einen Brief zum Briefkasten, Sie sind in Gedanken, Sie gehen entweder an dem Briefkasten vorbei, Sie tun den Brief herein, Sie gehen ... habe ich den Brief reingetan, habe ich ihn nicht reingetan?, nochmal nachgucken ... Alle diese Dinge, die wir in Millionen Gelegenheiten ja kennen, die Möglichkeit, daß gewisse Reaktionen bei uns durch vertraute Umgebung in bestimmten Lagen gleichsam, sei es automatisch, (man sagt: automatisch, das ist natürlich nicht der Fall, nicht automatisch, aber wie automatisch) vollzogen werden, zeigt, daß wir absinken können in unserem Verhalten und daß man solche Fehlreaktionen und in selbständige Abläufe übergehende Reaktionsmöglichkeiten durchaus kennt. Und Entsprechendes anderes auch: die Vertrautheit eines bestimmten Milieus mit ihren eingeübten, eingewöhnten Bedeutungstönungen, das kennen wir alle auch. Aber das ist sozusagen eine Pseudoumweltlichkeit, der wir in der Tat immer wieder verfallen können, die aber nicht die eigentliche echte ist.

Nun hat Erich Rothacker in seiner Kulturanthropologie noch einen anderen Gedanken geäußert, der viel tiefer reicht, und mit dem man sich viel gründlicher auseinandersetzen muß als mit diesen rein psychologischen Phänomenen.[8] Rothacker hat nämlich gesagt, daß der Mensch als Kulturwesen umweltgebunden sei, und zwar Umwelt jetzt hier als geistige Umwelt, als eigentliche kulturelle Umwelt verstanden.[9] Wie sieht er das? Beginnen wir mit einem sehr oft in diesem Zusammenhang gebrauchten Beispiel, das natürlich Rothacker auch benutzt. Derselbe Wald, der für den Bauern Gehölz ist, für den Holzhändler soundsoviel Kubikmeter Nutzholz, für den Jäger Jagdgebiet, für den Förster Gehege, Forst, für den Verfolgten Unterschlupf, für den Dichter Waldesweben, für den Spaziergänger und Bewohner: Landschaft, für den Botaniker: Mischwald ist, zeigt in dem Aufweis von Umweltreaktionen auf Berufe und Haltungen zugleich etwas mehr als eben die von Rothacker behauptete, mit diesem Beispiel auch unterstrichene Umwelthaftigkeit. Natürlich, das sind spezifische Umwelten, und zwar wie Sie sehen, kulturelle, kulturellen Charakters. Aber sie sind doch nur im metaphorischen Sinne Umwelt. Natürlich kann man sagen, für den Bauern ist das das Wichtigste, für den Förster ist das das Wichtigste, für den anderen ist das, dieser Charakterzug entscheidend. Aber diese Aspekte dieser Umwelten in ihrer Bedeutungstönung sind ja ineinander transformierbar für den Menschen. Sie alle, Bauer, Förster, Jäger, Verfolgter, Spaziergänger und Botaniker, wissen ja voneinander und der Situationsbedingtheit ihrer Aspekte. Die sie gegebenenfalls sogar in ein und derselben Person vereinigen können. Der Wald bleibt für sie nicht nur in der Haltung des Zuschauers, sondern auch in der des interessierten Mitspielers, also des Holzhändlers und des Jägers – warum soll ein Holzhändler nicht zugleich Jäger sein?, – durchaus derselbe, wobei das schließlich die Durchbrochenheit und Gelegentlichkeit des interessenbedingten Aspekts zum Ausdruck bringt. Da sehen Sie auch wiederum, wenn ich hier diesen kulturellen Aspekt geltend mache und sage, es gibt für den Menschen echte kulturelle Umwelten, und zwar es damit begründe, dann zeigt sich ja deutlich, die Umwelten sind ineinander überführbar, sie können miteinander

8 Erich Rothacker, »Probleme der Kulturanthropologie«, in: Nicolai Hartmann (Hg.), *Systematische Philosophie*, Berlin 1942, S. 59-119, 3. Aufl. Bonn 1968.

9 Vgl. ebd., S. 107 ff.

verknüpft werden, sie können sich in ein- und derselben Person überdecken, je nachdem, welches Interesse im Vordergrund steht, und sie haben ein und dasselbe Sachsubstrat.

Nun geht aber Rothacker darüber hinaus und argumentiert so: Die so vielfältig wechselnde Situiertheit des Menschen wechselt mit ihren Standorten, z. B. eines Volkes, einer Klasse, eines Berufs, eines Glaubens, erzwingt durch Tradition und Interessenrichtung bestimmte Vorlieben, Vorurteile, Vorwegnahmen. Und zwar bis in die einfachsten sinnlichen Leistungen des einzelnen Individuums hinein, bis in seine Wahrnehmungssphäre, die, wie man glaubt, doch davon völlig getrennt sein könnte, über deren isolierende und trennende Macht sich die Gleichmacherei des Alltags in der Tat zu leicht hinwegsetzt. Und so sagt Rothacker, nicht nur die Individuen haben verschiedene Reizschwellen physiologischer Art, psychologischer Art, biologischer Art, sondern auch die Völker, auch Stände, auch Klassen und Berufe haben sie, und so versucht Rothacker den Begriff der Schwelle gewissermaßen auf ganze Einheiten geistiger Art auszudehnen und spricht hier von Kulturschwelle. So z. B. unter Hinweis auf Spengler, auf Oswald Spenglers Lehre von den verschiedenen in sich getrennten Kulturgestalten, den Kulturen, die gewissermaßen wie große Umwelten kontaktlos im Laufe der großen Entwicklung, also der Geschichte der Menschheit, aufgetreten und wieder vergangen sind.[10]

Er könnte natürlich genau so an andere Autoren hierbei anknüpfen. Aber diese Auffassung, daß diese großen Kulturen in der Tat echte Umwelten sind – und am deutlichsten kann man das am Beispiel der verschiedenen Sprachen noch einmal illustrieren – das gelingt in der Tat ihm nicht. Die Frage, ob Kultur als Umwelt, wenn auch höherer Ordnung anzusehen ist, müßte ja doch, wenn wir den Begriff Umwelt nicht vollkommen seiner ursprünglichen Fassung entfremden wollen, darauf hinauslaufen, daß Kulturen miteinander, Hochkulturen jedenfalls, ausgeprägte Kulturen, miteinander nicht in Kontakt stehen. Und das hat man ja schon Spengler seiner Zeit eingewandt, daß man sagt, du tust so, als ob [du] die Kulturen gewissermaßen wie große Organismen von eigenem Wuchs, von eigenem Stil konzipierst, und darin steckt

10 Oswald Spengler, *Der Untergang des Abendlandes. Umrisse einer Morphologie der Weltgeschichte.* Band 1, Wien 1918, Band 2, München 1922.

sicherlich etwas sehr tiefes und sehr richtiges, du tust so, als ob das bloß solche gleichsam Organismen wären, die quasi wie die großen verschiedenen Organismentypen mit ihren verschiedenen Schneckengehäusen, von verschiedenen Umwelten diskontinuierlich voneinander, absolut getrennt voneinander existieren. Das stimmt eben nicht, sondern wir kennen Beeinflussung, wir kennen nicht nur das für sich Wachsen, Reifen und Welken und Untergehen, sondern wir kennen die Befruchtung dazwischen, wir kennen die Möglichkeit des durchgängigen Kontinuums bei aller Diskontinuität genau so wie wir jetzt hier im Speziellen zwischen den Sprachen des verschiedensten Sprachbaus die Möglichkeit des Übersetzens und der gegenseitigen Verständigung in aller Diskontinuität und aller Disparatheit kennen.

9. Vorlesung[,] Dienstag, 20. Juni 1961

[Die Horizontstruktur des menschlichen Umfeldes]

Meine Damen und Herren! Wir müssen zunächst einmal dieses Umweltkapitel heute abschließen. Die These, daß der Mensch sich vom Tiere unterscheidet durch das Merkmal der Weltoffenheit, diese These ist, wie wir gehört haben, von gewissen Einschränkungen bedroht, und zwar in der Weise, daß man sagt, die Weltoffenheit des Menschen hat vielleicht im Vitalbereich ihr Recht, aber im geistigen Bereich nicht. Und das ist natürlich eine sehr überraschende These, die ja der Erwartung eigentlich widerspricht, daß sich die Sache gerade umgekehrt verhält, daß man sagt, eine Umweltlichkeit, eine Umweltgebundenheit des Menschen besteht im Vitalen, aber im Geistigen ist er gewissermaßen darüber hinaus, und gerade seine geistigen Möglichkeiten, vor allem dokumentiert durch sein Vermögen der Sprache, des Denkens, der Abstraktion, zeigt ihn als ein nicht-umweltgebundenes, als ein welt-offenes Wesen.

Ich darf noch einmal kurz die Hauptgedanken passieren lassen, die uns dies Problem zeigen. Zunächst einmal spricht für die These von der Weltoffenheit des Menschen die Tatsache, daß man ihn als ein Wesen, rein biologisch, bezeichnen muß, das keinen spezifischen Standort kennt. Man bezeichnet dies auch als die Ubiquität des Menschen. Der Mensch kann in allen Klimaten leben und sich darauf einrichten. Er ist weiterhin, wie man aus der Geschichte zeigen kann, ein Wesen, das sich den verschiedensten Medien anzupassen fähig zeigt, wenn auch durch entsprechende künstliche Maßnahmen. Wenn Sie die Sache sozusagen von außen betrachten und sagen, was fliegt da, dann ist das eben unter Umständen ein Schmetterling, unter Umständen ist das auch ein Vogel, unter Umständen ist es eben auch ein Flugzeug. Und wenn Sie die Sache auf andere Medien übertragen können, [werden Sie] genau entsprechende Fakten rein äußerlich feststellen.

Also nach dem Verhalten und dem Verhaltens-Spielraum zeigt sich der Mensch charakteristischerweise allen anderen Lebewesen durch seine Ubiquität überlegen. Demgegenüber muß man nun wiederum feststellen, daß von sich aus, rein biologisch gesehen, der Mensch sehr wohl begrenzt ist an bestimmte mögliche Regionen, er gehört zu den Landtieren, wenn Sie so wollen, aber auch hier zeigt sich wiederum speziell, daß seine Verbreitungsgebiete anders gelagert sind wie bei den meisten Tieren, die spezifische Verbreitungsgebiete haben, begrenzte Verbreitung, tropisch, subtropisch, arktisch, subarktisch usw., und daß wohl gelegentliche Wanderungen möglich sind, daß aber im allgemeinen Vorzugsgebiete immer festzustellen sind. Das ist beim Menschen eben nicht der Fall, man kann also gewissermaßen ein spezifisches biologisches Territorium für ihn nicht nachweisen. Und außerdem muß man sagen, wird dieses Fehlen eines biologischen Vorzugsgebietes außerdem noch unterstrichen durch seine Ubiquität.

Jetzt sehen wir uns mal die Sache von innen an. Der Umweltgedanke enthält drei sehr charakteristische Momente. Die Umwelt eines Tieres ist relativ auf den Bauplan des Lebewesens, und zwar den anatomisch feststellbaren und den physiologisch feststellbaren Bauplan. Das ist der ursprüngliche Umweltgedanke in seiner zentralen Bedeutung. Man sagt also so: Man kann für jedes Lebewesen einen spezifischen Möglichkeitshorizont feststellen, auf den seine Sinnesorgane, seine Bewegungsorgane, überhaupt seine ganze Organisation abgestellt ist, und sein gesamtes Verhalten zeigt gewissermaßen diesen Horizont. Also es gibt Jagdtiere und es gibt Lauertiere. Tiere, die ihre Beute jagen, Tiere, die sozusagen auflauern einer Beute, aber nicht eigentlich jagen. Diese Tiere können anatomisch und physiologisch streng verwandt sein, so wie etwa Frosch und Kröte. Beim Frosch, bei der Kröte, sie haben physiologisch anatomisch fast denselben Bauplan, aber innerhalb dieses selben Bauplans sehen Sie verschiedene Verhaltensmöglichkeiten, die aber nun im einzelnen zu kontrollieren sind. Da wird man also z. B. feststellen, daß bei einem Lauertier die Wahrnehmungsmöglichkeiten anders strukturiert sind als bei einem Jagdtier, daß umgekehrt etwa die Auffassung von Bewegung eine andere ist usw. Also jeweils ist die Strukturierung des sinnlichen Wahrnehmungsgebiets bei relativ gleicher anatomischer und funktioneller Ausstattung und Möglichkeit bei so nahe verwandten Tieren doch verschieden nach dem gesamten Verhaltenstypus, dem das Tier angehört.

Und so kann man eben in der Verhaltensforschung gewissermaßen nun die einzelnen Umwelten allmählich aufbauen, d. h., um es noch einmal zu sagen, das Verhaltensfeld des jeweiligen Organismus abgestimmt auf seine Wahrnehmungsmöglichkeiten und seine Bewegungsmöglichkeiten und, wie gesagt, auf den spezifischen Typ des Gesamtverhaltens, dem es angehört, kann man es sozusagen exakt zeigen, das eine gehört zum anderen. Das ist natürlich ein wichtiges Instrument gewesen, um dem von früher her aus der Entwicklungsgeschichte suggerierten Gedanken, daß die sogenannten niederen Tiere den höheren Tieren unterlegen seien, und daß sich alles das sozusagen auf einer Skala abspiele, daß also eine Art von allmählicher Steigerung der Verhaltensmöglichkeiten in der Linie der sogenannten Entwicklungsstufen der Organismen zu konstatieren sei, entgegenzutreten. Das ist das große Verdienst, das eigentlich die ganze Verhaltensforschung zunächst einmal – vor allem unter der Führung v. Uexkülls – gehabt hat. Sie zeigt, daß es eben nicht so ist, daß man nicht ohne weiteres etwa die in der Tat hochkomplizierte Umwelt eines Schimpansen irgendwie nach denselben Grundmaßstäben messen kann wie etwa die ganz anders strukturierte Umwelt eines Insektes oder eines Fischs usw. Mit anderen Worten: man muß differenzieren und die Fülle der Bautypen, die uns in der organischen Welt entgegentritt, entspricht eine[r] Fülle von Möglichkeiten, sich sozusagen in der Welt eine spezifische Umwelt gleichsam herauszupicken, herauszuschaffen. Nur tut das nicht das einzelne Lebewesen selbstverständlich, sondern das wird eben gemäß seinem Typus in diese Umwelt hineingeboren.

Diese Umwelten, haben wir gesehen, rein empirisch, können einander überschneiden, die eine Welt ist mehr oder weniger eingebettet in eine andere Umwelt, z. T. auch nicht, sie überschneiden sich, sie decken sich, z. T. streben sie völlig auseinander oder haben miteinander überhaupt nichts zu tun, und nur wir Menschen haben die Möglichkeit, zu sagen, daß alle diese Umwelten, die wir doch als Biologen beschreiben können und verstehen können, daß die gleichsam nun wiederum in dem großen Ganzen, das wir Welt nennen, als verschiedene Zonen eingetragen sind. Man kann weiterhin konstatieren, daß die einzelnen Lebewesen je nach ihrer Umweltgebundenheit und der jeweilig herrschenden Umweltstruktur zu anderen Umwelten Kontakt haben oder nicht Kontakt haben. Auch das können wir von unserem und in unserem Horizont konstatieren.

Nun ist die Frage, und die haben wir gleich am Anfang aufgerollt, eigentlich die philosophische Frage, was ist diese unsere Möglichkeit? Was bedeutet sie? Bedeutet sie gegenüber den Umweltgebundenheiten ein entschiedenes Prä, daß wir tatsächlich weltoffen sind, indem wir prinzipiell die Möglichkeit haben, diese Beschränkung der anderen Lebewesen zu konstatieren, so daß wir also sagen müssen, unser natürliches Weltbild, so, wie es einem jeden von uns vertraut ist, [bildet] einen homogen großen Anschauungsraum, einen homogenen Zeitstrom, in dem sich alle diese biologischen Szenerien gewissermaßen abspielen? – Ich sage: Ist diese unsere anschauliche Weltauffassung ein Zeichen dafür, daß wir Menschen weltoffen sind?, so, wie es ein jeder von uns natürlicherweise annimmt. Oder aber ist das auch nur eine Art von Umweltgebundenheit?

Da muß man nun streng sagen, wenn man den Begriff der Umwelt in diesem biologischen Sinn durchhalten will, und ihn nicht verändern will, dann heißt das mit anderen Worten, der Mensch ist weltoffen. Denn eine strenge Korrelativität zwischen unserem Bauplan und dieser Umweltstruktur läßt sich nicht durchhalten.

Nun gibt es Einschränkungen. Es gibt eigenartige Korrelativität, aber das Interessante ist, wir können sie feststellen, und indem wir sie feststellen können, mit Hilfe der Physiologie, mit Hilfe der Psychologie, mit Hilfe überhaupt der verschiedensten Naturwissenschaften und weiterhin auch anderer Wissenschaften und letzten Endes der philosophischen Besinnung, sind wir eben darüber hinaus und haben sie aufgehoben, haben sie durchbrochen, haben sie sozusagen in die Klammer gesetzt. Aber wir wissen alle, in unserem Verhalten zeigen wir vielfach diese unmittelbare Umweltgebundenheit. Aber sie ist gewissermaßen modifiziert.

Nehmen wir einmal ein bestimmtes Beispiel. Wir können elektrische Wellen nicht wahrnehmen. Wir können wohl von der Elektrizität getroffen werden, wir können einen elektrischen Schlag bekommen, aber wir können bestimmte Wellenbereiche, die wir als Physiker konstatieren, als solche wahrnehmungsmäßig nicht erfassen. Wir können Röntgenstrahlen selbst nicht sehen. Unser Sehbereich ist begrenzt, von Lambda soundsoviel bis Lambda soundsoviel, das wissen wir ganz genau. Das sichtbare Spektrum, das auf einer einen Seite in die Wärme abgeht und auf der anderen Seite eben in die Röntgenstrahlen. Da ist also offensichtlich – das wissen wir nun aufgrund unserer ganzen wissenschaftlichen Kontrollmöglichkeiten –, da zeigt sich eine Begrenztheit unserer visuellen Welt auf einen bestimmten Bereich, auf einen bestimmten

Wellenbereich. Und genau dasselbe gilt für den akustischen Bereich, das gilt für eine Fülle von anderen Bereichen. Wir wissen, daß unsere Wahrnehmungsmöglichkeit, verglichen etwa mit der eines Hundes, in ganz bestimmter Weise variiert und differenziert von ihr, manche Tiere können hohe Luftschwingungen wahrnehmen, die wir physikalisch nur konstatieren können, wenn sie uns sinnlich nicht mehr zugänglich sind, usw.

Wir sehen also, mit anderen Worten, zunächst einmal auf diesem Wege, daß unsere sinnliche und sinnlich zugängliche Welt, auf die natürlich unser gesamter Bewegungsapparat und unser gesamtes sogenanntes natürliches Verhalten primär abgestimmt ist, daß die begrenzt sind. Und so hat man von daher wiederum gesagt, ja, dann wäre es doch gewissermaßen so, daß in der reinen Vitalschicht, wenn wir den Menschen jetzt wirklich in seinem biologischen Bauplan betrachten, da doch offensichtlich eine Korrelativität besteht zwischen eben seinen Möglichkeiten, seiner sinnlichen und motorischen Ausstattung, und dem, was ihm in der Tat zum unmittelbaren Bewußtsein kommt.

Weiterhin: Wir können gerade nicht nur physikalisch-physiologisch, wir können auch sehr gut im psychologischen Bereich solche Begrenztheiten konstatieren. Ich habe Ihnen das letzte Mal das eine und das andere Beispiel genannt, z. B. hat die Psychologie mit Recht festgestellt, daß es für uns bestimmte Anmutungsqualitäten der Dinge gibt, auch Umgangsqualitäten der Dinge. Wir wissen also, z. B. erleben wir die Griffigkeit eines runden Gegenstandes, er zeigt sich uns in der Wahrnehmung schon als etwas, womit man das oder jenes machen kann, wie man sich dazu verhalten kann usw. Diese unmittelbare Präsenz des Umgänglichen an den Dingen, die von sich aus gewissermaßen Anweisung für ein bestimmtes Verhalten haben, alle diese eigenartigen unmittelbaren Anweisungen unserer sinnlichen Welt, abgestimmt auf bestimmte Bewegungs- und Handlungsmöglichkeiten, sind ein gutes und stützendes Argument für die Korrelativität unserer phänomenalen und erscheinenden Welt auf unseren sensomotorischen Bauplan, gar keine Frage.

Und von hier aus entwickelt sich ja auch in einer gewissermaßen rein vitalen Schicht eine Art von Eingepaßtheit und Anpassungsvirtuosität des Menschen auf das, was ihm sozusagen allmählich vertraut wird in seiner Umwelt. Von daher entwickeln sich auch die merkwürdigen Verkürzungsmechanismen, die eigenartigen Automatisierungen, die wir kennen. Und wenn Sie nun weitergehen, so zeigt sich gewissermaßen diese Einbettungsneigung, Einbettungsmöglichkeit des Menschen als vitales und psychisches Wesen in noch anderer Weise. Derjenige, der, sagen wir einmal, in der freien Natur lebt, entwickelt ja ganz andere Wahrnehmungsmöglichkeiten, als sie der Städter hat. Und von daher kann man sehr deutlich zeigen, daß zugleich eine gewisse Virtuosität in Bereichen dem Menschen möglich ist, die er eigentlich mit verwandter Sicherheit nur bei Tieren findet. Also der primitive Jäger etwa hat eben eine ganz andere Beherrschungsmöglichkeit durch ein gesteigertes Wahrnehmen, durch ein gesteigertes Achten auf bestimmte Anzeichen, auf bestimmte Signale in seiner Umwelt, wie etwa der Städter, dem diese Welt völlig fremd ist.

Das alles zeigt, daß in dem vitalen und dem daran angeschlossenen psychischen Bereich der Mensch die Möglichkeit hat, immer auf gewissen Niveaus sich sozusagen wie ein Tier mit seiner Umwelt zusammenzuschließen und sie gleichsam wie einen großen bergenden Umraum, ein bergendes Umfeld, auf dieser Ebene gleichsam zu beherrschen. Aber das alles wird wiederum durchbrochen, weil er als Mensch diese Dinge in einer anderen Weise erfahrungsmäßig und gedankenmäßig, sprachmäßig strukturiert, verarbeitet, sich ein Urteil darüber bildet, es vereinfacht, aber in einer [anderen] Weise, als die Gewohnheit dies tut, so daß auch hier wieder die primäre biologische Umweltlichkeit von vornherein verwandelt wird, umtransponiert wird.

Diese Feststellungen bekommen nun ein anderes Gesicht durch die Argumente, die wir vor allen Dingen bei Rothacker in seiner Kulturanthropologie kennengelernt haben. Rothacker sagt, das ist alles wichtig. Hier ist aber der Mensch nur in seinen niederen Möglichkeiten erfaßt, also sensomotorische Relativität, die spielt wohl eine Rolle in dem normalen Verhalten, aber nur eine gewissermaßen mitbestimmende Rolle, aber keine entscheidende Rolle. Wo zeigt sich der Mensch als Mensch spezifisch? Da wo er die Brechung durch die Sprache vornimmt, d.h. wo er sich in eine ganz andere Dimension als die rein biologische Dimension hineinbegibt. Und nun ist das Merkwürdige, genau das ist für Rothacker ein Indiz für eine Umweltlichkeit beim Menschen im anderen Sinn, eben in einem nicht mehr biologischen, in einem transbiologischen Sinne.

Was heißt das? Wir sprechen alle verschiedene Sprachen, primär – wir Menschen leben in verschiedenen Kulturen, gehen wir zurück in die primitiven Verhältnisse relativ isolierter kleiner Gruppen, kleiner Stämme, sei es nomadischen Typs oder auch schon festsitzender Lebensweise, dann beobachten wir, daß die voneinander relativ entfernten Gruppen ihre eigenen Sprachen, ihre eigenen Sitten, ihre eigenen Vorstellungen von Recht, von schön, von heilig usw. haben. Diese primitiven kulturellen Welten, sagt Rothacker, sind nun auf menschlichem Niveau genau das, was auf tierischem Niveau die Umwelten der Tiere sind. Man könnte so sagen, der Mensch ist zwar nach dem biologischen Maßstab aus der Umweltgebundenheit herausgebrochen und insofern weltoffen. Aber diese Weltoffenheit schließt sich ihm auf seinem spezifisch menschlichen Niveau, und zwar in der Dimension seiner kulturellen Produktivität.

Diese – also: sprachliche Produktivität, aber auch alle anderen, religiöse, rechtliche, wirtschaftliche oder was immer – in diese Sphäre wiederholt er gewissermaßen, nur auf einer höheren Ebene, diese eigenartige Einbindung in eine bestimmte Umwelt. Und diese Umwelt prägt sich ihm nun in sehr verschiedener Weise aus. Etwa durch den Begriff der Heimat, des eigentlichen Heimathorizontes, des angestammten Territoriums oder des Wanderungsgebiets, das er sich zuspricht als das ihm Gehörende oder als das ihm Gemäße, als den sakrosankten Bereich etwa im Religiösen, als den Eigentumsbereich oder den Jagdbereich im Rechtlichen wie im Wirtschaftlichen.

Damit wird also, wie Sie sehen, eine neue These vertreten, und wir haben uns damit auch schon in der letzten Stunde auseinandergesetzt. Diese These hat, wie man weiß, eine große Resonanz in unserer Zeit gehabt, und vor allen Dingen nicht so sehr im Anschluß an die Rothackerschen Überlegungen, die ja relativ später sind als die mehr an das seiner Zeit ja außerordentlich mit großer Resonanz aufgenommene Werk von Spengler, *Der Untergang des Abendlandes*. Hier vertritt Spengler im Grunde genommen schon, wenn auch nicht mit diesen Worten, und nicht in dieser Absicht, den Gedanken von der Isoliertheit der menschlichen Kultur und von einander, und zwar der großen Kulturorganismen, wie sie im Lauf der Geschichte aufgetreten sind als eigentliche Hochkulturen mit eigenem Wachstumsstil und Wachstumsgepräge. Diese Kulturen, sagen wir einmal, die ägyptische etwa oder die griechische oder die moderne, die er [als] die faustische bezeichnet, wären, nicht mit unserem Terminus gesprochen, eigentümliche Umwelten, die die Menschheit zu bestimmten Zeiten und bestimmten Konstellationen hervorgebracht hat und die nun für eine Epoche, unter Umständen für einen sehr langen Zeitraum, gleichsam die beherrschende Konfiguration geprägt haben, in der eine größere Fülle einiger Völker oder Völkerfamilien drin leben. Nach Spengler ist es genau so wie bei Rothacker. Diese Kulturen sind ineinander nicht überführbar. Sie haben ihr eigenes inneres Gesetz, das ist ein Gedanke, den wir schon in der früheren geschichtsphilosophischen Überlegung kennen, nach dem sie angetreten sind, sie haben eine Jugendzeit, eine Reifezeit, eine Alterszeit, und sie gehen dann unter und werden von anderen Umwelten kulturellen Gepräges abgelöst. Zwischen diesen besteht im Grunde genommen kein Kontakt.

Man hat von Seiten der Historiker natürlich darauf hingewiesen, daß das nicht stimmt und ja ständig zwischen den großen Kulturen Kontakt gewesen ist, und nicht nur ein äußerlicher, sondern auch ein innerer Kontakt, daß die Ideen aufeinander befruchtend eingewirkt haben, und daß man eine solche isolierende Betrachtung einfach nicht durchhalten kann, wenn man den Tatsachen nicht ins Gesicht schlagen will. Bei aller Anerkennung eines bestimmten Grundstils einer grund-geistigen Haltung, die man vielleicht mit einem gewissen Rechte unterscheiden kann, gibt es ebensosehr das Gegenphänomen, nämlich die gegenseitige kontinuierliche Ineinanderüberführung, und sei es auch nur im Wege produktiver Mißverständnisse. Denn, nicht wahr, wenn sich Kulturen ineinander nicht wirklich übersetzen lassen, wenn z. B. in unserer Zeit letzte Grenzen gewisser Verständigungsmöglichkeiten da wären zwischen Angehörigen ein und derselben westlich geprägten Kulturwelt, etwa grundsätzliche ewige Schwierigkeiten zwischen Deutschen und Franzosen oder zwischen Franzosen und Engländern, zwischen Deutschen und Engländern, um nur dieses zu nehmen. Nun müßte man zugleich, man kann ja nicht blind sein, anerkennen, daß alles hin und her geht und Auseinandersetzung stattfindet. Wobei man sagt, gut, da gibt es Grenzen einer Haltung, die in der Tat nicht durchbrochen werden können. Aber es gibt dazwischen ja doch trotz all dieser Grenzen ständige Austauschmöglichkeit, Verständigungsmöglichkeit. Verständigungsmöglichkeit mit der Chance, einander wirklich zu verstehen oder einander mißzuverstehen. Das Mißverständnis ist ja genau so ein Indiz dafür, daß neben der Trennung zwischen zwei Kulturen oder Kulturwelten zugleich eine Austauschmöglichkeit, eine Kontaktmöglichkeit besteht. Dann wäre ja eben kein Mißverständnis möglich.

Sie sehen also, die Sache wird zu einfach, wenn wir das Umweltschema nach dem Vorbild Rothackers oder nach dem Vorbilde Spenglers einfach ohne weiteres akzeptieren, denn damit tun wir der eigentlichen, aber komplizierten Sachlage unrecht. Es besteht ein Ineinander und zugleich eine echte Abständigkeit dieser verschiedenen Kulturen aneinander. Am deutlichsten läßt sich das natürlich zeigen gerade bei den Sprachen. Ich habe ja schon bei den Ausführungen über die Sprache darauf hingewiesen, daß es eben Übersetzungsmöglichkeiten gibt, d. h. wir sind in der Lage, das eine auf das andere abzubilden und auf diese Weise eine Übersetzung zu liefern. Zwischen Sprachen sehr verwandten Sprachbaus ist das leichter als zwischen Sprachen sehr verschiedenen Sprachbaus. Schließlich wird man sagen, ja, hier muß man umschreiben, aber man versteht ja doch. Diese Verständigungsmöglichkeit ist ja eben dieses, was sich auf der biologischen Ebene zwischen den verschiedenen Umwelten eben nicht findet. Infolgedessen muß also der Gedanke von der Umweltlichkeit der einzelnen geistigen geschlossenen Systeme fallen gelassen werden.

Aber man darf ihn nicht so weit fallen lassen, daß man nun sagt, das ist vollkommen danebengegriffen, man muß nur sagen, der Begriff verändert sich, wenn ich ihn in dieser Zone anwenden will. Weiterhin erinnern Sie sich an ein Beispiel, das ich Ihnen am Anfang sagte, was übrigens auch von Rothacker ins Feld geführt wird, übrigens auch von Uexküll, denn er – ich habe Ihnen ja schon früher gesagt, warum – ist natürlich ohne weiteres als echter Biologist geneigt und außerdem als Kantianer, wenn auch in einer etwas simplen Form – zu sagen, dieser Umweltgedanke gilt natürlich auch für den Menschen. Der Mensch ist genau so ein Lebewesen wie die Fliege und im Grunde genommen sollen wir nur nicht so tun, als wären wir keine Lebewesen, wir sind genauso umweltgebunden. Das ist der Gedanke mit dem Wald und den verschiedenen Berufen, unter deren Aspekt der Wald nun gesehen wird. Nicht wahr, der Holzhändler und der Jäger und meinetwegen der Dichter, die natürlich alle auf dasselbe bezogen sind, aber dasselbe ja unter verschiedenem Aspekt erleben. Auch das hat man als einen Aspekt geltend gemacht für die Richtigkeit der Anwendungsmöglichkeit des Umweltbegriffs auf den Menschen.

In der Tat kann man so etwas liberal sagen, der Bauer lebt eben in einer ganz anderen Umwelt als der Holzhändler und der Holzhändler in einer ganz anderen Umwelt als der Jäger oder als der Dichter, wenn sie im Wald sind. Auch das ist falsch, wenn man es für den Umweltgedanken fruchtbar machen will. Umwelt hat auch hier wieder eine andere Bedeutung. Es sind das völlig relative Aspekte und relative Interessenhorizonte, in die der Mensch nun in der Tat eintauchen kann, und sehr oft wechseln die Interessenhorizonte an einem Tag an ein und derselben Person. Gerade das ist das Eigenartige, daß wir sehr wohl in einer Person vereinigen können aufgrund ein und desselben Verhaltens, der Möglichkeit eben, als Sache zu sehen, als ein objektives Gefüge, um das sich die verschiedenen Interessenfelder herumgruppieren.

Deshalb nun zum Schluß: Wir können eine gewisse Gebrochenheit unserer Weltoffenheit nicht leugnen. Und es wäre ein völliger Mißgriff zu glauben, daß der Mensch ein radikal weltoffenes Wesen ist. Insofern läßt er also seine tierische Natur nie völlig hinter sich. Weltoffen in diesem Sinne, das habe ich an verschiedenen Stellen immer wieder gesagt, wäre eigentlich hier nur der Engel. Der Engel, so, wie er nach dem Dogma gedacht wird als ein leibfreies, aber endlich geistiges Wesen. Für den Engel gäbe es in der Tat keine Umwelt mehr, weil der sensomotorische Filter nicht mehr da ist, den eben unser Leib darstellt. Er wäre weltoffen. Der Mensch ist es nicht. Der Mensch ist zwar geöffnet zur Welt, aber zugleich in einer gebrochenen Form. Und diese Gebrochenheit zeigt sich nun an der gesamten Weltstruktur, die für den Menschen korrelativ zu seiner Möglichkeit zu sprechen, zu seiner Möglichkeit kulturell zu gestalten, variabel zu gestalten, gegeben ist.

Das ist eine merkwürdige Struktur, von der ich jetzt noch einiges sagen muß. Es ist ein durchgehender Charakterzug, daß wir in einer Welt von Dingen leben. Was heißt das? Das hat zunächst mal gar keine tiefsinnige Bedeutung. Sondern es ist etwas höchst Simples und Schlichtes damit gemeint. Wir haben also Dinge, Dinge, die wir sehen können, begrenzte Gebilde, mit denen wir umgehen oder nicht umgehen können. Die uns aber in irgendeinem Sinne als Widerstände, als Mittel, in jedem Fall also als verfügbare oder nicht verfügbare Gebilde in einem Raume und in einer Zeit entgegentreten. Und diese Dinge haben wiederum miteinander mehr oder weniger schwer entdeckbare Zusammenhänge. Sie sind, sei es in unserem unmittelbaren praktischen Lebenszusammenhang[,] einfach Werkzeuge – Heidegger hat dafür den sehr guten Begriff des Zeugs gebraucht. Sie sind Zeug, Werkzeug, Feuerzeug usw. usw., also irgendwelche Mittel zu irgend etwas. Aber das kann künstlich sein, schon gemacht, oder erst machbar, dienlich zu … irgendeinem Zweck. Oder auch nicht. Sie treten jetzt ohne diesen unmittelbar verfügbaren Charakter auf, und sie haben gewisse Umgangsqualitäten. Man kann sie ergreifen. Sie entziehen sich dem Griff usw. Diese dinghafte Struktur ist nun offensichtlich zugleich charakterisiert dadurch, daß sich mit ihnen und in ihr etwas verbirgt. Und das ist auch ein sehr typischer Grundzug unserer Umwelt, daß sie – wie man sich seit den Untersuchungen der Existenzphilosophie gerne ausdrückt – einen Horizontcharakter hat. Der Mensch lebt immer, wo auch immer, innerhalb eines Horizonts. Sie müssen das jetzt nicht nur räumlich im engsten Sinne nehmen, sondern Sie können das auch an jedem einzelnen Dinge noch einmal feststellen. Jedes Ding hat etwas, was über sich hinausweist, was ich nicht sehe, was ich nicht feststellen kann, irgendeine Art von Über-sich-Hinausweisen, im plattesten, im direktesten Sinn des Wortes.

Als ich hier in Göttingen vor – na, wollen mal nicht sagen, vor wieviel Jahren, jedenfalls vor dem ersten Weltkrieg – bei Husserl Philosophie hörte (das erzähle ich bei der Gelegenheit so gerne), da konnte sich Husserl gar nicht beruhigen über die merkwürdige Tatsache, daß ein Ding eine Rückseite hat. Er nahm den Bleistift und sagte, ja sehen Sie, wenn Sie ihn nun drehen, dann drehen Sie und drehen Sie und drehen Sie ihn, und immer ist eine Seite Ihnen entzogen. Immer ist etwas, was Ihnen nicht sichtbar ist. Das Ding selber, und das kann man ja bei diesen modernen Dingen genauso zeigen – man würde sagen, na Kunststück, na ja räumlich, natürlich, die Seite, die Sie nicht sehen, die ist eben Ihrem Blick entzogen. Ja, natürlich, genau das meint man. Und genau das ist die Horizontstruktur in jedem uns gegebenen Ding. Es weist – unmittelbar, unreflektiert – über sich hinaus, auf etwas, was ich z. B. sehen werde, wenn ich drum rum gehe oder wenn ich's drehe.

Entsprechende Versuche tierischen Verhaltens zeigen, daß das gar nicht so einfach ist. Daß für die Tiere, aber nicht für Tiere aller Typen, diese Horizontalität, diese Horizontstruktur, eben nicht ohne weiteres gegeben ist. Für uns ist sie offensichtlich gegeben damit, weil wir Dinge als Gegenstände auffassen können, also mit einer gewissen Identität mit sich. Und dieses braucht gar nicht durch große Überlegungen hindurchgegangen zu sein, aber das zeigt sich natürlich, und dafür weckt der Mensch seinen Sinn, in dem Maße, in dem er sprechen lernt. Daß die Dinge Namen haben, ist sozusagen das Siegel darauf, daß sie eine Identität besitzen, mit sich eine Einheit sind oder überhaupt etwas, ein X-Attribut möglicher Eigenschaften sind.

Und diese Grundstruktur zeigt also jetzt korrelativ unserem Sprechen eine merkwürdige Doppeleigenschaft, nämlich einmal erscheint diese Welt, so, wie sie ist, und auf der anderen Seite ist in dieser Erscheinung sie uns verborgen, entzogen. Dieses Ineinander von Apertheit und Verborgenheit, Offenheit und Verschlossenheit, das genau ist es, was hiermit gemeint sein soll, und das ist einer der großen Ansatzpunkte für Wissenschaft und Philosophie gewesen, seitdem der Mensch überhaupt Mensch ist. In irgendeinem Sinn bewegt sich ja alles um dieses Problem des An-sich und Für-uns, des Greifbaren und des Ungreifbaren, und zwar von dem simpelsten Niveau aus, das wir kennen. Das Kind, das die Puppe aufmacht, um zu sehen, was drin ist, geht also genau entsprechend dieser Horizontstruktur jedes Dinges vor, es möchte sehen, was das ist. Nicht, was nur drin ist, sondern das Drin-Sein heißt, was es eigentlich ist, was es für sich ist. Und diese selbe Offenheit und Verborgenheit in eins zeigt eben genau die spezifische Gebrochenheit, d. h. die eigentümliche Verschränkung zwischen Weltoffenheit und Umweltlichkeit des Menschen.

10. Vorlesung[,] Donnerstag, 22. Juni 1961

[Zur Utopie der verlorenen Wildform des Menschen]

Meine Damen und Herren! Wir knüpfen unmittelbar an das an, was wir in der letzten Stunde über die Horizontstruktur des menschlichen Umfeldes gesagt haben, die Horizontstruktur, die sich uns gezeigt hat zunächst einmal an dem Phänomen des Dings. Des Dings, das uns als Gebrauchsding oder wie immer [zuhanden ist], auch als ein Ding, das man nicht unmittelbar gebrauchen kann, mit dem man sich aber irgendwie abfinden muß, das man bewältigen muß, das ein Widerstand ist, ein Ziel oder was auch immer, ein Material, [das] uns begegnet in diesem räumlich-zeitlich gegliederten, diesem hohlen Felde, das nun diese partikularen, z.T. ganz zufälligen Ausfüllungen zeigt.

Nun ist die erste Frage, und damit beginnen wir ein neues Kapitel, über die Elemente des menschlichen Verhaltens, was ist damit sozusagen gegeben als Möglichkeit eben eines Lebewesens vom Typus Mensch in diesem merkwürdig strukturierten Umfeld. Das erste, was wir lernen müssen, ist, daß zu dieser eigenartigen Dingstruktur und Horizontstruktur korrelativ ist die Eigenstruktur des menschlichen Wesens selbst, d.h. die Ich-Struktur. Genauso, wie sich mir das Ding zeigt als etwas, was in sich über sich hinausweist, ich habe Ihnen das einfach gezeigt an dem merkwürdigen Phänomen des einerseits Verdecktseins und andererseits des Offenseins, des unmittelbar Gegebenseins an jedem Dinge, das, was man z.B. natürlich vor allen Dingen an den sogenannten räumlichen Phänomenen sehr schön exemplifizieren kann, ich erinnere Sie an den berühmten Husserlschen Bleistift, genau dasselbe gilt für uns selbst. Es besteht also zwischen Ding-Struktur und Selbst-Struktur eine Korrelativität, eine strenge Entsprechung. Man könnte das auch allgemein so formulieren, dass man sagt, nur da, wo echte Dinge in ihrer eigenartigen Horizontstruktur gegeben sind, nur da kann ein Ich für sich sein.

Also in dem Sinne haben Tiere kein Ich, weil Tiere kein entsprechendes Verhalten zeigen zu der Horizontstruktur der sie umgebenden Dinge. Und sobald sie das haben, so weit haben sie auch sicher eine entsprechende Selbst-Struktur. Beim Menschen ist das nun durch den Sach-Charakter der Dinge akzentuiert. Daraus hebt sich dem Menschen sein Ich als etwas ab, was von ihm einerseits distanziert ist und andererseits mit dem er zusammenfällt. Das hat ja unsere Sprache, das zeigt sie ja deutlich in ihren verschiedenen Abwandlungen von ›Ich‹, ›Mir‹, ›Mich‹, ›Dich‹ usw. Auch das Phänomen des ›Du‹ gehört, wie wir später sehen, in diese eigenartige Gesamtstruktur des Feldes. Dadurch entsteht ein merkwürdiges Problem, nämlich korrelativ zur Sachbeherrschung, zur Feldbeherrschung, zur Dingbeherrschung zugleich die Aufgabe der Selbstbeherrschung. Daraus entsteht zugleich und ist unmittelbar damit mitgegeben dieses, daß ein jeder selbst ›ist‹ und sich ›hat‹ bzw. nicht ›hat‹.

Ich bin – aber ich habe mich nicht, so formuliert es als Auftakt zu seinen philosophischen Überlegungen marxistisch-hegelscher Prägung Ernst Bloch in seinem 3-bändigen Werk über das »Prinzip Hoffnung«.[1] Damit knüpft er an die große idealistische Tradition bei uns an. Dieses ›ich bin – aber ich habe mich bzw. ich habe mich nicht‹, mit diesem ›aber‹, man kann auch hier zunächst einmal ebensogut sagen ›ich bin und ich habe mich; ich habe mich nicht‹, damit ist die menschliche Situation in ihrem leibhaften Dasein charakterisiert. Wir wissen, sprechen, handeln, variables Gestalten schließt die Beherrschung des eigenen Körpers mit ein, die erlernt werden mußte und weiterhin ständige Kontrolle verlangt. Ich bin also in einem Abstand zu mir, und dieser Abstand zu mir gibt mir erst die Möglichkeit, ihn wiederum zu überwinden, indem ich versuche, mich zu beherrschen. Ich bin mir also mein eigenes Mittel, ich bin Instrument. Ich bin Instrument und zugleich derjenige, der das Instrument handhabt. Diese eigenartige Abständigkeit zu mir bedeutet nun keine einfache Zerklüftung oder Zerspaltung meines im Grund ungeteilten Selbst. Wenn es so wäre, dann wäre ich kein Ich, sondern dann wäre ich ein anderer, dann hätte ich überhaupt nicht diesen Ursprungscharakter, der in jedem Ich mitgegeben ist. Die Zerklüftung und Zerspaltung ist also – ja, nun kann man sagen: ist sie eine Illusion, nein, hebt sie die Identität mit sich auf, nein, sie ist also beides, und insofern ist sie die Voraussetzung selbständig zu sein, d. h. in sich selber zu stehen.

1 Ernst Bloch, *Spuren. Neue, erweiterte Ausgabe.* Berlin/Frankfurt a/M 1959, S. 7: »Ich bin. Aber ich habe mich nicht. Darum werden wir erst.« Vgl. auch: ders., *Tübinger Einleitung in die Philosophie.* 2 Bände. Frankfurt/M. 1963/1964; erweiterte Ausgabe in: *Gesamtausgabe.* Band 13. Frankfurt/M. 1970, S. 11.

Nun bedeutet das zunächst einmal gar keinen großen moralischen Aufruf, so etwa wie Schelling das einmal formuliert hat im Anschluß an Fichte: ›Sei identisch‹, ›sei Du selbst‹, ›werde, der Du bist‹,[2] und alle diese großen Formulierungen, das baut sich darauf auf. Aber das muß nicht unmittelbar mit diesem moralischen Pathos gemeint sein. Sondern zunächst einmal können wir das ja an den einfachsten Dingen uns exemplifizieren. Wir alle kennen das. Wir alle haben einmal laufen gelernt, stehen gelernt, und in bestimmten Situationen, wissen wir genau, müssen wir es immer wieder lernen. Aber, man sieht das ja auch wunderschön an Sportarten, sich sozusagen in die Gewalt zu bekommen und in der Gewalt zu haben und zu halten – also dieses instrumentale Verhältnis, sagen wir mal: beim Skilaufen, oder beim Schlittschuhlaufen oder wo auch immer, oder beim Klavierspielen, das ist wieder eine andere Sache –, dieses also sozusagen Können-lernen und eine Sache in den Griff zu bekommen und im Griff zu halten, das ist etwas uns auf jedem Schritt Vertrautes.

Wo es sich nun um ganz andere Dinge handelt, als um Selbstbeherrschung in diesem engen Sinne, wo es sich um Leistung etwa sozialer Art handelt, wird die instrumentale Rolle des eigenen Leibes z. B. übersprungen, ein Gespräch, ein Handwerk, ein Vertrag nehmen dann unsere ganze Aufmerksamkeit in Anspruch. Es geht um Sachen zwischen Mensch und Mensch, es geht um Dinge, es geht um Güter usw. Sobald bei solchen, sagen wir mal, Vertragsverhandlungen, Sprachschwierigkeiten auftreten, werden wir wiederum an diese Instrumentalität auch im leiblichen Sinne erinnert. Und wenn es sich natürlich um Sachen handelt, um Dinge, bei denen gerade die leibliche Selbstbeherrschung eine besondere Rolle spielt, versteht sich das von selbst.

Also, das ist das erste, was man festhalten muß. Strenge Korrelativität zwischen Ich und Ding als Sache. Aber das muß man nun nicht nur in diesem ganz einfachen, formalen Sinne nehmen, sondern man muß es füllen, und man füllt es zunächst einmal, indem man sich darüber klar ist, daß uns diese Korrelativität manifest wird in den Bedürfnissen. Denn Bedürfnisse haben, wie wir wissen, ja alle lebendigen Wesen, die Tiere und die höheren Tiere

2 Friedrich Wilhelm Joseph Schelling, *Vom Ich als Prinzip der Philosophie oder über das Unbedingte im menschlichen Wissen* (1795), in: *Sämtliche Werke*. Hg. von K. F. A. Schelling. Band 1, Stuttgart 1856, § 14.

in einer sehr mit uns vergleichbaren Weise. Da kommt nun einfach der biologische Bauplan mit ins Spiel, und diese Bedürfnisse, die bis in die biologischen Konstanten von Schlaf, Hunger, Durst, Geschlechtstrieb sich durchhalten, die zeigen in ihrer mehr oder weniger Bedingtheit durch die vitale Struktur eine große Plastizität. Es ist ein Fehler, nicht zuletzt etwas altertümlicher Volkswirtschaftslehren, daß sie sozusagen mit einem festen Inventar von Bedürfnissen arbeiten. Es gibt natürlich einen mit der menschlichen Physis fest verbundenen Schatz von Bedürfnissen. Aber das Eigenartige ist, alle diese Bedürfnisse haben eine merkwürdige Gestaltungsfähigkeit. Und das ist ja schon dem jungen Marx aufgefallen, der in den ersten Schriften, in denen er sich [mit] solchen anthropologischen Fragen im Anschluß an Hegel befasste, unterschied das erste oder primäre Bedürfnis von dem sekundären Bedürfnis. Sie finden das in den sogenannten Pariser Handschriften, die ja dann erst im Jahre '31 überhaupt erst publiziert worden sind, durch Landshut, da finden Sie das deutlich entwickelt.[3]

Was meint er damit? Marx sah ganz mit Recht hier eine typische Grenze zwischen Tier und Mensch. Beide haben primär rein vital bedingte Bedürfnisse. Das Tier, sagt er, befriedigt sie unmittelbar. Und erst, wenn die Sättigung abgeklungen ist, folgt das Tier wieder dem neuerwachten primären Antrieb. Das ist ein Satz, der vollkommen durch die moderne zoologische Forschung bestätigt ist. Also, Raubtiere, wenn sie einmal gesättigt sind, werden eben durchaus erst das Abklingen dieser Sättigung abwarten und erst dann wieder ziehen sie auf Jagd. Der Mensch aber schafft durch die Befriedigung des primären Bedürfnisses ein zweites sekundäres Bedürfnis, sagt Marx. D. h., er erfährt eine Bedürfnisverschiebung, die ihm Arbeit, Bearbeitung aufzwingt. Es entsteht eine Welt der Güter, eine Welt der Reserven: Gebrauchsdinge, Wohnungen, Kleider, Waffen, Schmuck, Nahrungsreserven, zubereitete Speisen. Die Tiere also bleiben im Zyklus von Drang und Erfüllung auf gleichem Niveau. Der Mensch dagegen hebt sich trotz gleicher Grunddynamik sozusagen vom Boden ab in ein anderes Niveau.

3 Karl Marx, *Ökonomisch-philosophische Manuskripte aus dem Jahre 1844*, in: *MEGA*, I. Abt., Band 3, Berlin 1932, S. 29-172 [= Erstausgabe]; *Nationalökonomie und Philosophie (1844)*, in: Karl Marx, *Die Frühschriften*. 2 Bände. Hg. von Siegfried Landshut und J. P. Mayer, Leipzig 1932, Band 1, S. 283-376 [unvollständige Version].

Wir wollen mal zunächst gar nicht sagen, in ein höheres Niveau, aber zunächst einmal ist es ein anderes Niveau von ausgesprochener Instabilität mit künstlich geschaffenen Mitteln, und er hat es nun in der Hand, es zu stabilisieren oder aber einem von neuem einsetzenden Verschiebungs- und Umbildungsprozess auszuliefern.

Das ungefähr ist der Gedanke von Marx. Und dieser Gedanke schließt durchaus an das an, was wir hier besprochen haben. Denn offensichtlich ist hiermit gesagt, daß die Bedürfnisbefriedigung beim Menschen an Gütern erfolgt und über Güter erfolgt. Diese Güter können nun – das erlegte Wild kann einfach verzehrt werden, aber vielfach sehen wir, und können auch in den primitivsten Verhältnissen noch beobachten als Ethnologen oder soweit wir sie rekonstruieren können, sehen wir ganz deutlich, daß daneben auch auftritt eine mehr oder weniger Vorratswelt an Gütern. Das sind Waffen, das sind Fallen für die Jagd, das sind Schmuckdinge, das sind Wohnungen wie auch immer, Höhlen, wie auch immer gestaltet, mit anderen Worten: wir erleben hier sofort, daß etwas anderes ins Spiel tritt, und das hängt eben mit der Versachlichung der Bedürfnisse und der Mittel, sie zu befriedigen, zusammen.

Der Mensch kommt von seiner Horizontstruktur sozusagen nicht los. Wäre ihm diese Horizontstruktur nicht aufgezwungen, so würde er in diesen reinen ersten Zirkulationskreis von Bedürfnis und Sättigung eingespannt bleiben. Dadurch, daß das aber eben nicht der Fall ist, sondern sich ihm die Mittel – jetzt aber in des Wortes ausdrücklicher Bedeutung –, die Mittel seiner Bedürfnisbefriedigung – die Nahrungs-Mittel z. B. – als Mittel zur Befriedigung eines konstant verdiskontierten durchgängigen, immer wieder auftretenden Bedürfnisses ab[heben]. Also die Instrumentalität seines Leibes ist wiederum korrelativ der Instrumentalität, der Befriedigung der Bedürfnisse, die durch den Leib bedingt sind. Das hängt also wie eine Struktur aneinander, das kann man gar nicht trennen.

Nun die große Frage, ja warum? Wir haben aber schon eigentlich sehr viel auf diese Frage geantwortet, aber es ist doch gut, an dieser Stelle eine anthropologische Theorie der neuesten Zeit uns noch einmal ins Bewußtsein zu rufen, die Theorie von der biologischen Unterprivilegiertheit des Menschen. Die Theorie vom Menschen als Mängelwesen, eine Theorie, von der ich Ihnen gesagt habe, daß sie schon eine alte Geschichte hat, nicht erst durch Gehlen etwa besonders hervorgehoben ist, sondern z. B. durch Alsberg in seinem Buch von 1920/21 schon das Menschheitsrätsel sehr deutlich hervorgehoben ist. Aber Sie finden solche Erkenntnisse schon bei Schopenhauer und in der großen idealistischen Tradition, Sie finden es natürlich auch in der ganzen biologischen Literatur in der zweiten Hälfte des 19. Jahrhunderts.

Nun zunächst einmal: was heißt das? Biologisch unterprivilegiert? Wir wissen, daß – und das sagte schon Herder – der Mensch eben nicht über Klauen und Hörner verfügt, keine Giftzähne hat, kein eigentlich scharfes Gebiß, keinen schützenden Pelz [besitzt]. Er ist vor allen Dingen, was noch viel wichtiger ist, instinktschwach. Während alle Tiere mehr oder weniger unter der Führung von mehr oder weniger spezialisierten aber starken Instinkten stehen, die die Mängel ihrer erfahrungsmäßigen Orientierung ausgleichen, der Erfahrungs- oder der Wahrnehmungshorizont der Tiere ist im allgemeinen, wie wir gesehen haben – das ist ja die Umweltthese –, doch immer sehr spezialisiert, sehr beschränkt. Sie nehmen im Grund nur das wahr, was sie brauchen, alles andere ist sozusagen durch die Scheuklappen ihres Verhaltens abgeblendet. Aber, da, wo es dunkel ist für das Tier, tritt der Instinkt als eine eigentliche Führungsmacht ein. Diese Instinktmechanismen kennt man eigentlich erst seit den letzten 20-30 Jahren etwas deutlicher. Und sie sind ja sehr tief als Mechanismen, als Regulationsmechanismen in dem betreffenden Organismus verankert. Das Interessante ist, daß das bei Menschen weitgehend verkümmert ist.

Unsere Instinkte reichen nicht aus, um uns sozusagen durch die Welt zu bringen. Wir sind also Mängelwesen, weil wir nicht genügend ausgerüstet, weil wir unspezialisiert für den Kampf ums Dasein und in gewisser Weise auch primitiv geblieben [sind] – das sind bekannte Thesen, auf die wir hier noch gar nicht zu sprechen gekommen sind –, eine eigenartige Infantilität unserer gesamten körperlichen Struktur spielt hier mit hinein, aber ich sage: das Entscheidende ist, weil alle diese Mängel (nach einem biologischen Maßstab) zu konstatieren sind, haben wir, und das ist nun die berühmte anthropologische Theorie vom Menschen als Mängelwesen, hat er sozusagen eine Kompensation gekriegt. Was Instinktschwäche auf der einen Seite ist, das Instinkt-Defizit, wird durch die Fähigkeit der Abstraktion, der Intelligenz, der Sprache ausgeglichen.

Nun bedarf es offenbar nur geringer Akzentverlagerung, [um]

aus diesem – wie Herder schon ganz richtig sagte, von Herder ist dieser Gedanke schon absolut klar formuliert worden – Invaliden seiner höheren Kräfte (so drückt es Herder aus)[4] einen Kriegsteilnehmer seiner niederen Kräfte zu machen, wie ich das ausgedrückt habe.[5] Es ist nämlich sehr einfach, jetzt die Akzentverlagerung ein wenig in die Richtung hin zu verschieben. Herder, durchaus ausgehend von der christlichen Konzeption des Menschen, also von der fraglos Hochbewertung eben der geistigen Gaben der Abstraktion, der Sprache, des Bewußtseins, des Selbstbewußtseins, der Intelligenz. Herder sieht diese Mangelhaftigkeit als sozusagen ein – in der Tat – an der Invalidität gemessen an den großen höheren Möglichkeiten des Menschen.

Jetzt können Sie aber auch die Sache sofort umdrehen, und das tun auch die anthropologischen Biologen von heute unter der Führung wie gesagt von Arnold Gehlen, sie machen aus diesem Invaliden der höheren Kräfte einen Kriegsteilnehmer seiner niederen. D. h., jetzt wird aus der Abstraktionsfähigkeit, aus der Sprache, aus der Intelligenz werden Waffen. Sie werden also sozusagen Hörner und Klauen zweiten Grades. Das entspricht ja auch durchaus der politischen Grundhaltung, von der[6] diese biologischen Anthropologen, vor allem, als es noch möglich war, in der Tat Zeugnis abgelegt haben. Der Geist als Mittel. Die Sprache als Mittel.

Das wäre nun sozusagen die biologistische Nutzanwendung dieser merkwürdigen Disproportion. Man könnte dann darüber streiten, was ist besser: ein starker Instinkt mit abgeblendeten Scheuklappen oder wenig Instinkt aber ein raffinierter Intellekt. Ja, wenn man die Sache nach der biologischen Effektivität beurteilen will, kann man sehr darüber streiten, wer nun im Vorteil ist, ob die Ameise oder die Schlange oder der Löwe oder – der Mensch. Das ist also durchaus noch ein offenes Problem in dieser Hinsicht. Damit wäre, wenn wir in diesem biologischen Gedanken weiterdenken, die Weltoffenheit, über die ja zunächst einmal kein Streit sein kann, denn sicherlich ist der Mensch in einem bestimmten Sinne weltoffen, sein Feld ist anders strukturiert als das Feld von

4 Johann Gottfried Herder, *Ideen zur Philosophie der Geschichte der Menschheit* (1784, 1785, 1787, 1791), in: *Werke*. Band 6. Hg. von Martin Bollacher, Frankfurt/M. 1989, S. 43.

5 Plessner, »Die Frage nach der Conditio humana«, S. 191.

6 Geändert aus »welche«.

welchem tierischen Organismus auch immer, zu einer, wenn auch vielleicht besonders effektiven Spielform von Vitalität [geworden]. Aus seinen höheren Kräften, den geistigen, sind dann Prothesen geworden, und der Mensch hat sich also in einen Prothesen-Proteus verwandelt. Aus der Schamade der Natur ist dann eine Fanfare geistiger Existenz gemacht, und mit diesem Kompensationsschema wird das Verständnis für das Warum und das Wie der Kompensation eigentlich ausgeschlossen.

Nun möchte ich zunächst einmal auf die nähere Erläuterung der biologischen Seite der Sache hier nicht in diesem Zusammenhang eingehen. Das finden Sie heute vor allen Dingen in den Arbeiten von Adolf Portmann, dem Zoologen in Basel, sehr schön zusammengestellt. Hier interessiert uns zunächst weiter die Frage, wie sieht das Verhalten des Menschen aus in dieser merkwürdigen Situation? Entscheidend ist, daß das Verhalten offensichtlich beim Menschen (ein bedürfnisbefriedigendes Verhalten) immer bezogen ist auf Verhältnisse. Der Mensch lebt in Verhältnissen. D. h., wir können es auch so ausdrücken, ebenso wie die Mittel seiner Bedürfnisbefriedigung primär für ihn Gütercharakter haben, haben die Arten und Weisen seines Verhaltens zugleich einen gegenständlichen, einen sachlichen Aspekt, und gerinnen ihm (das ist eigentlich falsch, aber ich gebrauche es nur, um es Ihnen zunächst einmal möglichst anschaulich zu sagen) zu festen Geleisen. Dieser Gerinnungsprozeß läßt sich aber leider nicht so feststellen, sondern die Geleise sind immer schon da. Institutionalisiert wie auch immer, ausdrücklich institutionalisiert, zu Institutionen rechtlichen Charakters gemacht oder aber auch schwebend, aber sozusagen als etwas, was der jeweils Einzelne in seinem Verhalten beachten, respektieren muß.

Diese Gegebenheiten sozialer Art oder wie auch immer enthalten zugleich Normen. Nun sehen Sie, auch hier kann man wieder sagen, diese Normen sind ein Ausdruck der Horizontstruktur unseres Feldes. Die Normen – jetzt hier rein praktisch zunächst einmal gemeint – sind ja eigenartig regulierende bremsende Funktionen, sie haben eine regulierende, bremsende Funktion. Was sie selbst sind, ist eine Sache für sich, aber die Beurteilungsmöglichkeit eines bestimmten Verhaltens ist zugleich immer gegeben als ein Beurteilungszwang nach Richtigkeit, nach Effektivität, nach Ineffektivität, nach Gut und Schlecht, nach Gerecht und Ungerecht und wie immer auch. Dieses merkwürdige Normiertsein ist also und gehört also mit in diese Struktur, die wir die Horizontstruktur des menschlichen Feldes genannt haben. Menschsein heißt also von Normen geführt und gehemmt, beflügelt und gebremst, gerichtet und zugleich beschränkt zu sein. D. h. Mensch-sein heißt Verdränger sein. Jede Konvention, jede Sitte, jedes Recht artikuliert, kanalisiert und unterdrückt die entsprechenden Triebregungen, die entsprechenden Bedürfnisbefriedigungen. Es entsteht also überall beim Menschen ein Stauen, ein Stau, der nun merkwürdigerweise verlangt einen Abfluß, aber keinen direkten Abfluß, sondern einen kanalisierten, einen gebremsten, einen geführten.

Nun kennt man seit Freud diese Mechanismen, die hierbei ins Spiel treten, Mechanismen der Verschiebung, welche die Triebe dadurch erleiden, und Kompensationen, in denen sie sich verhüllt entladen, wie Neurose oder Sublimierung. Wie weit das wiederum gesellschaftlich geschichtlich geprägt ist, ist eine offene Frage. Also, ob es, sagen wir einmal, Neurose im Mittelalter gegeben hat oder in der Antike, oder Sublimierung, ob diese Mechanismen so gespielt haben, wie sie Freud in seinem Werke eigentlich entfaltet und analysiert, ist eine Frage für sich. Darauf können wir hier nicht eingehen, es ist anzunehmen, aber daß es, wie es eine weitgehende Plastizität der Bedürfnisse gibt, geschichtliche Plastizität, genau so gegeben haben muß[,] eine große Plastizität alles dessen, was man mit dem Freudschen Ausdruck ›Verdrängung‹ bezeichnet. Das Verhältnis von Stau und kanalisiertem Abfluß aber wird durchgängig zu beobachten sein. Sonst wäre der Mensch eben nicht Mensch. Und eben da, wo diese Schranken durchbrochen werden, rutscht er ja sozusagen in die tierische Sphäre, in die reine Vitalsphäre runter. Er nennt das, das ›er benimmt sich wie ein Tier‹ oder ›er benimmt sich viehisch‹, vergißt aber, daß diese Art des Benehmens nur dem Menschen vorbehalten ist, und nichts mit dem tierischen Verhalten zu tun hat. Denn das Tier kennt in diesem Sinne keinen Stau und hat keine entsprechende Kanalisierungsmöglichkeit. Die Tiere benehmen sich also immer anständiger als die Menschen, wenn sie sich als Tiere benehmen, nicht wahr? Nun, für die Therapeuten in einer skeptischen Spätkultur wie der etwa von Wien um 1890 lag es nahe, die gesellschaftlich entwurzelten Normensysteme der Religion und darüberhinaus die gesamte ideelle Produktivität auf eine durch Verdrängung bedingte Triebverschiebung zurückzuführen, welche den an ihrer direkten Sättigung gehemmten Triebregungen zu einer indirekten Erfüllung verhilft. Nun kommt ein Zitat vom alten Freud: da sagt er in der Schrift über das »Unbehagen in der Kultur«[:] »Es ist nichts anderes dahinter, als daß die Kultur auf den Verdrängungsleistungen früherer Generationen beruht, und daß jede neue Generation aufgefordert wird, diese Kultur durch Vollziehung derselben Verdrängung zu erhalten.«[7]

Sie sehen, das ist eine anthropologische, nicht nur für einen bestimmten therapeutischen Zweck richtige Diagnose, richtig allein unter der Voraussetzung, daß man sie und in sie nicht etwas hineinliest, was nun eine viel ältere Geschichte hat, etwas hineinliest, was zweifellos auch [Freud] hineinlesen wollte, nämlich den Gedanken von dem unverbildeten, von dem natürlichen Menschen. Also den alten Lieblingsgedanken von Rousseau und den sozusagen Lobrednern einer Frühzeit, von der wir freilich keine historischen Zeugnisse haben, die wir aber sozusagen als das entschwundene Goldene Zeitalter der menschlichen Unmittelbarkeit, also mit anderen Worten: des Menschen im Paradies kennen.

Nun, der Gedanke von dem alten Rousseau und von Marx ist uns ja sehr vertraut. Der Gedanke also, daß der Mensch einmal, bevor er diese fatale Kultur erfunden hat (wie sich das abgespielt hat, ist eine Sache für sich), also: hat er vom Baum der Erkenntnis gegessen, raus mit ihm aus dem Paradies, und nun, nicht wahr, muß er arbeiten! Diesen Gedanken finden Sie nun in der schlichten und naiven Form im ersten Kapitel der Genesis, Sie finden ihn aber bis heute, Sie finden ihn raffiniert variiert in allen möglichen feinen Formen, Sie finden ihn bei Rousseau mit seiner abwertenden Betrachtung der Kultur, Sie finden ihn in einer ganz bestimmt sehr raffinierten Weise durchgedacht und entwickelt bei Marx. Dieses wäre also der Gedanke von dem unverbildeten, natürlichen Menschen, der spielt natürlich auch bei Freud hinein. Bei Freud immer zugleich gemildert durch die Nähe zum Kranken und gerichtet auf den therapeutischen Zweck. Selbstverständlich, bei einem Menschen, der etwa an einer Zwangsneurose leidet, ja, wenn man ihn auf diese Weise wieder zu sich bringt, d. h. ihn wieder in seine eigentliche ursprüngliche Selbstverfügungsmacht hineinbringen kann, dann kann man sagen, nun gut, er kommt wieder,

7 Vgl. Sigmund Freud, *Das Unbehagen in der Kultur* (1930), in: *Studienausgabe Band IX*, Frankfurt/M. 1982, S. 227.

er wird zu sich zurückgeführt. Da hat es noch einen ganz klaren hygienischen Zweck, dieser Gedanke, innerhalb des Hygienischen und des Therapeutischen ist es insofern durchaus plausibel und diskutabel. Überträgt man aber diesen Gedanken auf die gesamte Menschheitsentwicklung und macht ihn zu einem anthropologischen Theorem, dann wird die Sache problematisch. Das ist eine anthropologische, nicht nur therapeutische Diagnose, in ihr sieht man die Utopie des unverbildeten, natürlichen Menschen, der streng genommen kulturlos wäre oder durch eine volle Identifikation des Triebhaft-Vitalen im Menschen mit ihm als geistigem Wesen, also durch eine nachmenschliche oder übermenschliche Daseinsform charakterisiert sein müßte.

Da sehen Sie, es gehört ja alles zusammen, der Gedanke vom Übermenschen als dem eigentlich nachgeschichtlichen Menschen wäre dann der zu seiner wahren Menschlichkeit gleichsam hinübergeführte Mensch. Gleichwohl haben Rousseauisten und Marxisten beide darin eine Stütze ihrer Theorien finden können, da sie als echte Utopisten der ursprünglichen Natürlichkeit des Menschen eine essentielle, eine strukturelle Gebrochenheit im Verhältnis des Menschen zu sich und zu seiner Welt nicht anerkennen. Dies, meine Damen und Herren, nenne ich die Utopie der verlorenen Wildform des Menschen.[8]

Die Utopie der verlorenen Wildform des Menschen auf dem Hintergrunde der Auffassung, daß der Mensch heute ein domestiziertes und insofern ein entartetes Wesen ist. Diese ganzen Entartungstheorien, die Dekadenztheoreme, die ja typisch sind seit dem Ausgang des 18. Jahrhundert und dann das ganze 19. Jahrhundert durchgehen und allmählich wohl abklingen werden, diese Dekadenztheoreme hängen ja aufs engste mit dieser Utopie der verlorenen Wildform zusammen. Diese Utopie liefert, was besonders an dem üblichen Verständnis Freuds deutlich wird, wieder ein starkes Argument für die biologische Deutung der Zivilisation und der Kultur als eben eines Sündenfalls der Natur. Wenn Zivilisation, woran nicht zu zweifeln ist, zunächst einmal in biologischer Sicht, wenn die domestizierenden Charakter hat, müssen ihre Rückwirkungen den Menschen zu einem Haustier gemacht haben.

Diese Gedanken finden sich nun wirklich auch von echten

8 Plessner, »Die Frage nach der Conditio humana«, S. 193.

Biologisten durchgeführt. Darin steckt ja auch sicherlich ein gewisses Recht. Wie wirkt es denn, daß der Mensch in Städten lebt oder daß er in geschlossenen Siedlungen lebt, daß er im Hause lebt, wie wirkt das, rein vital, rein biologisch, auf ihn? Bei domestizierten Tieren hat man ein Anwachsen des Vermehrungstriebes und des Sexualtriebes konstatieren können und beim männlichen Geschlecht die Durchbrechung der Brunstperioden. Mithin wäre die hypertrophe Entwicklung der gleichen Triebe beim Menschen und seiner Fähigkeit zur Versachlichung entsprechend um weitere Triebe wie etwa den Machttrieb, den Beherrschungstrieb, bereichert, wäre dieses also, diese hypertrophe Entwicklung, die sich in der Tat feststellen läßt, beim Menschen eine Rückwirkung seiner Selbstdomestikation. Er hätte sich also, indem er aus dem Paradies der Natürlichkeit herausging, wie auch immer, indem er eben vom Baum der Erkenntnis irgendwie aß, nicht wahr, plötzlich entdeckt er, na Donnerwetter, wenn ich hier einen Stein in die Hand nehme, daraus kann man ja einen Faustkeil machen, nicht?, ihm ging sozusagen plötzlich ein Licht auf. In dem Moment, wo ihm dieses Licht aufging, ging ihm das andere Licht aus, das Licht seiner Natürlichkeit, und nun fing der ganze historische Prozeß an zu laufen. Er wurde Mensch, indem er sich selber allmählich zu einem Haustier, zu einem domestizierten Wesen machte, durch eben die Entfaltung der Kultur!

Und wenn man den Gedanken nun einmal schlicht durchzieht, indem man sagt, nun wollen wir mal sehen, was rein vital an den Haustieren zu beobachten ist im Unterschied zu den Wildformen des betreffenden Tieres. Also Wildformen der Hunde, den Wildformen von Hase und Kaninchen oder so was ähnliches, oder wenn man die entsprechenden Wildformen mal vergleicht, kann man in der Tat [eine] eigenartige Hypertrophie des Ernährungs- und Sexualtriebes und beim männlichen Geschlecht die Durchbrechung der Brunstperiode konstatieren. Dann würde man also sagen: genau dieses zeigt sich auch beim Menschen und ist also eine Wirkung seiner Selbstdomestizierung. Dadurch würde ein Kreisprozess in Gang gehalten, die Triebbremsung – kulturell – steigert den Trieb und ruft reaktiv nach gesteigerter Bremsung. Das von der Natur harmloseste, schutzloseste aller Tiere, der Invalide seiner höheren Kräfte, macht sich im Vertrauen auf sie allmählich zum Haustier und bewirkt damit ungewollt seine Verwandlung zu einer sekundären Wildform, nämlich das, was man eben die blonde Bestie genannt hat. Das Machtwesen, das kriegerische Wesen, das Herrschaftswesen! Nur eben, meine Damen und Herren: Die blonde Bestie steht im Stall!

11. Stunde[,] Dienstag, 27. Juni 1961

[Der Begriff der Person]

Meine Damen und Herren! Die Frage der Domestikation, die wir das letzte Mal angeschnitten haben, tritt ja eigentlich in einer anderen Form auf. Sie tritt auf in der Frage der Entstehung der Haustiere, der Haustierzucht, ein uraltes, kulturgeschichtliches Problem, der Haustiere und der Kulturpflanzen. Dieses Problem, dem man weitgehend kulturhistorisch nachgehen kann – ein berühmtes Buch ist das vom alten Viktor Hehn über Haustiere und Kulturpflanzen im späten 19. Jahrhundert[1] –, diese Forschungen sind natürlich inzwischen viel weiter gediehen. In Einzelheiten kann man sicher bis an die vorgeschichtliche Zeit heranreichen. Aber das Problem ist ja dieses, wo tritt dieser erste Schritt auf? Und das läßt sich an empirischem Material niemals eindeutig beantworten.

Genau dasselbe Problem haben wir das letzte Mal angeschnitten. Was uns in der Sicht entgegentrat, hat der Mensch den Schritt aus einer ursprünglichen, freien Wildform zu einer domestizierten Form getan oder auch anders ausgedrückt: Gibt es den natürlichen Menschen? Sie wissen, daß die Gedanken des 18. Jahrhunderts vor allen Dingen ja um dieses Thema gekreist haben, daß die pessimistische Kulturkritik, die bis zu Rousseau zurückgeht, immer ausspielt den unverbildeten Menschen der Natur gegen den verbildeten und depravierten Menschen der Kultur. Diese alte Preisfrage der Akademie von Dijon[2] zeigt ja deutlich, wie aktuell damals das Problem war. Und im Marxismus lebt der Gedanke des Menschen, der unverbildet ist, der naturnahe ist, fort. Der Mensch als dieses allseitige Wesen, als dieses zu allen Fähigkeiten aufgeschlossene, ursprüngliche Wesen soll durch die Entwicklung der Gesellschaft hindurch wieder zu seinem ursprünglichen Zustand zurückfinden, aber eben auf einem anderen Niveau, nunmehr mündig geworden, Herr seiner selbst.

1 Viktor Hehn, *Kulturpflanzen und Hausthiere in ihrem Übergang aus Asien nach Griechenland und Italien sowie das übrige Europa. Historisch-linguistische Skizzen*, Berlin 1870.

2 Preisfrage der Akademie von Dijon 1750: »Hat die Erneuerung der Wissenschaften und Künste zur Läuterung der Sitten beigetragen?«

Das ist also ein Gedanke, dessen Grundmodell wir schon bei der Genesis finden im Anfang der *Bibel*, im Anfang des *Alten Testamentes* und weitergesponnen in dem christlichen Gedanken, daß der Mensch, einmal sündig geworden, aus dem Paradies vertrieben, in die Welt der Arbeit verdammt worden ist und daß es nun nur eine Befreiung geben kann aus diesem Zustande der Verfallenheit eben durch die Erbsünde, nur durch den Heilbringer und die endgültige Erlösung durch Christus. Das ist ein Gedankenbogen, der jetzt in vollkommen säkularisierter und rationalisierter Form uns wieder im 18. Jahrhundert begegnet und im Grunde genommen auch heute noch seine Aktualität behält. Denn der Gedanke, daß der Mensch von sich selbst entfremdet sei, daß er durch die ökonomischen Verhältnisse, durch die Machtverhältnisse um sein Eigentliches gebracht sei, und daß er danach trachten müsse, die Verhältnisse so wieder in die Hand zu bekommen, das ist ein großer historischer Prozeß, der letzten Endes nach Marx in der proletarischen Revolution seinen Drehpunkt hat, daß der Mensch also zu dieser reinen Form nur hindurchkommen könne durch ein solches Sich-in-die-Hand-Nehmen seiner sozialen Umstände, seiner sozialen Verhältnisse und Einrichtungen, durch Abschaffung also der Klassengegensätze, durch Abschaffung des Eigentums an den Produktionsmitteln, das ist ja bis heute ein aktueller Gedanke.

Deshalb also die Frage, wie steht es mit dieser Utopie der verlorenen Wildform? Man kann durch anthropologische Überlegungen zeigen – und das glaube ich Ihnen schon in der letzten Stunde getan zu haben –, daß ein solcher Gedanke utopischen Charakter besitzt. Der Mensch ist niemals wie auch immer natürlich gewesen. Seine Natürlichkeit ist immer eine sekundäre Natürlichkeit gewesen, eine, die ihm nur dank seiner künstlichen Fähigkeiten gewährt wird. Also immer eine künstliche Balance mit seiner Umwelt. Die Prägung, die er als Mensch besitzt, nimmt ihm charakteristischerweise den Wildcharakter, den die Tiere besitzen, und wahrscheinlich muß man die ersten Anfänge von Kulturpflanzen- und Haustierzucht mit dieser Menschwerdung selbst in Zusammenhang bringen. Das aber ist nicht sein eigenes Werk, sondern ein Prozeß der Entwicklung, wie auch immer, gewesen. Hier bleibt eine letzte Schranke für uns. Wir können nur sehen, und darauf habe ich den Nachdruck gelegt, daß ein solches utopisches Ausspielen einer natürlichen Menschlichkeit gegen eine unnatürliche, degenerierte, entartete, durch die Kultur verstellte, durch die Geschichte verzerrte Menschlichkeit eben grundsätzlich falsch ist. Auch der ganze Dekadenzgedanke des 19. Jahrhunderts, diese im Fin de siècle lebende Idee von einem um seine Ursprünglichkeit gebrachten Menschentum, diese weit fortführenden Ideen bei Nietzsche, oder aber bei Spengler, diese Idee, daß eine Kultur altert, indem sie zur Zivilisation wird, all diese Ideen wurzeln letzten Endes in einer vollkommen utopischen Idee.

Also als Grundbegriff taugt der Gedanke der Selbstdomestikation nicht. Denn um zähmen zu können, muß man selber schon gezähmt sein. Vielleicht unterliegt der Städter im Vergleich zum Normalen, zum Jäger, Rückwirkungen seiner festsitzenden Lebensweise, welche Domestikationserscheinungen verwandt sind. Das ist eine ganze andere und eine diskutable These. Man könnte annehmen, daß in dem Maße, in dem der Mensch zur festsitzenden Lebensweise übergegangen ist und vor allem, indem diese festsitzende Lebensweise urbane, urbanisierte Züge angenommen hat in größeren Siedlungen, daß das nicht ohne Wirkungen auch auf die Biologie des Menschen gewesen ist. Dann hätte es einen Sinn zu vergleichen zwischen gewissen Domestikationserscheinungen bei den Tieren und beim Menschen. Aber der Zwang zur Kultivierung als solcher liegt in der vorgegebenen Lebensform, die das Menschenhafte des Menschen ausmacht. Daß es nicht zur Ruhe im Zyklus des ersten Bedürfnisses – von dem wir das letzte Mal gesprochen haben – und seiner Befriedigung kommt, daß der Mensch etwas sein und tun will in Gebräuchen und Sitten, die ihm gelten, die einen Anspruch an ihn haben und die für ihn eben die spezifische Weise des Geltens, nicht des bloßen Seins besitzen, hat seinen Grund nicht im Trieb und nicht im Willen, sondern in seiner eigentümlichen Exzentrizität, in dieser merkwürdigen vermittelten Unmittelbarkeit seiner Lebensform.

Wir haben das am Anfang so prägnant formuliert, daß wir gesagt haben: die Situation kann man so darstellen: Ein jeder ist, aber hat sich nicht. Ich könnte es auch anders ausdrücken: Zwischen dem Sein und dem Haben besteht ein Bruch. Dieses Sich-Haben – ganz plastisch in dem Spannungsverhältnis zum eigenen Körper, zum eigenen Leib – in diesem merkwürdigen Verhältnis, daß man seiner selbst Herr sein muß, daß man sich in die Hand nehmen muß, daß man sich beherrschen lernen muß – alle diese Dinge, in diesem immerfort Auseinanderbrechen von Sein und Haben, genauer gesagt: dieses sich nur im Umweg über andere und anderes Haben, und zwar als Jemand, als ein ansprechbarer Jemand, gibt der menschlichen Existenz in Gruppen ihren ausgezeichneten, eben ihren sozialen und institutionellen Charakter.

Das Merkwürdige ist also: Niemand ist ein Ich ohne einen Gegenstand oder einen Sachverhalt. Niemand ist aber auch ein Ich ohne ein Du. Und dieses merkwürdige Zwieverhältnis, das, wie wir gesehen haben, schon in dem Verhältnis des Menschen zu sich selber primär mit drin ist, indem ich mir selber ein Du bin, das zu sich ein Verhältnis finden muß, mit sich zerfallen sein kann, mit sich umgehen muß, eben sich beherrschen lernen muß usw., oder etwas lernen muß, diese merkwürdige Aufgebrochenheit bedingt die Struktur der Mitverhältnisse, in denen wir leben.

Nun, in Mitverhältnissen: ich gebrauche ausdrücklich hier das Wort ›mit‹ im Unterschied zu dem Wort ›Außenwelt‹, es ist kein einfaches Gegenüber. Sondern Mit-jemandem-Sein bedeutet: mit ihm in der gleichen Linie stehen. Sie erinnern sich, was ich früher schon wiederholt sagte, als wir von Reziprozität sprachen, das, was offenbar den Tieren verborgen ist, daß sie z. B. in einem Spiegelbild nicht *ihr* Spiegelbild erkennen, sondern wohl unter Umständen einen Artgenossen und darauf reagieren, aber eben nicht diese merkwürdige Identifikation im Gegenüber vollziehen können. Genau dies wird für uns jetzt wichtig.

Nun kann man folgendes sagen – und das wird ja auch immer wieder sehr breit unterstrichen –: In Mit-Verhältnissen leben und sich durch Instinkte gesteuert in ihnen einrichten, das vermögen auch Tiere. Nur dem Menschen ist es in Korrespondenz zu seinen schwachen Instinkten, zu seinen ungerichteten Instinkten vorbehalten und aufgegeben, Mit-Verhältnisse zu machen, zu gestalten, an ihnen herumzudoktern und sie als eine immer anders strukturierte, nie ganz stabile, nie ganz stabilisierte, nie allen Wechselfällen gewachsene Mit-Welt zu behandeln. Mit-Welt. Sie stellt sich nicht nur in den überkuppelnden Großformen etwa des Staates oder der Wirtschaft oder der Gesellschaft dar; sie besteht vielmehr überall, privat wie öffentlich, aus einem Geflecht aus Personen und Sachen und bildet so eine Welt des Wir, in der jeder zu jedem als Person, in der ersten Person, in der zweiten Person, in der dritten Person spricht und ist, in der jeder Rückbezüglichkeit und Gegenseitigkeit der Verhältnisse zu beachten hat. Mitwelt ist eine Welt auf Gegenseitigkeit.

Nun sagt man, das gibt es ja bei Tieren auch. Und wenn wir etwa von den sogenannten staatenbildenden Insekten sprechen, dann haben wir dort höchst komplizierte, ungemein differenzierte Gemeinschaftsformen vor uns mit einer ausgesprochenen Rangordnung und mit sehr genauen Funktionsverteilungen. Daran ist gar kein Zweifel. Das hat die moderne Verhaltensforschung denn doch genau gezeigt, und zwar nicht nur bei den staatenbildenden Insekten, den Bienen, den Termiten, den Ameisen, sondern auch bei sehr vielen in losen Gruppen zusammenlebenden Tieren. Also Rudelbildung, Herdenbildung, Volkbildung, das alles kennt man noch viel zu wenig, weil die Beobachtung ungewöhnlich schwierig ist, bei den verschiedensten Tieren, Wirbeltieren, Wirbellosen usw. Wie sieht es aber da aus? Wir können hier immer finden einen weitgehend sehr gebundenen, saisonmäßig gebundenen und dann situationsmäßig gebundenen Zusammenhang mit einer ganz bestimmten Funktionsverteilung. Der Lebenszyklus des Verbandes ist dabei das Entscheidende. Und die besonderen Leistungen der Begattung, der Brutpflege, der Nahrungssuche, der Abwehr sind daran gekoppelt. Dieser vitalfunktionelle Charakter, den soll man insofern nicht anthropomorph deuten, man darf aber auch nicht, wie man früher gemeint hat, ihn zu simpel ansehen. Der zeigt schon eine hohe Komplikation und eine hohe Anpassungsfähigkeit in sich.

Aber ich will Ihnen ein Beispiel geben, was ich gerade vor kurzem gelesen habe, von einem Kollegen aus der Forstwissenschaftlichen Fakultät, der berichtet von einer Erscheinung, die ausgesprochen, es wird auch davon gesagt: über das Rodeln von Gemsen. Nun also: man hätte beobachtet, daß in einem Rudel die Älteren, einige Muttertiere mit dem Jungen gewissermaßen Rodeln geübt hätten.

Nun, wir wollen die Beobachtung als solche durchaus gelten lassen. Die Beobachtung wird sehr schwer sein. Denn man kann z. B. in Lappland oder den Tundren etwa den großen ziehenden Herden (etwa von Rentieren oder so), denen kann man folgen, da läßt sich auch relativ, *relativ* einfach das Verhalten im Freien beobachten. Beobachtungen eines solchen Verhaltens bei Gemsen, die in kleinen Gruppen vorkommen, sind ungewöhnlich schwierig.

Die Gefahr der Mißdeutung von sehr zufälligen Beobachtungen ist immer gegeben. Aber nehmen wir mal an, es wäre so. Man könnte etwa sagen, in einer Schneerinne hätte man beobachtet, daß das alte Tier zunächst, und das wird sich ungefähr so darstellen, wie bei einem Touristen, der die Gelegenheit hat, in einer Schneerinne auf seinem Allerwertesten herunterzurutschen. Das kommt eben in den besten alpinistischen Familien vor, nicht wahr, eventuell auch auf seinem Rucksack oder so. Nehmen wir einmal an, es ist so. Das Leittier und dann die Jungen, die dahinterher rodeln. Es wird auch behauptet, das wäre mehrfach beobachtet worden, ob bei derselben Gruppe, das wird hier offengelassen, nehmen wir einmal an, es wäre so, dann könnte man sagen: Siehst Du, das finden Sie ja überall in der älteren Literatur, das Leittier lehrt seine Jungen, übt mit ihnen, mit anderen Worten, man kriegt sofort typisch menschliche Kategorien vorgebracht. Und dann heißt es, warum sollte denn das nicht sein? Tiere, die in einer so extremen Situation leben, die müssen eben geübt werden. Dann denkt man an Flugübungen bei jungen Vögeln usw.

Das ist nur ein kleines Beispiel, wie gefährlich es ist, mit Kategorien, die aus der menschlichen Sphäre genommen sind, ein solches tierisches Verhalten zu deuten. Daß es natürlich möglich ist in einer bestimmten Situation, daß so etwas – wir würden, dürfen aber nicht sagen – geübt wird, daß die Situation ein paar Mal wiederholt wird – das ist durchaus anzunehmen. Aber wir können nicht annehmen, daß sich hierbei genau das abspielt, was sich in der entsprechenden Situation beim Menschen abspielt. Und wenn Sie von einem so kleinen Beispiel übergehen zu einem anderen, so zeigt sich immer wieder die Neigung, anthropomorph solche Verhaltensweisen zu deuten, während es ja doch die Aufgabe sein muß, das Spezifische unseres Sozial-Verhaltens – also das wäre in unserem Falle etwa Vorbild und Lernen – abzuheben von dem weitgehend instinktgebundenen, situationsgebundenen und zyklusgebundenen Verhalten, wie wir es durchgängig, wenn wir uns Mühe geben und auch wirklich experimentell sorgfältig die Sache analysieren, wie es bei den Tieren eben überall der Fall ist.

Es gibt die berühmten Hackordnungen z. B. bei Hühnern, bei einer ganzen Reihe anderer Tiere, die in Rudeln oder in Gruppen leben. Das Leittier wird unter Umständen erst in einem Kampfe herausgehoben[,] und meistens nach Körperkraft ist es dann das eigentliche, das seine Position behauptet. Fällt es irgendwie aus durch Alter, Krankheit oder wie auch immer, dann tritt wieder ein Kampfspiel ein, und so balanciert sich das Ganze wieder in seine Ordnung hinein. Diese Ordnung aber hebt sich eben nicht ab als eine ständige Leistung, es bekommt niemals einen institutionellen Charakter. Die Ordnung für sich hebt sich von den Leistungen nicht ab. Könnte sie das, so wären die Tiere eben doch vermummte Menschen.

Wie dem Tier sein Umfeld nie gegenständlich als ein Zusammenhang von Sachverhalten, sondern als ein unmittelbar vertrautes und verfügbares Zuhause und Zuhandensein erscheint, als eine Zone des Zuträglichen und des Abträglichen, so umfaßt es auch alle Mit-Verhältnisse. Sein Umfeld hat zugleich den Charakter des Mit-Feldes. Und Sie sehen, das ist gerade dasjenige, was das Tier im Unterschied zum Menschen hat, darin besteht unser Elend, daß wir das eben nicht haben. Daher die große Sicherheit der Tiere in jeder Situation, daß sich die Situation[3] niemals für das Tier nur als ein Substrat oder sozusagen als ein bestimmter Ausschnitt darstellt aus möglichen anderen Situationen, sondern es ist darin immer eingefangen und es lebt mit seinem Artgenossen, mit seinen Feinden, mit seiner Beute, mit den Dingen überhaupt in einem ursprünglichen Außen- und Mit-Verhältnis und Gegen-Verhältnis. Erst beim Menschen sondert sich das und tritt gewissermaßen eine sach-neutrale Außenwelt gegen eine primäre Mit-Welt gegenüber. Und in dieser Mit-Welt, die eben, wie wir sagten, eine Welt auf Gegenseitigkeit ist, treten sich die Einzelnen als Personen gegenüber. Als Personen – und das wird uns gleich mehr beschäftigen müssen –, denn Person und Institution hängt wiederum aufs engste zusammen.

Wie schwer dem Menschen die Abhebung einer eigenen Mitwelt von seiner ihm durch Geburt, durch erste Kindheitseindrükke und Erziehung vermittelten Umwelt wird, das weiß jeder aus Erfahrung. Sympathien, Antipathien, Freundschaft, Feindschaft, Gefühl für Treue und Glauben, für Konventionen und Sitten, für Gebote und Verbote durchdringen und beleben uns von Anfang an, sie bestimmen unser Verhalten, aber verheimlichen uns gerade damit ihre Zugehörigkeit zu einer Normenwelt, zu einer Welt der

3 Das im Typoskript folgende »sich« getilgt.

Werte, zu einer Welt eben der Normen, welche die nachträgliche Besinnung aufgrund unserer unvermeidlichen Konfliktsituationen in ihnen entdeckt. Aufgrund unvermeidlicher Konfliktsituationen, da erst wird das sichtbar. Nur hochentwickelte Kulturen mit systematisierten Moral- und Rechtsordnungen vermitteln ihren Angehörigen in mythischer oder rational-abstrakter Form die Tatsache einer sozialen Welt und der Unterworfenheit des Einzelnen unter diese soziale Welt.

Man würde also so sagen: Das, was bei den Tieren ungeschieden ist, was ihnen dank ihrer spezifischen und stark gerichteten und überhaupt starken Instinkte verborgen bleibt, nämlich dieses Aufgenommensein in ein Mit-Feld, dies ist beim Menschen gleichsam problematisiert, von Anfang an, wird aber in der individuellen Entwicklung eines jeden erst den persönlichen Erfahrungen des Einzelnen wieder überlassen, das zu entdecken. Das zeigt sich von früh an, es muß eine sehr starke Enttäuschung, Entpersonifikation durchgeführt werden von jedem Einzelnen im Laufe seiner frühkindlichen und kindlichen Entwicklung. Da greift dann eben das Moment der Erziehung unmittelbar an dieser Stelle ein, der Einübung, der Verbesserung, der ständigen Kollision, also mit Geboten und Verboten. Mit-Welt, haben wir gesagt, nicht Mit-Feld – diese Mit-Welt, sagten wir, wird gebildet von Personen, die wiederum eingeordnet sind einem institutionellen Gefüge, das die verschiedensten Zonen umfaßt und ganz verschieden aussehen kann.

Was heißt das nun? Personcharakter? Das ist eigentlich gegeben durch die spezifisch menschliche Seinsform des mit sich Konfrontiertseins. Dieses Sich-zu-Sich-Verhalten – das will gelernt sein. Früher hat man wohl geglaubt, die erste, eigentliche Anfangsform jedes Menschen für sich selbst sei die Ich-Form. Das stimmt weder entwicklungspsychologisch noch stimmt es historisch. Der Begriff des Ich taucht z. B. in der griechischen Philosophie sehr spät auf. Das *hoc-ego* ist außerordentlich spät. Man spricht natürlich in der ersten Person unter Umständen, aber die eigentliche Fixierung, Entdeckung, daß dieses die erste Person ist, die vollzieht sich relativ spät. Weiterhin: entwicklungspsychologisch, das weiß jeder, der die Entwicklung eines Kindes mitmacht, entwicklungspsychologisch ist dem Kind das Du das erste, und nicht das eigene Ich. Das eigene Ich erscheint als Du, d. h. es spricht von sich mit dem

Namen, den es hat, und spricht so, wie es später auch von einer anderen Person spräche. »Tine hat das und das ... Tine möchte das und da ...«. Dieses: nicht »Ich möchte ...«, das kommt später, und dann kommt es sehr nachdrücklich, aber es ist sozusagen zunächst einmal dieses Zu-Sich, in der ersten Person sich entdeckt haben, eine Leistung. Das Du ist also das, was entwicklungspsychologisch und offenbar auch geisteshistorisch wahrscheinlich vorangeht. Jedenfalls ist es eine sehr merkwürdige Entdeckung. Die Geheimnisse eben dieser ersten Person rechtfertigen, daß diese Anstrengung erst später geleistet wird.

Was heißt das nun, wenn wir von Person sprechen? Die Person ist, um das Wort zu erklären, wohl dasjenige, was man mit Maske bezeichnet. Persona ist wahrscheinlich dasjenige, wodurch, wo hindurch etwas tönt, gesprochen wird. Personare. Das ist also dasjenige, was gerade nicht zusammenfällt mit dem Ich, sondern sich von ihm abhebt, und gewissermaßen eine Zwischenzone einnimmt, so wie wir eine Maske haben, durch die hindurch wir dem Anderen, der Welt gegenübertreten. Dieser Personalcharakter, der wird unterstrichen durch die Namengebung. Wir kennen keine menschlichen Sozialgefüge, deren Glieder nicht Namen haben. Diese Namen können natürlich ganz verschieden sein, aber sie zeigen in ihrer Funktion die Möglichkeit an, daß jemand mit sich und für andere eine Identität darstellt. Er heißt ... das ist ..., man kann sich auf ihn in dieser Weise beziehen. Und diese Fixierung der Bezugspunkte durch die Namengebung ist außerordentlich charakteristisch und zeigt uns den Personcharakter.

In der Benennung tritt also diese erste Trägerschaft des einzelnen gegenüber den anderen in Erscheinung, wird unterstrichen, akzentuiert. Der Name ist damit bereits die erste Rolle, die der einzelne in dieser Mit-Welt zu spielen hat. Nun ist es ganz klar, wenn wir uns die Fülle der Namengebung ansehen, was auch in den Namen hineingebracht wird. Denn in dem Namen kann sich z. B. die Überzeugung einbauen, daß dieser Mensch da, dieses Kind, der Wiedergekommene aus einer langen Kette seiner Voreltern ist. Für diejenigen, die die Josephs-Romane von Thomas Mann[4] kennen, wird es unvergeßlich sein, wenn er von dem Abraham oder dem Eliezer spricht. Ja, welcher Abraham ist das, ist das der ganz frühe

4 Thomas Mann, *Joseph und seine Brüder*. 4 Bände, Wien (bzw. Amsterdam) 1933-1943.

Abraham oder ist das dieser ganz frühe Eliezer, von dem die Kunde ist, ja, das weiß man nicht so genau. Denn dieser Eliezer und dieser Abraham, die kommen eigentlich immer wieder, und die sind auf eine eigentümliche Weise sozusagen nicht Abraham II. oder Abraham V. und Eliezer III., sondern sie sind eigentlich immer die Wiederkunft des Gleichen. Die Wiederkunft bedeutet also hier die Aufhebung, die innere Heranbringung der Zeit, die innere Heranbringung des Vergangenen, in eine gleichsam dauernde Gegenwart. Das ist ein uralter Topos.

Weiterhin: In dem Namen steckt sehr oft, daß man die betreffende Person mit bestimmten Eigenschaften ausgestattet wissen will und dadurch, daß man sie eben mit diesem Namen bezeichnet, ihnen die und die bestimmten Kräfte eines Heroen, einer Heldengestalt, eines Gottes weitergibt. Man bringt sie also dadurch real in Verbindung. Genauso wie man [sie] in späteren Formen unter den Schutz eines Gottes stellt oder eines Engels oder eines Heiligen. Diese Schutzbefohlenheit in der Namengebung ist uns in der christlichen Welt durchaus vertraut. Wenn natürlich heute die Leute ihre Namen aus dem Inventar der Filmgrößen beziehen oder, wie man das ja so deutlich merkte, so jeweils sich nach den Zeitmoden richten, ist das natürlich nur eine ausgeblaßte und ausgehöhlte Form der Namengebung. Aber früher war es selbstverständlich, daß man dem Kinde an dem Tag, an dem es geboren wurde[,] oder an dem Tag, an dem man ihm seinen Namen, in der Taufe usw. gab, dann entsprechend den Heiligen im Kalender zu berücksichtigen hatte.

Das alles sind nur Beispiele, um zu zeigen, daß die Namengebung von vornherein bedeutet, einmal: die Identifikationsmöglichkeit, nicht in dem äußeren, technischen Sinne, das meine ich nicht, daß man sagt, man muß irgendwo im Register aufgeführt werden können, sondern die Identifikationsmöglichkeit für seine Gruppe, für seine Gemeinschaft, und selbstverständlich für sich selbst. Damit wird er erst jemand, und genau das meinen wir, wenn wir sagen, er bekommt Person-Charakter. Wenn er keinen Namen bekommt, wenn er nicht vom Vater etwa adoptiert wird, wenn er nicht anerkannt wird als Kind, dann ist er nichts, dann ist er nicht, dann tritt er einfach in die Gemeinschaft nicht ein, dann hat er auch zunächst einmal für alle diese primitiven, archaischen, z. B. archaisch hochkultivierten Formen, keinen eigentlichen Charakter als Mensch.

Damit, würde ich sagen, ist also zunächst umschrieben der Begriff der Person. Denn: Name ist zugleich dasjenige, was und wer einer ist, dieses Wer und Was kann man nicht trennen, und dieses genau ist eine Rolle, und Sie sehen nun: Rolle und Maske und Identität mit sich selbst, das bindet eine einzige Einheit und nun, das ist das letzte, dies ist selbstverständlich auf Gegenseitigkeit entworfen, die Maske schaut ja irgendwohin, die Persona hat ja eben damit ein Gesicht bekommen. Auch der Keim der Institutionalisierung ist damit gelegt, wenn wir's von dieser Seite nur einmal ansehen. Nicht, daß etwa Institutionen daraus entspringen, so meine ich das nicht, sondern, Sie können an diesem einen Moment der Strukturierung sozialer Mit-Welt beim Menschen auch sowohl den personalen wie den institutionellen Charakter von vornherein erfassen, sie gehören beide zueinander. Nun heißt es eben, diese Rolle zu sein oder diese Rolle zu spielen. Mit anderen Worten: Nun wird der Einzelne gleichsam mit einer Aufgabe, mit einem bestimmten Attribut oder wie immer belastet und nun wird ihm etwas vorgezeichnet, was in dem sozialen Gefüge durchzuführen ist.

Meine Damen und Herren, ich schließe damit, ich möchte nur noch kurz sagen, daß ich am Donnerstag, also übermorgen, nicht lesen kann, weil ich in Hamburg zur Senatssitzung der Forschungsgemeinschaft sein muß. Wir werden uns also heute in acht Tagen hier erst wiedersehen.

12. Stunde[,] Dienstag, 4. Juli 1961

[Der anthropologische und der theatralische Rollenbegriff]

Meine Damen und Herren! Ich werde noch einmal kurz an das anknüpfen, was wir in der letzten Stunde begonnen haben, das Kapitel über den Begriff der Rolle. Rolle und Darstellung. Wir haben eingesetzt, wenn Sie sich erinnern, bei dem Namen und haben festgestellt, warum eigentlich der Mensch auf einen Namen nicht verzichten kann. Ich möchte diesen Gedankengang noch einmal kurz rekapitulieren.

Wir setzen ein bei dem Gedanken, daß unsere Existenz, und zwar unsere leibhafte Existenz, unsere körperliche Existenz, immer nur wieder verwirklicht werden kann von uns aus in einem ständig erneuten Akt der Verkörperung. Wir sind nicht einfach, sondern wir sind es in dieser merkwürdigen Weise, etwas daran tun zu müssen. Das zeigt sich an den einfachsten Leistungen des Stehen-Lernens, des Gehen-Lernens, des Sprechen-Lernens. Das zeigt sich an dem ständig uns begleitenden Zwang, uns beherrschen zu müssen, und zwar in den einfachsten und schlichtesten Leistungen unserer Physis, und von daher verstehen wir, daß wir den Grund, auf dem wir uns zu dem erheben, woran wir uns zu halten haben, selbst ständig schaffen müssen. Wir schaffen also dasjenige, woran wir uns zu halten haben, in dem Sinne, daß wir unsere Existenz leisten, unsere Existenz vollziehen, wobei es selbstverständlich eine Fülle von Partien unseres Daseins gibt, die gleichsam von selbst laufen. Aber die Grenze zwischen dem, was von selbst in unserer Existenz läuft, was sich von selber vollzieht, das, was man in der Physiologie z. B. die vegetativen Funktionen nennt, die aber jederzeit gestört werden können, wenn die animalen Funktionen entsprechend nicht in Harmonie mit ihnen sind, dieses eigenartige labile Verhältnis, das haben wir zunächst im Sinne, wenn wir sagen, mit einem ständigen Akt der Inkorporation schaffen wir den Grund, auf dem wir uns zu dem erheben, woran wir uns zu halten haben.

Was ist das? Das soziale Gefüge, das uns, nun im übertragenen Sinne, als jemanden mit Namen und Status inkorporiert. Sie sehen also, das Wort inkorporieren tritt in zwei Bedeutungen auf und hat doch letzten Endes eine gemeinsame Wurzel in unserem Inkorporationszwang unseres eigenen Daseins. Davon habe ich hier eigentlich überhaupt nicht gesprochen, das kann man sehr deutlich, auch biologisch, zeigen, in der Schutzbedürftigkeit, der völligen Angewiesenheit des Kleinkindes im ersten Lebensjahr auf die Existenz mit der Mutter. Und zwar beginnt erst dann ein langsamer Loslösungsprozeß. Aber davon werden wir erst später zu sprechen haben. Hier meinen wir es in einem noch weiteren Sinne. Wir sind von vornherein, indem wir überhaupt zu leben anfangen, auf eine Inkorporierung angewiesen, wir müssen uns selber verkörpern und wir werden inkorporiert, d. h. aufgenommen in einen Verband. Da muß man nicht sagen, das ist doch ein Verband in einem ganz anderen Sinn, das ist doch eine Körperschaft, doch kein Körper im physischen Sinn – völlig richtig, das lassen wir dabei durchaus bestehen. Aber dieses Sich-aufgenommen-Wissen und gezwungen sein, aufgenommen zu sein in etwas, was einen wiederum übergreift, das ist genau die Situation, die wir hier im Auge haben. Nur so werden wir Person. Der Prozeß der Personifikation, den das Kind mit seiner Geburt beginnt, macht den Einzelnen für sich selber wie für die anderen zu einem Individuum, indem es Ansprechbarkeit durch den Namen erwirbt. Die Namengebung ist das Siegel seiner unteilbaren Einheit, seiner Individualität.

Also, wie wir stehen, wie wir gehen, sprechen lernen müssen, so findet dieses selbst wieder seinen Halt nur am Namen nach außen wie nach innen. Mit diesem Namen findet der Einzelne seinen sozialen Ort, seinen Status, der umso mehr – und das ist interessant – durch sehr komplizierte Verwandtschaftsordnungen gesichert und umso genauer umschrieben sein muß, je weniger eine Gesellschaft sonst Raum für individuelle Beweglichkeit und, wie man sagt, individuellen Statuserwerb bietet. Gesellschaften dieses Typus, dieses altertümlichen Typus, des geschlossenen Typus, deren kulturelles Instrumentarium, deren Lebensfürsorge ganz und gar von Traditionen geprägt sind, die also am Alten nicht rütteln lassen, brauchen eine feste und oft höchst ausgeklügelte Platzordnung für den Einzelnen, der damit hinter seinem Blutsverband als solcher fast vollkommen zurücktritt. Der Blutsverband und die ihm gegebene Ordnung ist eigentlich das Dominierende. Berühmt etwa und besonders scharf ausgeprägt, dabei hochdifferenziert, etwa die indische Kastenordnung der klassischen Zeit.

Dieses archaische Prinzip also der sehr starken Durchdifferenzierung der Verwandtschaftsordnung als im wesentlichen das beherrschende soziale Gliederungsprinzip, das uns heute lebendig nur noch in Resten gegenübertritt in der Welt, hat, wie man weiß, einer hohen Entwicklung nicht im Wege gestanden. Die Hochkulturen der Alten und der Neuen Welt legen davon beredtes Zeugnis ab. Gesellschaften dagegen unseres Typs, des offenen Typs, mit einer mehr oder weniger freigegebenen Mobilität (vertikalen Mobilität, transversalen oder horizontalen Mobilität) mit einer schrumpfenden Tradition, Gesellschaften also neuzeitlichen Typus, in denen der Einzelne größere Beweglichkeit besitzt und seinen Status vor allem durch persönliche Leistung – Verdienst, wie immer – verändern kann, der nicht an seinen geborenen Status unbedingt gebunden bleibt, geben dem Blutsverband nicht mehr die gleiche ordnungsstiftende Bedeutung. Oder wie man sich in der Soziologie ausdrückt, der *ascribed status*, also der zugeschriebene Status, der geborene, verblaßt hinter dem *achieved status*, dem erworbenen. Es ist also eine sehr merkwürdige Tatsache, daß je »primitiver«, je »archaischer«, in gewisser Weise sogar je »naturnäher«, wie man sich auch gerne ausdrückt, eine Gesellschaft ist, je mehr sie einem altertümlichen Zustand zugehört, umso mehr legt sie Gewicht auf eine differenzierte Verwandtschaft.

Ich habe das das letzte Mal mit einigen Beispielen schon kurz angedeutet und möchte Ihnen das heute im Zusammenhang noch einmal vortragen: Wir wissen, namenlos ist niemand. Als Kind des X …, aus dem Hause Y …, gibt sein Name dem Menschen das, womit er sich und womit ihn die anderen identifizieren können. Das ist der Identifikationspunkt, als solcher wirkt er. Die äußerliche Funktion der Kenntlichkeit ist in die eingreifende Funktion der Ein- und Unterordnung verwoben. Wir kennen keine gesellschaftliche Ordnung, die nicht in irgendeinem Sinne eine Über- und Unterordnung ist. Dem Schutz der Götter und Heiligen empfohlen oder auf ein Vorbild verwiesen, im Vertrauen auf die beschwörende und verbindende Kraft des Namens, sieht das Kind an ihm bereits genau die Welt aufgehen, in die es gehört. Ihm ist mit seinem Namen die Rolle zugefallen. Eine Rolle, die vielleicht nur Nachahmung oder Nachfolge eines Vergangenen, eines unerreichten Vorbildes, eines Halbgottes, eines Heiligen bedeutet oder aber die Wiederverkörperung bezeichnet. Die Wiederverkörperung eines sich in der Geschlechterfolge stets wieder erneuernden Menschen. Ich erinnerte Sie an den Josephs-Roman von Thomas Mann und an diese Partien über Abraham und Eliezer. Der Betreffende ist also der Wiedergekommene. Derselbe, oder genauer gesagt: er ist ein Spätling und zugleich derselbe, der Alte.

Das ist eine merkwürdige Überwindung der Zeit, keine Negation der Zeit, damit gemeint. Wenn nun in späten Kulturen, in rationalisierten unserer Zeit, der Sinn für derartige Wirklichkeiten verloren gegangen ist, wenn ein vergleichsweise abstrakter rationaler Funktionalismus das beherrschende Prinzip gesellschaftlicher Ordnungen wird, dann werden andere Vorzeichnungen als Name und als Herkunft für den Einzelnen wichtig. Aber sie fehlen nie ganz. Soziale Zugehörigkeit, Wunschbilder und Vorurteile, konfessionelle Vorentscheidungen durch Elternhaus und Schule, politische Steuerung des Lebensganzen von Anfang an sind es heute, welche ihre Netze knüpfen, in denen der Einzelne gefangen seine Möglichkeiten findet. Diese Möglichkeiten fallen ihm zu, und er hat sie einfach zu verwirklichen, eingespannt von Anfang an in den Rollen-Plan, den jede noch so naturnahe oder naturferne Sozialordnung in sich befaßt.

Bei dieser Gelegenheit möchte ich etwas sagen, was man dieser Auffassung von dem Rollencharakter des Namens entgegenhalten kann und auch oft entgegenhält: Es ist nämlich ein durch unser gesellschaftliches Selbstverständnis, durch unser soziales Verständnis, durch unsere soziale Auffassung und unsere auf Leistung mehr oder weniger gestellte Lebensauffassung genährtes Vorurteil, daß die elementaren Lebensbeziehungen wie Kindschaft, Mutterschaft, Vaterschaft, wie überhaupt verwandtschaftliche Zugehörigkeiten der Rollensphäre entzogen seien und man unter »Rolle« nur gewissermaßen einen spezifisch gesellschaftlichen, in einem abstrakteren Sinne auf Leistung, auf Arbeit, auf Beruf, auf soziale Position in diesem Sinne beschränkten Begriff verstehen dürfe und müsse. Das ist nicht der Fall. Die Abgrenzung nämlich gegen solche elementaren Beziehungen wie Kindschaft, Mutterschaft, Vaterschaft ist immer nur da möglich, wo dem Menschen Sinn für Natur und Natürlichkeit als einer Sphäre, die mit der Gesellschaft nichts zu tun hat oder noch nichts zu tun hat oder nicht notwendigerweise etwas zu tun hat, irgendwie aufgegangen ist. Und weiterhin: da, wo, wie in unserer Gesellschaft, der Sinn für die private Sphäre erwacht ist, in diesen Gesellschaften, von denen wir gesprochen haben, in denen also die Verwandtschaftsordnung eine so ungeheure Rolle spielt, ist aber der Unterschied zwischen Natur und Gesellschaft überhaupt nicht im eigentlichen Sinne gesehen.

Wir sagen: noch nicht, er wird einfach nicht akzentuiert. Das Natürliche ist dort ohne weiteres auch das Gesellschaftliche, Natürliche oder Naturhafte – um den Begriff der Natürlichkeit nicht mit einer falschen Bedeutung zu belasten. Für uns ist das leicht zu trennen. Die naturhafte Verwandtschaftsordnung ist für uns sozusagen ein Substrat, über das sich nun eine gesellschaftliche Ordnung herüber legt, und wir wissen ja, bei uns ist allmählich der Bereich der Familie enorm geschrumpft,[1] auch der Bereich der Verwandtschaft, während noch in den alten Familien der Bereich der Verwandtschaft viel größer gesehen wird, wenn auch nicht mehr, sagen wir mal, wie im frühen 19. Jahrhundert oder in den früheren Jahrhunderten praktiziert wird. Also: mit dem und dem verwandt zu sein, spielt heute für uns, sozial gesehen, eine weit geringere Rolle als in den altertümlichen Gesellschaftsordnungen und eine unvergleichlich geringere Rolle als in den gerade archaisch sehr festgefrorenen alten Hochkulturen oder überhaupt in den primitiven Kulturen.

Man hat mit Recht gesagt, daß dasjenige, was diese primitiven Kulturen an Differenzierung in unserem Sinne vermissen lassen, also Differenzierung im kulturellen Instrumentarium, Differenzierung in den Aufgaben, den Funktionen, in beruflichen Funktionen, was es auch immer im einzelnen sein mag, die also relativ arm sind an Funktionsdifferenzierung, das haben diese Kulturen auf der anderen Seite an einem enorm ausgeklügelten und hochdifferenzierten Verwandtschaftssystem. Und das hält sich durchaus die Waage. Auch gerade die Tabu-Vorschriften, sagen wir einmal, das spezielle Inzest-Verbot, was ja eine ungeheure Rolle spielt, daß also keine geschlechtlichen Beziehungen zwischen Vater und Tochter, aber vor allen Dingen nicht zwischen Mutter und Sohn sein [dürfen], das erklärt sich nicht aus Motiven, die für uns heute maßgebend wären, sondern das erklärt sich nur aus der tiefen Sorge um die soziale Ordnung, die in einem dann doch auch meist begrenzten, aber verwandtschaftlich-sozial stark durchdifferenzierten System herrschen muß, damit sich das System überhaupt im Gleichgewicht hält. Denn es gibt ja kaum ein anderes Ord-

1 Im Typoskript »das was« getilgt.

nungsprinzip, was hier regulierend eingreifen könnte, während in Gesellschaften unseres Typus die Balance in einem differenzierten System noch durch ganz andere Dinge gewährt wird, eben durch eine stärkere Betonung des Leistungsmomentes, der Arbeitsteilung in erster Linie.

Sie sehen also, es muß dem erst einmal der Sinn für den Gegensatz zwischen Natur und Kultur oder Natur und Gesellschaft irgendwie aufgegangen sein, damit man überhaupt infrage ziehen kann, daß ursprüngliche Blutsbeziehungen, Verwandtschaftsbeziehungen, wie Kindschaft, Vaterschaft, Mutterschaft, keinen Rollencharakter haben. Und damit hängt auch das weitere zusammen, was ich schon sagte, es muß erst einmal der Sinn für die Privatsphäre erwacht sein und durch die kulturelle Verfassung der Gesellschaft gewährleistet sein, damit wiederum gesagt wird, nun, was ich für mich bin, das hat doch mit der Rolle nichts zu tun, die ich nach außen hin spiele.

Altertümliche Kulturen, und vor allen Dingen auch die sogenannten primitiven Kulturen, kennen also weder den scharfen Gegensatz zwischen naturhaften Verwandtschaftsordnungen und gesellschaftlicher Ordnung noch kennen sie den scharfen Gegensatz von – wie wir sagen würden – Privat und Öffentlich oder von Innen und Außen. Also erst von Seiten der Natürlichkeit und der Naturhaftigkeit und von Seiten der Privatheit, beide gewissermaßen verbunden in der Idee der Intimsphäre, erst von Seiten dieser Kategorien sozusagen bekommt der gesellschaftliche Rollenbegriff die uns vertrauten Umrisse, nämlich die eines ausgesprochenen Doppelgängertums des Menschen, in welchem eine Privatperson eine öffentliche Rolle spielt. Das ist also ein Spätprodukt, das Produkt – wir würden sagen –: einer weitgehend rationalisierten Gesellschaft. Wie die Rationalisierung im einzelnen aussehen mag, das ist eine Sache noch für sich. Aber wir finden es durchaus nicht als etwas Selbstverständliches überall. Und es ist von größter Folgenschwere, wann dieser Gedanke auftaucht.

Rein soziologisch-historisch gesehen, werden Sie, sagen wir einmal, an dem Symptom es konstatieren können, wann dieser Dualismus gesehen wird. Und zwar immer dann, wenn von Naturrecht in der Geschichte zum ersten Mal die Rede ist. Das ist zum Beispiel bei den griechischen Sophisten der Fall gewesen, also in einer Zeit beginnender Verstädterung im alten Griechenland. Urbanisierung und alles, was damit zusammenhängt, Veränderung der sozialen Umwelt im städtischen Sinne mit entsprechend städtischer Arbeitsverteilung, ergibt den Gegensatz nicht nur zur ländlichen Existenz, sondern ganz offensichtlich begünstigt auch die allmähliche Loslösung einer künstlichen Sphäre sozialer Ordnung, moralischer Ordnung, rechtlicher Ordnung und einer nicht-künstlichen, außerkünstlichen, einer natürlichen Sphäre. Sophisten sind in unserer großen geistigen Tradition die ersten gewesen, die diesen Gedanken des Gegensatzes von Physis und Thesis geprägt haben. Darin steckt natürlich auch immer ein revolutionäres Element. Dann ist der Gedanke immer weiter verformt ausgebaut worden im Laufe eben der kulturellen Entwicklung unserer geschichtlichen Entwicklung über Rom und die nachrömische mittelalterliche Welt. Daran knüpfen sich dann außerordentlich wesentliche Vorstellungen, ehe [sie] schließlich wiederum zu einer allmählichen Entdeckung einer rein naturhaften Natur führen, wie ihn die Griechen auch noch nicht konzipiert haben, obwohl sie die ersten Ansätze dazu gegeben haben. Eben die Natur, auf die sich die Naturwissenschaft bezieht. Und erst am Ende dieses Prozesses eigentlich stehen wir heute. Für uns ist, weil uns Natur im naturwissenschaftlichen Sinne erscheint, der Gegensatz von Sein und Sollen, von Wirklichkeit und Norm, etwas völlig Vertrautes geworden.

Nun, meine Damen und Herren, wir sprachen von dem uns vertrauten Doppelgängertum des Menschen, in welchem eine Privatperson eine öffentliche oder wie immer auch eine ›Rolle‹, eine soziale Rolle spielt. Eine öffentliche Rolle, das kann heißen, eine Rolle von öffentlicher, repräsentativer Bedeutung, von politischer Bedeutung etwa. Es kann aber auch hier ganz schlicht gemeint sein, sie spielt irgendeine Rolle in dem sozialen Ganzen, dem sie eingegliedert ist. Dieses Doppelgängertum der Rolle erläutert sich am Bilde des Schauspielers. Es ist ja kein Zufall, daß wir die Begriffe, die wir für die schauspielerische Tätigkeit gebrauchen, eigentlich ohne weiteres auch übertragen auf diese Grundsituation des Menschen in der Gesellschaft. Jeder spielt irgendeine ›Rolle‹. Er hat einen Beruf, er hat eine Position, er hat eine Funktion, er hat eine Aufgabe, wie immer, und im übrigen ist es der Herr oder die Frau Soundso, die ihr Privatleben haben, eine Privatperson ist, aber sie ist da und da beschäftigt, sie hat den und den Beruf, die und die Aufgaben zu erfüllen. Rolle und Spiel sind hier nicht mehr in dem fundamentalen Sinne genommen, der vor jeder gesellschaftlichen Differenzierung gesellschaftliches Zusammenwirken als solches trägt, sondern genommen als Formen eines herausgehobenen und für die Gesellschaft repräsentativen und entscheidenden Verhaltens. Vor allen Dingen in dem besonderen akzentuierten Sinn, wenn man sagt, »welche Rolle spielt er denn dabei«, welche an ihren prominenten Figuren deutlich wird, die man denn auch diesen prominenten Figuren zugesteht und zumutet. Der zu solcher Funktion Gekommene schlüpft in diese Rolle und hat dafür zu sorgen, daß er sie gut spielt. Wer dann aus der Rolle fällt und zum Spielverderber wird, stört die Gesellschaft und macht sich in ihr unmöglich. Sie sehen also, da tritt der Rollenbegriff bereits in zwei Bedeutungen auf. Und um Ihnen das von vornherein klar zu machen: Der anthropologische Rollenbegriff erfährt eine weitere Bedeutung (nicht eigentlich Gegensatz), einen anderen Charakter, er wird der theatralische Rollenbegriff, und wir werden dann weiter sehen als dritte Bedeutung den funktionellen Rollenbegriff.

Sie sehen also folgendes: Zunächst einmal sprachen wir von der Rollenhaftigkeit menschlicher Existenz überhaupt. Und dafür ist ein Symptom, daß wir den Menschen, jedem Menschen einen Namen geben. Mit diesem Namen übernimmt er eine Rolle. Mit diesem Namen bekommt er einen sozialen Ort und einen bestimmten Status. D. h., in dem System, das irgendwie immer ein System von Unter- und Überordnung ist, hat er eine bestimmte Stelle. Dieses System muß nicht von vornherein nach unseren Begriffen sozusagen verstanden werden in dem Bild des Gegensatzes von Natürlichkeit und Künstlichkeit, von Natur und Gesellschaft, sondern liegt gleichsam noch davor. Nur von daher wird man den archaischen Kulturen gleichermaßen wie den späteren hochdifferenzierteren, rationaleren Kulturen gerecht. Nur von daher wird man gleicherweise den Gesellschaften gerecht, die auf dem Prinzip des *ascribed status* beruhen, und den Gesellschaften, die auf dem Prinzip des *achieved status* beruhen, wobei natürlich Übergänge selbstverständlich festzustellen sind zwischen den Haupttypen.

Jetzt aber wenden wir uns der Betrachtung [zu] in diesem besonderen Sinne da, wo bereits der Begriff einer natürlichen Person und einer Privatperson, also einer natürlichen Privatperson sich abzusetzen beginnt von dem, was sie nach außen hin für die Gesellschaft darstellt, was sie für die Gesellschaft leistet und tut. Dann stellt sich die Chance eines zweiten Rollenbegriffs ein, dann nämlich tritt der theatralische Rollenbegriff in seine Rechte. Nun: Rolle als theatralischer Begriff, im eigentlichen wie im übertragenen Sinne. Voraussetzung hierfür ist, daß es einen Rollenträger gibt, der seine Existenz wechselt, um die Rolle zu spielen. Der Verkörperungsprozeß, der fundamental ist für die gesamte menschliche Existenz, wiederholt sich hier sozusagen auf einer anderen Ebene. Überall da, wo Repräsentation einen wesentlichen Bestandteil sozialen Lebens bildet, im Kult der Gottheit oder im Kult des Staates, erweitert sich der theatralische Rollenbegriff zu einer gesellschaftlich-politischen Kategorie. Die hohen Würdenträger etwa haben ihre Rolle zu spielen.

Man versteht von hier aus wiederum auch Erscheinungen in primitiven Gesellschaften wie in hochkultivierten Gesellschaften, die alle sozusagen Repräsentanten ihrer Ordnung herausstellen, ob das nun der Priester ist oder der König, der Priesterkönig oder wie immer, ein bestimmter Personenkreis, der selbst wieder verantwortlich ist für das Ganze, das er repräsentiert, wie immer auch, hier spiegelt, wiederholt sich gewissermaßen das Ganze noch einmal, es wird noch einmal gleichsam herausgehoben und in dem merkwürdigen, überall zu findenden Bedürfnis nach Repräsentation sichtbar gemacht.

Dieses ist das eigenartige repräsentierende Sich-Darstellen des Menschen und seiner Gemeinschaft, seiner Gesellschaft in bestimmten Aktionen. Heilige Spiele etwa, kultische Spiele, kultisches Theater, aber auch darüber hinaus Theater in einem weiteren Sinn. Also Staatsaktionen, großes Zeremoniell, das zeigt überall eine tiefe Not des Menschen, er kann gar nicht anders, als da, wo er sich selber sozial seiner bewußt wird, wo sich der Zwang ergibt, daß für ein Ganzes gesprochen und gehandelt wird, immer da zeigt sich dieser merkwürdige Übergang und diese eigenartige Wiederholung, noch einmal die Rollenhaftigkeit zu akzentuieren. Hierin wurzelt auch der alte Begriff vom Theatrum Mundi, vom Großen Welttheater, das in dem Zeitalter, das zum Theater und zum Staat eine so merkwürdig tiefe Beziehung hatte, nämlich im 17. Jahrhundert, eine große Rolle gespielt hat. Da sehen wir es besonders, in einer sehr großartigen Ausgestaltung. Da sehen wir auch die Schauspielerei, die ja nicht bedeutet, daß man etwas Echtes verdeckt, sondern ganz anders, daß man etwas Echtem zu seiner Echtheit verhilft, indem man es wirklich in einer Darstellung repräsentativer Weise ausgestaltet, da sehen wir diese soziale Kategorie sich erfüllen. Das verliert sich im 19. Jahr[hundert] mit der Demokratisierung, es verliert sich in der alten Form, aber es wandelt eigentlich nur sein Angesicht. Durch die Demokratisierung, durch die moderne repräsentative Demokratie wird selbstverständlich der Personenkreis ein ganz anderer und allmählich muß die alte Trennung von Staat und Natur wiederum eine Veränderung erleiden, und in diesem Prozeß stecken wir ja heute tief mit drin, in dem die natürliche Gesellschaft (und alles, was außerstaatliche Sphäre ist) sich mit der staatlichen Sphäre allmählich zu verfilzen und zu verbinden beginnt, so daß man eigentlich nirgends mehr weiß, wo Öffentlichkeit und Privatheit streng voneinander getrennt sind. Einerseits greift der Staat, die staatliche, die repräsentative Sphäre tief in die Privatsphäre mit ein und umgekehrt privatisiert sich sozusagen auch das Öffentliche. Das hängt natürlich mit einer ganzen Reihe von anderen Prozessen der Industrialisierung, der Entwicklung moderner Kommunikationsmittel zusammen, aber davon will ich hier in diesem Zusammenhang nicht weiter sprechen. Nur sehen Sie, das ist zugleich, das ist ein sehr interessanter, sozial verständlicher Vorgang.

Nun, gerade die weite Spannung des Rollenbegriffs, die den *ascribed status* und den *achieved status* zusammen umfaßt, also das, was einer durch Geburt und Umstände im sozialen Felde ist, und das, was er aus sich macht, gerade diese weite Spannung ermöglicht das Reservat eines Individuum ineffabile, d. h. einer sozialen Unberührtheit, einer Zone der Privatheit, der Intimität, der persönlichen Freiheit. Insoweit gewährt der Rollenbegriff gerade in dieser weiten Fassung Achtung vor dem Einzelnen als dem Einzelnen und schirmt ihn gegen ein öffentliches Wesen grundsätzlicherweise ab. Als ein unbestreibar anpassungsfähiges Mittel zur theoretischen Bewältigung sozialer Triebe wird der Begriff damit zugleich zu einer moralischen Erinnerung an das persönliche Reservat des Einzelnen an seine Privatexistenz und an die Schutzwürdigkeit seiner Freiheit, seiner inneren Freiheit. Das ist ein spätes Produkt, eine späte Erkenntnis und, wie ich Ihnen eben sagt[e], eine Erkenntnis, die das 18. und das 19. Jahrhundert noch gehalten hat, die aber offensichtlich durch die moderne Entwicklung bedroht wird und z.T. auch schon an Resonanz in den einzelnen Menschen zu verlieren beginnt. Die merkwürdige Gleichgültigkeit, die wir auch in der westlichen, freien Welt beobachten, diese allmählich beginnende Gleichgültigkeit des Einzelnen gegen sein Manipuliertwerden durch die Mittel, ihn in die Öffentlichkeit hineinzuziehen, ihn zu veröffentlichen auf Schritt und Tritt, zeigt eben, daß die Tage der persönlichen Freiheit gezählt sind.

Sie sehen also, bisher haben wir den Entwicklungsbogen so gezogen von einem anthropologischen über den theatralischen Rollenbegriff und wir haben gezeigt, daß der theatralische Rollenbegriff in sich selbst eine große innere soziale Reichweite besitzt, daß er aber gerade darin weiter tendiert, genauer: daß er basiert auf der Trennung der Natursphäre und einer Privatsphäre von einer öffentlichen gesellschaftlichen Sphäre. Daß diese Trennung allmählich durch die Entwicklung der öffentlichen Sphäre in Gefahr kommt, und an dem Punkte stehen wir, und wir werden in der nächsten Stunde zeigen, wie ein dritter Rollenbegriff allmählich sich zu entwickeln beginnt, nämlich der rein funktionelle Rollenbegriff, womit natürlich zugleich latent gegeben ist die Auffassung der Gesellschaft als eines Funktionssystems und des Einzelnen als seines Funktionärs.

13. Stunde[,] Donnerstag, 6. Juli 1961

[Der funktionelle Rollenbegriff]

Meine Damen und Herren! Ich hatte Ihnen das letzte Mal die Rollenbegriffe entwickelt, die offensichtlich in der anthropologischen Struktur, d. h. in der eigentlichen Grundstruktur menschlichen Seins verwurzelt sind. So sprachen wir zunächst einmal von einem anthropologischen Rollenbegriff, dann sind wir übergegangen zu dem theatralischen Rollenbegriff und heute werden wir uns mit dem funktionellen Rollenbegriff zu beschäftigen haben. Nun möchte ich Ihnen das noch einmal ganz kurz erläutern, wie das zu denken ist. Wir haben angesetzt bei einem sehr typischen Grundsymptom menschlicher Existenz. Menschliche Existenz braucht den Namen. Es gibt keine menschliche Gesellschaft, es gibt keine menschliche Gemeinschaft wie auch immer, in der nicht das Individuum einen Namen trägt. Und diese Namensfunktion hat die Bedeutung, das Individuum identifizierbar zu machen, nicht nur für die andern, sondern auch für sich selbst. In und an dem Namen hat es seinen sozialen Ort, seine soziale Stelle, seine Eingliederung in ein wie auch immer geartetes soziales Ganze. Das ist, von hier aus gesehen, die Rolle, die ihm zufällt. Und zwar von vornherein durch seine Geburt, wie auch immer, sei es, daß ein eigener Adoptionsakt hierbei mit verknüpft ist mit der Namengebung oder andere Formen des Aufnehmens des Kindes in die Gemeinschaft. Das also ist, von hier aus gesehen, Rolle im anthropologischen Sinn. Weiterhin knüpft sich aber daran Rolle im theatralischen Sinne und baut sich darauf auf aus dem Zusammenleben des Einzelnen in der Gemeinschaft mit seinem Namen selbstverständlich, aber nun auf einer höheren Ebene, das eigenartige Verhältnis, das der Einzelne zu seiner Gemeinschaft selbst wiederum expliziert, entwickelt, entfaltet. Das kennen wir nun in den verschiedenen Systemen, die die einzelnen Gemeinschaften aus sich heraus entfalten können. Sei es die herrscherliche Funktion etwa, am Beispiel des Priesterkönigtums, in primitiveren Gesellschaften etwa der Zauberer, der Magier, der ein bestimmtes Verhältnis herstellt zwischen den Naturgewalten und den Menschen seiner Gruppe. Hier kommt schon ins Spiel etwas, was wir dann in den entfalteten und hochkultivierten Gesellschaften kennen, als letzten Endes die Stellvertretungsfunktion einer Persönlichkeit oder des Zugehörigen einer Schicht zu dem Ganzen. Er steht für [etwas]. Im Grunde genommen tut das ja der Mensch schon durch seinen Namen. Er ist Angehöriger einer Gruppe, eines Clans, Angehöriger eines Standes, Angehöriger einer bestimmten Familie, er ist immer schon insofern auch, ob er will oder nicht, zugleich Repräsentant.

Und diese repräsentierende Funktion im anthropologischen Rollenbegriff, die schon drinsteckt, wenn auch nur latent, wird nun selbst herausgehoben und bewußt gemacht in allen sozialen Leistungen und unter Umständen dann wiederum ausdrücklich als repräsentierende Funktion bewußt gemacht. Also sagen wir einmal, wenn in den großen liturgischen Aktionen der Priester die heiligen Aktionen vollzieht, tut er es in Stellvertretung, bringt er die heiligen Mächte zur Erscheinung. Das gilt für alle großen Religionen, das gilt aber durchgängig für alle religiösen Aktionen, und das, was sich sozial darum herum kristallisiert. Das gilt für die politische Ebene, der Häuptling spricht für seinen Stamm, der Führer einer Gruppe trägt die Verantwortung, er handelt im Namen der Gruppe, für sie, er ist der Sprecher. Nun sehen Sie, ich sagte: es geht aber weiter, nun steckt noch ein dritter Begriff, eine dritte Möglichkeit in dieser Rollenfunktion, in diesem Rollenverhältnis, und das ist die eigentlich funktionelle Bedeutung des Rollengedankens, und davon wollen wir heute sprechen.

Offensichtlich entspricht der Rollengedanke unserem modernen Gesellschaftstyp, dessen Träger ihr Zusammenspiel rational an Leistungen messen, die als Leistung verstanden und in Wechselbeziehung zueinander gebracht werden. Sie weisen nicht über sich hinaus auf eine von außen oder von oben gegebene Ordnung, jedenfalls nicht mehr im entscheidenden Sinne, und bekommen nicht von einer außengesellschaftlichen oder vorgesellschaftlichen Macht ihr Maß und ihren Sinn. Dies zu glauben bleibt, jedenfalls in unseren Gesellschaften, Sache des Einzelnen, bleibt dem Glauben, der Überzeugung des Einzelnen überlassen, dessen Privatexistenz und Privatmeinungen durchgängig geachtet und geschützt werden.

Der Rollenbegriff in dieser Form, in dieser eigenartigen formalisierten Form, hat hiermit eine dritte Bedeutung erhalten. Er ist zum gesellschaftlichen Funktionsbegriff geworden. Wir meinen nicht die ihn leicht überdeckenden, leicht damit zu verwirrenden Begriffe wie Position, die einer einnimmt, oder die Stellung oder den Status, den einer bekleidet oder hat, dem sich natürlich auch die Bedeutung von Leistung jeweils anpaßt. Wir meinen aber hier zunächst einmal etwas, was dem gleichsam formal zugrunde liegt und was sich am besten daran deutlich zeigt, wenn wir uns an den Rollenbegriff erinnern, wie wir ihn auf Funktionssysteme ganz normal anwenden. Wenn wir sprechen von der Rolle eines Maschinenteils in einer Maschine, dann ist das für uns eine ganz selbstverständliche und natürliche Verwendung des Worts. Welche Rolle hat, sagen wir einmal, die Kardanwelle im Auto? Oder wiederum etwas nicht rein Maschinelles, aber ein typisches Funktionssystem, wenn wir sagen, welche Rolle spielt die Vegetation im Wasserhaushalt der Erde?

Sie sehen also, in diesem eigenartig rein funktionell gemeinten Sinne hat der Rollenbegriff durchaus seinen echten Anwendungsbereich. Nun ist das Interessante, daß Rolle auf menschliche Verhältnisse übertragen genau diese Bedeutung bekommt, wenn wir eine menschliche Gesellschaft sozusagen als ein Funktionssystem, als ein funktionierendes Ganzes betrachten. Es ist eine bekannte Geschichte, daß in der amerikanischen Soziologie dieser Rollenbegriff eine große Verbreitung, Wichtigkeit bekommen hat und einfach deshalb, weil sich eine weitgehend rationalisierte Gesellschaft als ein rational verständliches, durchsichtiges Gewebe von Leistungen natürlich gerne in Hinsicht auf diesen Begriff sozusagen schematisch durchsichtig machen läßt. Wenn ich also sage, ich betrachte in der modernen Industriegesellschaft die Rolle etwa des Akademikers, die Rolle weiterhin der einzelnen akademischen Berufe, dann ist das eine klare Fragestellung genau in dem Sinne, daß ich sage (ich denke zunächst einmal gar nicht an einen bestimmten Einzelnen),[1] welche Rolle kommt etwa dem beamteten Arzt in einer Kommune zu? Oder: welche Rolle spielt heute der Pfarrer in einer Gemeinde? Oder auf dem Lande? Welche Rolle hat der Lehrer, der Volksschullehrer oder der akademische Lehrer in der industriellen Gesellschaft? Welche Rolle hat die Schule?

Sie sehen also, die Fragestellung spielt von vornherein darauf an, daß man von einem durchsichtigen Funktionssystem hierbei

1 Im Typoskript »sondern« getilgt.

sprechen will, und daß man überzeugt ist, daß alles irgendwie ja doch seine Ordnung hat und wenn nicht, daß man dieses dann in Ordnung bringen kann nach einem mehr oder weniger klaren innerlichen Funktionsplan. Hierbei spielen also von dem Gedanken einer rationalen Durchsichtigkeit her zwei Elemente oder zwei Aspekte mit hinein: Einmal der maschinelle Aspekt und weiterhin der organische Aspekt. Es ist eine bekannte Sache, daß der Funktionalismus in der Betrachtung sozialer Beziehungen im wesentlichen sich stützt auf Vorstellungen aus der Biologie. Und das ist ja, was sehr nahe liegt, ein sozial geschlossenes Gebilde. Also, sagen wir einmal: eine Stadt oder ein Volk oder eine Gesellschaft eines bestimmten Typus, ein Staat, müssen gewissermaßen immer unter dem Gesichtspunkt eines Organismus betrachtet werden können.

Diese organizistische Betrachtungsweise in der Soziologie, die hat man freilich in ihrer etwas allzu kruden Form aufgegeben. Also wenn Sie denken etwa an ein Buch aus dem späten 19. Jahrhundert von Schäffle *Bau und Leben des sozialen Körpers*,[2] dann finden Sie da den Gedanken (auch noch bei früheren Autoren ungefähr derselben Zeit) unter Umständen zu naturalistisch-biologistisch durchgeführt. Und dann ist es die alte Idee, die wir schon aus der Antike kennen, daß man den Staat etwa vergleicht mit einem Organismus. Die Regierung ist dann der Kopf, und die verschiedenen Stände werden gewissen Funktionssystemen, also dem Ernährungssystem oder dem Verteidigungssystem usw. zugeordnet. Solche Ideen spielen ja, sagen wir mal, in der *Politeia* des Plato eine Rolle, da gibt es die Seelenteile, die gleichsam das Grundmodell abgeben für den Organismus des Staates im ganzen. Da sind es die Hauptstände, die also jeweils bestimmten Seelenteilen, und das heißt aber hier natürlich auch den Grundfunktionen eines lebendigen Ganzen zugeordnet werden.

Nun ja, das ist ein uraltes Denkmodell, und das hat sich selbstverständlich in der Zeit der modern werdenden Biologie besonders populär und begreifbar ausgestalten lassen. Und da geht es also so vor, daß man in einer Gesellschaft spricht etwa von dem Gehirn und dem Nervensystem und dem Gefäßsystem, dem Bewegungs-

2 Albert Schäffle, *Bau und Leben des socialen Körpers. Encyclopädischer Entwurf einer realen Anatomie, Physiologie und Psychologie der menschlichen Gesellschaft mit besonderer Rücksicht auf die Volkswirthschaft als socialer Stoffwechsel.* 4 Bände, Tübingen 1875-1878.

apparat usw., das kann man dann sehr hübsch miteinander in Korrespondenz bringen. Im Grunde genommen ist es eine riesige Allegorie, eine große metaphorische Betrachtung, aber insofern ja doch fruchtbar, als man das Ineinandergreifen der Funktionen hierbei doch in den Blick rückt. Man hat dann von dem allzu kruden biologischen Funktionalismus natürlich gesagt, damit wird man der Eigenart des sozialen Funktionssystems doch nicht gerecht, denn selbstverständlich ist eben in dem Sinne ein Staat oder ein Volk oder eine Gesellschaft, eine Stadt, eine Aktiengesellschaft oder was Sie da immer nehmen wollen, das kann man ja doch nicht als strengen Organismus auffassen.

Aber nun ist gewissermaßen ein gereinigter Funktionalismus daraus entstanden und diese funktionelle Betrachtung, die finden Sie in dem ausgehenden, in der zweiten Hälfte des 19. Jahrhunderts allmählich dann bei soziologischen Klassikern, wie etwa bei Durkheim oder bei Simmel schon weitgehend durchgedacht. Und das hat sich dann in Amerika eigentlich zu einem Arbeitsprinzip allmählich entwickelt, wobei der Grundgedanke, daß sich hier die einzelnen sozialen Tätigkeiten, die sozialen Positionen, die soziale Statusverteilung und alles das, was eine Gesellschaft charakterisiert, daß sich das nach dem Gedanken von Rollen packen läßt, eigentlich zu einer Art von Arbeitshypothese,[3] zu einem sehr praktisch gut anwendbaren Untersuchungsprinzip gleichsam geläutert hat. Dann bekommt man also dieses Bild von einem Rollengefüge, in dem nun alles mehr oder weniger eben nach bestimmten Erwartungen korrespondierender Art gleichsam sich in Betrieb hält, so wie ein bestimmter kaufmännischer oder industrieller Betrieb oder überhaupt irgendein Betrieb seine klare innerlich funktionelle Ordnung besitzt. Und dasjenige, was die Sache sozusagen zusammenhält, sind einmal die einer Rolle spezifisch zugeordneten Erwartungen, auf der anderen Seite sind es die Sanktionen, die Sicherungen, die gewissermaßen darauf liegen, daß die Ordnung innegehalten wird.

Also nehmen Sie einmal an, ein Beispiel, der Lehrer der höheren Schule: in seiner Rolle stecken ganz bestimmte Erwartungen, die die Schüler, die Eltern, die Bürokratie, die Vorgesetzten von ihm haben. Sie sehen also, nach den vier Gesichtspunkten können Sie eine solche Rolle definieren. Und seine Selbstauffassung von

3 Im Typoskript »sondern« getilgt.

seiner Rolle, die er zu erfüllen hat, wird in Korrespondenz durch diese Rollenaspekte, d. h. durch die Erwartungsaspekte der andern mitbestimmt. Nun kann man sagen, das eine ist auch das andere, selbstverständlich immer, nicht wahr: der Lehrer im Anblick der Eltern ist etwas anderes als umgekehrt, selbstverständlich. Aber das spielt aufeinander ein. Daß die Sache in Betrieb bleibt, dafür sorgen die Sanktionen, die mehr oder weniger – sie können kodifiziert sein – als eine bestimmte rechtliche Sicherung [festgelegt sind], disziplinar-rechtlicher Art, nach Vorschriften, sie können aber auch moralischer Natur sein. Ein Lehrer wird gewisse Dinge sich nicht erlauben können, wenn das in einem bestimmten Sinne disziplinarmäßig durch Verbot usw. festgelegt ist. Er wird sich also in einem bestimmten Sanktionsraum aufhalten. Wenn er ihn durchbricht und ihn stört, dann trifft ihn ohne weiteres in irgendeinem Sinne die Ächtung, d. h. dann erlebt er eben Konflikte, und es ist sehr interessant für eine Gesellschaft von dem hohen inneren Anpassungsgrad wie der amerikanischen und vor allen Dingen von der hohen Bewußtheit, wie es die amerikanische hat, nämlich ein solches reibungsloses Anpassungssystem in Betrieb zu halten, wie sehr für eine solche Gesellschaft eben ein solches Rollenschema paßt.

Für eine um das Rationale [und das] möglichst bruchlose Ineinandergreifen von sozialen Dienstleistungen besorgte Gesellschaft ist die Ablösbarkeit der Leistung von den Menschen, die sie entsprechend ihrer Rolle produzieren, ebenso eine Selbstverständlichkeit, wie für die Menschen selber. Für die Menschen, die daran ja ihren persönlichen Halt gewinnen. Durch die Rolle, die er ja vor allem als Träger eines Ranges in Amt und Beruf spielt, hat der moderne Mensch seinen Status, stellt er etwas dar. Er ist für sich und andere etwas, er ist wer.

Sie sehen also, genau das wiederholt sich hier, was der Mensch eigentlich von vornherein durch seinen Namen ist, wird er hier durch seine spezifische Leistung im Rahmen eines Leistungssystems. Dieses fundamentale Doppelgängertum braucht der Einzelne, um sich in der Leistungsgesellschaft zurechtzufinden. Neben einer mehr oder weniger nebelhaften Privatexistenz macht jeder, so gut wie er kann, eine öffentliche Figur.

Nun, die Analyse eines Rollenplans eines derartigen Systems mit seinen spezifischen Rollenerwartungen und Leistungen kann sich auf die Gesellschaftsauffassung der ihm zugehörigen Menschen berufen, wenn sie die Rollenspieler nur mit ihrer Funktion[,] nicht in ihrer privaten Existenz in Betracht zieht. Ihre Anlagen, ihre Neigungen, ihre Auffassungen von dem, was sie zu tun haben, brauchen hier weiter gar nicht zu interessieren. Indem sich die Menschen selber auf diese Weise zu Funktionären machen, haben sie sich dem funktionellen Rollenbegriff angepaßt, mit dem wir auch sonst operieren, wenn es um das Verständnis eines gegebenen Funktionssystems außermenschlicher Art geht. Man muß das nun nicht nur übertrieben sehen als eine Art von Mechanisierung, aber das steckt mit drin, es steckt mit drin! Und darin besteht ja gerade die Gefahr für die moderne Gesellschaft, gleichsam selbst auf dieser schiefen Bahn immer weiter zu gehen und allmählich in irgend einem Sinne sich selbst zu mechanisieren, sich selbst zu einem System von fugenlos ineinandergreifenden Funktionsrollen zu machen. Also das zielt dann auf die gegenseitige Verzahnung objektiv gegebener oder objektiv zu erbringender Leistungen ab. Dieses sind die Elemente, die den Wirkungszusammenhang ermöglichen, und [sie] treten gewissermaßen an die Stelle der mehr oder weniger begabten, mehr oder weniger zufriedenen oder mehr oder weniger unzufriedenen und rebellierenden Menschen. Das ist nun einmal da mit drin, und es ist interessant, eine solche soziologische Analyse, die entsprechend einer so sich verstehenden Gesellschaft durchgeführt wird, kann weitgehend auf die sozialpsychologische Seite Verzicht leisten. Natürlich wird man sagen, damit das ordentlich geht, müssen die Leute zufrieden sein, sie müssen also, sagen wir mal, ein gutes Betriebsklima in einem industriellen Betriebe haben, dafür müssen sie sorgen, daß ein gutes Betriebsklima herrscht. Und alle diese Untersuchungen, die heute gemacht werden, um ein reibungsloses Ineinandergreifen zu sichern, gehen ja darauf hin, daß man den Funktionsplan nach Möglichkeit so sichert, daß die Träger der Funktionen nicht mehr als Störungsfaktoren hierbei infrage kommen. Aber primär ist hierbei der Einzelne nicht mehr im Blickfeld.

Nun ist die Frage nach[4] dieser Funktion. Sie sehen, man kann damit, ohne unserer Gesellschaft irgendwie Gewalt anzutun, den hochindustrialisierten Gesellschaften des rationalen Typs, denen

4 Geändert aus »mit«.

kann man dieses Modell zugrundelegen. Man trifft damit auch weitgehend die Selbstauffassung der Menschen. Denn sie verstehen sich eben als Träger von Funktionen, von Leistungen. Für Gesellschaften anderer Prägung aber, also Gesellschaften, wie wir sie aus der Geschichte des vorindustriellen Europa kennen, Gesellschaften, die zur Idee der Arbeit noch kein selbstverständliches Verhältnis haben, sondern eigentlich wohl Ämter und Dienste haben, aber nicht eigentlich in dem Sinne Leistungen. Gesellschaften, die dem *achieved status* wenig Raum boten, und dafür umso mehr in der Vorstellungswelt des *ascribed status* lebten, wäre ein Selbstverständnis nach dem funktionellen Rollenbegriff undenkbar gewesen.

Jetzt werden Sie sagen, aber warum denn, die haben doch auch gearbeitet. Die haben doch in ihren Ämtern und in ihren sonstigen Diensten auch etwas geleistet, selbstverständlich: aber sie haben es anders aufgefaßt! Sie haben es nicht sozusagen in dem modernen Sinne aufgefaßt. Und wie erst für Gesellschaften ausgesprochen archaischen oder naturvölkischen Gepräges mit einem dem unsrigen fremden Bewußtsein von Individuum, Stamm und Vergangenheit, Werk und traditionellem Tun, Gesellschaften ohne dieses Doppelgängertum ihrer Glieder, denen der Sinn für eine Privatexistenz ja vollkommen fehlte.

Merkwürdigerweise nun aber, und das ist eine Schwierigkeit, versagt auch gegenüber diesen altertümlichen Typen von Gesellschaft, die den Funktionalismus der Arbeit und der Leistung nicht kennen und von keiner Gespaltenheit in private und öffentliche Existenz etwas wissen, auch gegenüber solchen Gesellschaftstypen versagt die funktionelle Analyse nicht, im Gegenteil. Gerade die amerikanische *cultural anthropology*, also die amerikanische Ethnologie, wie wir sagen, die ja weitgehend schon auch immer die soziologischen Aspekte im Blick hält, gerade die ist entwickelt worden an den Erfahrungen mit primitiven Gesellschaften, die natürlich leicht übersehbar sind, da es sich meistens um kleinere Gruppen handelt, die in relativer Isolierung leben und die man gewissermaßen im ganzen überschaut, leichter überschaut als ein sehr umfangreiches soziales Gebilde. Dort hat man gerade – und das sind die Arbeiten von Margaret Mead, die sind da wichtig, also die Arbeiten von Franz Boas – gerade diese Arbeiten haben den Funktionalismus in der Soziologie und der Ethnologie fruchtbar gemacht.

Da können Sie sehen, da ist die andere Wurzel des Funktionalismus in der modernen Betrachtung der Soziologie und der Ethnologie. Einmal ist es der hochrationale Gesellschaftstyp der Vereinigten Staaten und auf der anderen Seite ist es die vorzugsweise Beschäftigung der Soziologie und der Ethnologie vor allen Dingen mit primitiven Zuständen, die beide dem Gedanken des Funktionalismus Nahrung geben kann. Beide Situationen stellen gewissermaßen gute Resonanzböden für den Funktionsgedanken, für den Gedanken des Funktionalismus dar. Also, ein Mann wie Malinowski etwa, er kommt aus Österreich, aber hat doch seine ganze wissenschaftliche Entwicklung drüben durchgemacht, hat hier, genau wie auch die ebengenannte Schule Franz Boas', im wesentlichen also gewissermaßen dort besonders fruchtbare Arbeit leisten können mit diesem Begriff.

Nun würde man aber sagen, da ist das doch ganz anders gemeint und muß anders gemeint sein; das ist auch ganz richtig. Wenn ich einmal, sagen wir, einen primitiven Stamm untersuche, dann liegt es natürlich nahe, auch wenn ich seine Sprache einigermaßen gut verstehe, dann stehe ich ihm soweit gegenüber, bin ich von ihm so stark entfernt, daß ich zunächst einmal die Dinge, die ich überhaupt nicht verstehe, einfach aus methodisch-wissenschaftlichen Gründen einordne in ein gewisses hypothetisch angenommenes Ganzes. Ich muß also ein mir fremdes soziales Gebilde, zu dem ich menschlich unmittelbar gar keinen Zugang habe, weil tausend seltsame Sitten dabei in Erscheinung treten, das muß ich betrachten gewissermaßen wie einen Naturkörper. Da sehen Sie, dadurch ergibt sich der fruchtbare Ansatzpunkt, einmal zunächst ohne allzu weitgehende Interpretation das Ganze einmal zu beschreiben, das Verhalten der einzelnen Gemeinschaftsglieder in ihrem Verbande[5] unbeteiligt und ohne allzu weitgehende Interpretation zunächst einmal im Verband des Ganzen zu fixieren und vorzugehen wie ein Physiologe das gegenüber einem Organismus macht. Damit wird ein Funktionsgewebe allmählich durchsichtig gemacht.

Nun zeigt sich aber, daß die Selbstinterpretation der Leute, die ich da beobachte, das, was sie von ihrer Tätigkeit und von ihrem Verhalten denken und sagen, daß das natürlich in eine ganz andere Richtung weist. Die bezeichnen sich ja nicht als Träger von Funktionen, die wissen sich ja nicht als Träger von Funktionen, sondern

5 Im Typoskript »ohne« getilgt.

ihr Tun hat Bedeutung, sagen wir einmal: für die Fruchtbarkeit des Ackers oder für den reichen Fischfang, das alles wird wiederum nach einem ganz bestimmten, sagen wir einmal totemistischen System etwa, gedeutet. Also, da steh[en] sich die Selbstdeutung der Menschen und die von uns Wissenschaftlern an ihr Verhalten herangetragene Deutung vollkommen gegenüber.

Um Gesellschaft in jeder Form als ein Geflecht von Stellenwerten und Rollenfiguren in einem Gleichgewicht von Funktionen sehen zu können, ist also offenbar vorausgesetzt, daß die Deutung, die der einzelne Mensch oder der Verband seiner sozialen Existenz von sich aus gibt, nicht unbedingt maßgebend sein muß für das Verhalten, das er und der Verband zeigen. Das Verhalten läuft gewissermaßen in einer anderen Weise ab oder läuft so und so ab, unabhängig, was die Leute sich dabei denken. Wir könnten auch so sagen, offenbar ist die Deutung, die wir unserer sozialen Existenz geben, nämlich, daß wir Träger von Rollen, von Funktionen sind, angelegt auf eine merkwürdige Formalisierung, die zugleich einbegreift die Gesellschaftstypen anderer Prägung, primitiver Prägung, archaischer Prägung, theonomer Prägung, allerdings unter Verzicht auf deren eigene Interpretation, deren eigene Selbstauffassung und Selbstdeutung.

Unser rationales Selbstverständnis gewinnt nun, wie wir wissen, seine Formalisierbarkeit aus der Idee des Menschen, als eines Wesens, das auf eine soziale Rolle verwiesen, aber nicht durch eine bestimmte Rolle definiert ist. Unsere Auffassung ist also getragen von einer anthroponomen oder auch anthropomorphen Grundauffassung, daß alles, auch das Kolleg liegt dem zugrunde, daß wir eben Menschen sind. Das ist aber genau so eine Auffassung und Deutung, wie deren Auffassung, die Auffassung anderer, die vielleicht eine ganz andere Grundauffassung von sich haben. Nur, unsere Auffassung erlaubt, ihr Verhalten gleichsam mit einzubeziehen und sozusagen als eine Variable oder als eine Variante eines bestimmten grundmenschlichen Verhaltens darzustellen. Der Rollenspieler oder der Träger der sozialen Figur fällt also sicher nicht mit ihr zusammen in unserer Auffassung, kann jedoch für sich auch nicht völlig davon abgelöst gedacht werden, ohne seine Menschlichkeit zu verlieren in unserer Auffassung. Was Rolle grundsätzlich und jederzeit ihm gewährt, nämlich eine Privatexistenz zu haben und eine öffentliche Existenz, eine Intimsphäre und eine Außensphäre, hebt nicht nur nicht sein eigenes Selbst auf, sondern schafft es ihm geradezu. Nur an dem andern seiner selbst hat er sich selbst. Das ist unser Aspekt, und dieser Aspekt zeigt sich als der umfassendere gegenüber den Aspekten, die wir eben in der Begegnung mit anderen fremden Kulturen, archaischen Kulturen, naturvölkischen Kulturen, finden.

Das ist also die merkwürdige Schwierigkeit. Denn von unserm Aspekt aus können wir mit dem Rollenbegriff ohne weiteres operieren und können zugleich damit eine soziale Existenz, ein soziales Tun, ein soziales Verhalten begreiflich machen, das für sich selbst diesen Begriff ablehnen müßte. Es ist also eine ähnliche Schwierigkeit, wie wir es, sagen wir einmal, auch bei solchen Begriffen wie Klasse etwa finden. Der Klassenbegriff, der im Grunde genommen nur auf bestimmte soziale Schichtungen und Zustände einer bestimmten Zeit etwa paßt und der doch zugleich formal genug sein kann, formal genug ist, um auch Verhältnisse zu treffen und zu beschreiben und zu ordnen, die für sich selber eine solche begriffliche Bestimmung ablehnen.

Sie sehen also, hier kommt immer wieder der Gegensatz von Selbstauffassung und Fremdauffassung deutlich ins Spiel. An dieser Struktur nun von Doppelgängertum, in welchem Rollenträger und Rollenfigur verbunden sind, glauben wir eine Konstante zu erkennen, welche für jeden Typus menschlicher Vergesellschaftung offen ist, für jeden geeignet ist und einen ihrer wesentlichsten Voraussetzungen bildet. Der Doppelgänger hat immer die Möglichkeit, sich als solchen zu vergessen oder gar nicht erst seiner Duplizität gewahr zu werden und sich damit an seiner sozialen Rolle zu verlieren oder – wie es offenbar ein Vorrecht hoher Kulturen ist, die spezifische Berufsmoralen entwickelt haben – ein Gleichgewicht, einen Ausgleich herzustellen zwischen der privaten und der öffentlichen Hälfte seiner selbst. Aus diesem Grunde vermochte sich etwa aus lutherischer Frömmigkeit die Innerlichkeit zum Ort eigentlicher Menschlichkeit zu gestalten, im Pietismus dann besonders akzentuiert, und die äußere Rollenfigur von dieser Innerlichkeit abzusetzen. Darin ist aber nur eine Möglichkeit des Verhältnisses zwischen dem Einzelnen und seiner sozialen Existenz getroffen. Dem Doppelgängertum des Menschen als solchem als einer jedwede Selbstauffassung ermöglichende Struktur darf die eine Hälfte der anderen keineswegs in dem Sinne gegenübergestellt werden, als sei sie von Natur die bessere. Er, der Doppelgänger, hat nur die Möglichkeit, sie dazu zu machen. Sie sehen also, wenn man nun weiter [nach]geht diesem Gedanken des Doppelgängertums, dann sieht man auf der einen Seite die Weite, die anthropologische Weite, man begreift nun aber, daß mit Hilfe dieses sehr weitgefaßten anthropologischen Rollenbegriffs sich eine Fülle von Gesellschaften verstehen läßt, eben als Funktionssysteme, also Rollensysteme, und dann nur unter der Voraussetzung, daß man daraus keine falschen soziologischen Schlüsse zieht. Denn man kann nun nicht sagen, ja, das ist nur äußerlich gesehen, aber das Wahre und Eigentliche liegt verborgen, das gilt wiederum nur für uns, und zwar in einem ganz bestimmten historischen Aspekt unserer eigenen geistigen Entwicklung. Das gilt aber nicht ohne weiteres für ganz fremde Kulturen der Vorzeit oder der fremden Kulturen, mit denen wir heute in Kontakt kommen.

Meine Damen und Herren, das hat natürlich außerordentliche praktische und politische Konsequenzen. Ich möchte Sie nur auf eine hinweisen, an diesem Punkt hängt z. B. die Mission, die christliche Mission. Das ist ein ganz wesentlicher Angelpunkt für die Überzeugung, daß Menschen eines ganz anderen Typs von Selbstauffassung und sozialer Struktur zu dieser Auffassung bekehrt werden können, und zwar nicht nur unter Berufung jetzt auf das Machtwort Gottes gewissermaßen, sondern im Hinblick darauf, daß man unter diesem Machtwort zum Menschen werden kann in diesem ganz bestimmten Sinne. Im Sinne eines Doppelgängers seiner selbst, der die Möglichkeit hat, für sich zu sein und darin sein eigentliches innerstes Wesen zu finden. Wieweit dieser Versuch Erfolg hat, das ist eine ganz andere Frage. Aber das ist die Grundidee. Also diese anthropologische Auffassung des Menschen, diese Idee, daß der Mensch von sich als einem Menschen spricht, das ist etwas, was durchaus nicht [in] der Natur der Sache so ohne weiteres liegt. Das ist eine spezifische Grundannahme oder, wenn Sie wollen, eine Grundentdeckung, eine Grundselbstauffassung, die allerdings dann dem Menschen genau die Weite verbürgt, mit der er andere ihm fremde Typen von Menschlichkeit – anders können wir nicht reden – oder von gesellschaftlichen Zusammenhängen sowohl begreifen als beherrschen kann. Darum geht es, um diese innere Weite, die zugleich auch eine Formalisierungsmöglichkeit im theoretischen Sinne in sich befaßt.

Nun, meine Damen und Herren, seien Sie nicht verzweifelt, wenn Ihnen das heute etwas merkwürdig vorkam, dieser Ausflug in den funktionellen Rollenbegriff. Wir werden in der nächsten Stunde noch einmal den Ertrag dieser Stunde zusammenfassen, um uns dann einem anderen Kapitel zuzuwenden, was sich zunächst einmal gar nicht anzuschließen scheint, nämlich um einen ganz anderen Aspekt der Verkörperung. Nicht wahr, wir sind hier ausgegangen von dem Gedanken, menschliche Existenz ist eine sich inkorporierende. Das hängt ja damit zusammen, im fundamentalen Sinne, dann im repräsentativen und schließlich funktionellen. Wir werden dahin wieder zurückkommen müssen und einen ganz anderen Aspekt der Verkörperung kennenlernen, und Sie werden lachen: es ist der Aspekt von Lachen, Weinen und Lächeln, was zunächst einmal scheinbar gar nichts mit all diesen Dingen zu tun hat.

14. Stunde[,] Dienstag, 11. Juli 1961

[Rückblick auf den Rollenbegriff – Die Ausdrucksbewegungen des Menschen]

Meine Damen und Herren! Wie ich Ihnen versprochen habe, werde ich nochmal einige der in der letzten Stunde etwas gedrängt formulierten Gedanken hier noch in etwas lockerer Form rekapitulieren. Ich glaube, wir müssen noch einmal bei den drei Rollenbegriffen einsetzen. Dem anthropologischen, dem theatralischen und dem funktionellen Rollenbegriff. Alle drei passen auf die menschliche Situation des sich Verkörperns. Dabei fangen wir bei dem anthropologischen Rollenbegriff an, der ja doch, wie es der Name schon sagt, eine fundamentale Struktur bezeichnet, die die anderen trägt und begründet. Ich habe Ihnen das damals erläutert an dem Zwang des Menschen, sich einen Namen zu geben. Dieser Zwang ist doppelt begründet, nach zwei Seiten hin begründet, wollen wir sagen, expliziert sich nach zwei Seiten, einmal nach der Seite des Menschen selbst, des Individuums selbst, das eigentlich durch den Namen erst den Stempel seiner Individualität bekommt. Zugleich aber – korrelativ damit – wird er für die Gemeinschaft, für die Gruppe, in die er damit aufgenommen ist, ein Glied dieser Gruppe. Man kann nicht das eine vom andern trennen. Man kann auch so sagen: Der Name ermöglicht die Identifikation des Einzelnen mit sich und mit seiner Gruppe. Gerade am Namen kann man das sehr schön ablesen, denn der Name unterstellt ja das Individuum, wie auch immer, einem besonderen Zusammenhang. Der kann ausgesprochen einen reinen familiären Zusammenhang unterstreichen oder eben darüber hinaus einen noch umfassenderen Verwandtschafts- und Gruppenzusammenhang. Er kann weiterhin dadurch, daß er, sagen wir einmal, das betreffende Individuum unter den Schutz eines Gottes oder eines Helden, eines Vorfahren stellt, der den gleichen Namen hat, wie auch immer, wird er damit zugleich in andere Bezüge eingeordnet. Das ist also an diesem Beispiel deutlich gemacht, die anthropologische Rolle, die ein Mensch kraft dieser eigenartigen Grundsituation des Sich-verkörpern-Müssens mit sich und in einer Gruppe spielt.

Nun wäre es falsch, die anthropologische Rolle nur in dieser

Hinsicht zu sehen, in dieser Hinsicht, in der wir sie hier entfaltet haben. Denn natürlich sind diese Hinsichten besonders aufschlußreich, weil sie relevant sind für die Gliederung einer Gruppe, für die soziale Stellung des Individuums in seinem Verbande, in seinem natürlichen Verband wie in seinem nicht natürlichen Verband. Das läßt sich gar nicht trennen. Darauf habe ich Sie ja aufmerksam gemacht. Sie werden sich erinnern, daß der Begriff der natürlichen Verwandtschaft im Unterschied zu einer kulturellen Zugehörigkeit erst ein relativ später Unterschied ist, ein Unterschied, der voraussetzt, daß man Sinn bekommen hat für den Gegensatz für natürlich und künstlich, natürlich und kulturell, natürlich und sozial, natürlich und institutionell oder wie Sie immer diesen Gegensatz im einzelnen charakterisieren wollen. Nun steckt darin ja, wie wir es ausgedrückt haben, die fundamentale Doppelgängerexistenz des Menschen. Er ist mit sich, z. B. mit sich nicht einig, mit sich im Konflikt, sich gegenübergestellt aus irgendwelchen Motiven und Gründen, sozialer Art oder rein persönlicher Art. Und so leben wir ständig sozusagen mit uns in einem, ja, wie soll man sagen, mehr oder weniger harmonischen Verhältnis, disharmonisch dabei im überwiegenden Maße. Wir stellen an uns Anforderungen, weil man an uns Anforderungen stellt. Wir sind mit uns zufrieden, weil man mit uns zufrieden ist, oder wir sind mit uns unzufrieden, weil man mit uns zufrieden ist, das gibt es nämlich auch, nicht wahr, usw.

Diese Doppelgängerstruktur zeigt sich nun sehr schön an etwas, was wiederum ganz fundamental menschlich ist, an der Möglichkeit des Menschen, sich zu verstellen. Der Mensch ist ein Wesen, das in diesem Sinne lügen kann. Das Tier kann nicht lügen, das Tier kann sich nicht verstellen. Auf diesen Punkt habe ich gerade in diesem Zusammenhang noch nicht hingewiesen. Man sagt zwar: das Tier stellt sich tot, wenn es in Gefahr ist. Viele Tiere können das. Das ist kein Sich-tot-Stellen, wie man nachweisen kann, sondern eine in bestimmten instinktiven Grundmechanismen gleichsam ausgelöste unmittelbare quasi reflektorische Reaktion des Organismus. Da für die meisten Tiere die Bewegung, das bewegte Objekt, entscheidend ist, damit es im Wahrnehmungsfeld auftritt, und bei der merkwürdig instabilen Struktur des Wahrnehmungsfeldes für die meisten Tiere ist eben die Veränderung das Entscheidende, bedeutet also, sagen wir einmal, diese merkwürdige Starre, die in gewissen gefährlichen Situationen bei Tieren ausgelöst wird, eine Schutzmaßnahme. Und so sagt man, es stellt sich tot, es macht sich unsichtbar. Man könnte sagen, wenn man von einem Reflex einmal sprechen will oder von einem Instinkt, das soll uns hier nicht weiter bekümmern, das sind sicherlich ganz bestimmte auslösbare Mechanismen, dann kann man von einem Tarnkappenmechanismus hierbei sprechen.

Weiterhin kennen wir die biologisch bekannte Erscheinung der Mimikry, daß also sehr viele Tiere, Insekten, wie aber auch höhere Tiere, sich dem Milieu, dem Boden etwa oder der Rinde eines Baumes völlig anpassen und fast ununterscheidbar in der Zeichnung, die sie auf den Flügeln haben oder auf dem Fell, auf dem Grund, auf dem sie leben, verschwimmen. Auch da kann man nicht sagen, sie verstellen sich, sondern sie werden ja von vornherein so geboren, in ihrer ganzen äußeren Erscheinung sind sie ja bereits auf diese eigenartige Grundstruktur ihres Lebensraumes von vornherein sozusagen hin entworfen, sie haben es also nicht in der Gewalt, sich in dem Sinne zu verstellen.

Weder das eine noch das andere ist also ein Ausdruck von Verstellung, sondern Verstellen zeigt sich hier als etwas, was in diesem Sinne nur der Mensch kann. Er kann sich so benehmen, als ob. Er hat es in der Gewalt, sich nichts [an]merken zu lassen von seinem inneren Zustande. Er verdeckt sich also – dieses Verstellen muß man also ganz unmittelbar im wörtlichen Sinne nehmen. Darin liegt natürlich die Möglichkeit der Schauspielerei. Und von daher kriegen wir gleich die Brücke zum theatralischen Rollenbegriff, der sich natürlich nun im engsten Sinne des Wortes entfaltet in der eigentlichen Darstellung des Schauspielers, indem [Schauspieler] einen anderen Menschen verkörpern können. Auch davon haben wir bisher nur im Vorbeigehen gesprochen.

Und das ist ja eine merkwürdige und anthropologisch ungeheuer aufschlußreiche Möglichkeit, daß man eben, da man sich sowieso in seiner Existenz als Mensch immer verkörpern muß, man nun auch einen anderen als man selber verkörpern kann. Gewiß, dazu bedarf es bestimmter mimischer Begabung. Es besteht hierbei für jeden nicht die gleiche Möglichkeit. Aber man weiß, daß jeder in irgendeinem bescheidenen Umfang ja von dieser Möglichkeit immerfort Gebrauch macht. Wir passen uns in unserem Verhalten, in unserem Erscheinungsbild, das wir bieten, von vornherein ja sowieso etwa einer bestimmten Gesellschaft in unserem Benehmen an. Wir be-nehmen uns. Unser Verhalten ist also ein Sich-Benehmen. Und dieses Sich-Benehmen, d.h., sich in einen bestimmten Verhaltensentwurf gleichsam kleiden, das ist es, was nun in entfalteter Form und in angespannterer Form der Schauspieler macht, indem er eine bestimmte Figur kreiert und sich ihr nun sozusagen anpaßt. Daraus ergeben sich bekanntermaßen sehr merkwürdige Probleme, eben auch ästhetische und technische Probleme der Schauspielkunst.

Indem wir also nun eine Rolle verkörpern müssen, d.h. einen Menschen darstellen müssen, der wir nicht sind, muß man natürlich aus dieser Doppelexistenz nun gleichsam eine beständige durchgehaltene Form machen. Die Frage ist, wie kann man das? Ist man dabei echt oder unecht? Derjenige, der sich verstellt, ist zweifellos nicht echt in dem Sinne, als er eben etwas anderes gleichsam nach außen in Erscheinung treten läßt, als er innerlich meint oder als er innerlich ist, als er für sich ist. Aber der Schauspieler hat ja dabei die Aufgabe, das im echten Sinne zu leisten. Also diese gewissermaßen berufsmäßige Unechtheit von ihm aus gleichsam von sich abzulösen und objektiv so in den Griff zu bekommen, wie etwa ein Bildhauer, der eine Plastik in einem fremden Material entstehen läßt. Also, er macht sich gewissermaßen selbst zu einem Material bzw. er produziert gleichsam ein von ihm abgesetztes Material, indem er diese Figur entstehen läßt.

Da gibt es nun die großen Probleme, die ästhetischen und die technischen Probleme für den Schauspieler, wieweit er sich sozusagen selbst verlieren muß, um im wahrsten Sinne diese Figur lebensecht und überzeugend hinzustellen. Dabei ist das Interessante, und das sieht man ja oft bei Dilettanten, die sich nun völlig verlieren und sozusagen völlig darin aufgehen, unter Umständen sich in einer erstaunlichen Weise erstens persönlich verausgaben und andererseits nach außen hin überhaupt nicht echt wirken. Es ist die große Aufgabe meistens eben überhaupt in der Schauspielschule wie auch des Regisseurs zu sagen, also bitte, so geht es nicht, das ist eine falsche Art von Identifikation. Gerade das zeigt sehr deutlich, viel deutlicher als alle anderen Beispiele aus künstlerischer Gestaltung, aber man kann es auch in anderen Formen der künstlerischen Gestaltung genauso nachweisen, man kann es auch, sagen wir einmal, beim Redner genauso nachweisen, bei einem Plädoyer etwa, was ein Anwalt hält, man kann es genauso nachkontrollieren, daß hier eine ganz offenbare Kunst der richtigen Abspaltung von sich den eigentlichen Schlüssel gibt zu der überzeugenden Verkörperung einer Figur, die man selbst nicht ist.

Von hier aus haben wir die Brücke geschlagen zu dem theatralischen Rollenbegriff. Also zu der Rolle, die wir im theatralischen Sinne spielen. Und nun ist das Interessante, und ich habe das schon gesagt mit dem Plädoyer, nun ist es da auch überall, in allen sozialen Beziehungen des Menschen, wird von ihm gefordert, daß er sich in dieser Rollenebene bewegt. Auch da, wo wir nicht Schauspieler sind. Auch in den rein unmittelbaren Lebenszusammenhängen treten wir immer »als jemand« auf. Sie sehen, jetzt kommt hier dieses Wort »als« herein. Schon dadurch, daß ich einen Namen habe, bin ich jemand. Aber nun zeigt sich und kristallisiert sich in der entfalteten Gesellschaft für jedes Individuum vielmehr darum herum. Und das sind eben die besonderen Beziehungen, die ein jeder dadurch eingeht, daß er, sagen wir einmal, eine Stellung hat in seiner Familie, daß er eine Stellung hat und eine Position dadurch, daß er für einen bestimmten Beruf prädestiniert wird oder daß er weiterhin später diesen Beruf ausübt, als Arzt, als Anwalt, als Richter, als Kaufmann usw. usw. habe ich nun eine zunächst einmal ja doch repräsentative Existenz zu führen, die mag nicht repräsentativ sein im großen Sinne, also, wir würden sagen, im Sinne der großen Politik etwa oder repräsentativ sein, indem etwa Thomas Mann von sich sagen konnte, ich bin kein Märtyrer, sondern ich bin Repräsentant.[1] Also repräsentativ etwa für den deutschen Schriftsteller, für den deutschen Dichter, für die deutsche Literatur – das ist selbstverständlich eine repräsentative Höhe und Ausgesprochenheit, die immer nur Wenigen vorbehalten sein kann. Aber in gewissem Sinne finden wir wiederum überall die Möglichkeit des Repräsentierens und den Zwang zur Repräsentation bei jedem von uns innerhalb einer Gesellschaft vorgegeben. Und auch derjenige, der der Gesellschaft entflieht, auch derjenige repräsentiert ja damit etwas. Der Einsiedler ist eben Repräsentant dieser Figur gewissermaßen, wenn es das überhaupt noch gibt. Wenn Sie wollen, kann man das eine negative Repräsentation nennen, aber das wäre

1 Thomas Mann, »Brief an den Dekan der Philosophischen Fakultät der Universität Bonn, Neujahr 1937«, in: *Briefe 1937-1947*. Hg. von Erika Mann, Frankfurt/M. 1963, S. 10.

ja nur negativ in einem ganz bestimmten Sinne. Sie sehen also, von hier aus ergibt sich die weitere Auffassung des theatralischen Rollenbegriffs und gewissermaßen seine ungeheure Reichweite für das gesamte soziale Leben.

Damit sind wir schon an der Schwelle des dritten Rollenbegriffs, des funktionellen Rollenbegriffs. Und das ist vielleicht dasjenige, was Ihnen beim letzten Mal die größten Schwierigkeiten machen mußte, weil ja in dem funktionellen Rollenbegriff gewissermaßen das andere irgendwie noch drinsteckt. Wir haben schon davon gesprochen, daß man natürliche und künstliche Beziehungen nur von bestimmten kulturellen geschichtlichen Voraussetzungen trennen kann. Daß das nicht sozusagen »von Natur« selbstverständlich dem Menschen anklebt, daß man sagt, bis hierher reicht seine Natürlichkeit, und hier beginnt seine geistige, kulturelle, geschichtlich gewordene Sphäre, sondern alles ist sozusagen von vornherein mit einem Male [da].

Aber wir wissen, daß sich im Laufe [der Entwicklung], vor allem, wenn wir an unsere eigene geistige europäische Tradition denken, sich in einem relativ späten Stadium der Sinn entfaltete für den Gegensatz von natürlich und künstlich. Und so entfaltet sich in einem noch viel späteren Stadium auch der Sinn für das bloß Funktionelle. Das Bloß-Funktionelle der Rollenexistenz im Unterschied zu den nicht-funktionellen Seiten sozialen Rollenverhaltens. Sicherlich ist dieser funktionelle Rollenbegriff weitgehend formalisierter, und er entspricht ganz sicher einer weitgehend formalisierten Gesellschaft. Die Gesellschaft, die mehr oder weniger eben Rollenpläne entwirft unter dem Druck der Technik und Industrie, unter dem Druck der sich entfaltenden Verkehrswirtschaft und wiederum hierdurch geführt und gedrückt durch die sich entfaltenden Wissenschaften, die Naturwissenschaften ebensosehr wie die, sagen wir einmal, sich rationalisierende Rechtswissenschaft oder die sich weiter rationalisierenden Wirtschaften des Handels und der Wirtschaft. Ich sage: eine solche Gesellschaft, die sich in diesem Sinne selbst durchrationalisiert, faßt sich auch als ein Funktionssystem weitgehend formalen Charakters auf.

Auch da möchte ich Ihnen noch das eine oder andere Beispiel geben. Das war das letzte Mal auch nur im Vorbeigehen gesagt. Nehmen Sie mal eine ausgesprochen ständisch strukturierte Gesellschaft, wie wir sie, sagen wir einmal, im 17. Jahrhundert, also noch vor den großen bürgerlichen Revolutionen, der englischen und dann später Ende des 18. Jahrhunderts der französischen Revolution haben. Also die ungebrochen ständische Gesellschaft, soweit es das auch immerhin einmal in Europa gegeben hat. Idealtypisch ist natürlich die Sache nie ganz sauber gewesen, aber es gab doch ein ideales Modell von dieser Gesellschaft, das in der Tat befolgt wurde. Nun, in einer solchen Gesellschaft gibt es keine Funktionäre. In einer solchen Gesellschaft gibt es Ämter und Dienste, Dienste, die einem bestimmten Stande zustehen, indem [man] hineingeboren wird und aus dem man nicht ohne weiteres herauskommt, herausfallen darf und will. In einer Welt, die ein standesgemäßes Leben und eine standesgemäße Lebenshaltung für die verschiedensten Schichten kennt – ich spreche hier von »Stand« in einem weiteren Sinne –, ist es ganz klar, daß man sich nicht so weit von sich und den anderen abstrahiert, abstrahieren kann, da es ja gar keine gemeinsame überkuppelnde Sphäre gibt, in der man sich sozusagen soweit abstrahiert von sich, daß man dem Funktionsgedanken einen wirklich blutvollen Inhalt geben könnte. Man hat ein Amt, man hat in dem Amte Aufgaben zu erfüllen, man hat bestimmte Grenzen zu respektieren, man hat Dienste, sei es am Hofe, sei es auf dem Acker oder wo immer zu erfüllen. Auf diesen Diensten und Ämtern liegt sozusagen in einer solchen ständischen Ordnung eine mehr oder weniger göttliche Sanktion. Das ist immer so gewesen, das hat so zu bleiben, das ist die soziale Weltordnung, die kann man nicht ändern und will es auch gar nicht. Man empfindet wohl Not und Druck und Spannung, man würde wahrscheinlich lieber in einem anderen Stande vielleicht sein, man würde vielleicht lieber der Welt Valet sagen und ins Kloster gehen, man würde vielleicht auch die eine oder andere Verbesserung sich wünschen, aber man würde doch und könnte in einem solchen Gefüge niemals auf den Gedanken kommen, daß das Berufe sind, die man ausfüllt, vor allem Berufe, mit der eigenartigen Eigenschaft, daß man sagt, na ja, hätte ich mal lieber einen anderen Beruf gewählt und wäre … ich könnte vielleicht noch das und das machen und einen anderen Beruf und vielleicht in einen anderen Stand hinüberwechseln.

Sie sehen, erst indem das möglich wird, und das wird im Laufe des 18. Jahrhunderts allmählich durch die Lockerung der ständischen Ordnung möglich, in dem Maße, als die göttliche Sanktion auf der gesamten Ordnung einer Gesellschaft sich lockert, indem allmählich der rationale Gedanke durchdringt, daß ja letzten Endes andere Gesichtspunkte hierbei maßgebend sein müssen: die Gleichheit aller Menschen, die Gleichberechtigung für Berufswahl nach persönlicher Eignung und weiterhin dann das, was man sagt, die allmähliche Durchdemokratisierung und Durchrationalisierung, erst indem das allmählich lebendig wird, kann der Gedanke der Funktion, daß man eine Funktion in der Gesellschaft, jeder in der Gesellschaft nur eine Funktion ausfüllt, die Gesellschaft also ein Funktionssystem ist, an Evidenz gewinnen.

Und damit sind wir bei dem funktionellen Rollenbegriff. Und nun habe ich Ihnen gesagt, und das ist die Schwierigkeit, mit der wir uns in den letzten zehn Minuten des letzten Kollegs beschäftigt haben, nun ist das Fatale, wenn Sie wollen, aber auch das wissenschaftlich Erfreuliche, daß man mit dem Funktionsgedanken und mit dem Funktionsbegriff zugleich – jetzt geben Sie acht – den sozialen Zusammenhalt jeder Gemeinschaft, jeder Gesellschaft, jeder wie auch immer befestigten Gruppierung durchleuchten kann. Ja, woran liegt das? Der moderne Funktionsbegriff ist also ein die Rollenexistenz des Menschen weitgehend auf ihre formalen Züge hin gleichsam wie in einem Röntgenbild durchleuchtender Begriff. Das ist eine Art von Röntgenstrahl. Und damit sehe ich nun, ja überall sind Knochen, hinter jeder konkreten leibhaft umkleideten blutvollen wie auch immer gearteten Gesellschaft sehe ich sozusagen das Gerüst. Das Gerüst, das ist da, und nun kann ich – man darf jetzt mit den Bildern nicht zu weit gehen –, aber man könnte sagen, auf diese Weise haben Sie die Möglichkeit, die Stabilitätsgesetze, die Bewegungsmöglichkeit jedes sozialen Organismus gleichsam damit zu durchleuchten.

Und nun ist ja das Paradoxe, daß man mit diesem Funktionsbegriff, das habe ich Ihnen auch schon gesagt, in der amerikanischen Ethnologie vor allen Dingen, große Erfolge erzielt hat. In einer Art also von vergleichender Gesellschaftsanatomie und vergleichender Gesellschaftsphysiologie, wenn ich mich so ausdrücken darf, ein Ausdruck, den ich hier aber nur metaphorisch gebrauche, an einer Fülle von vor allem primitiven Gesellschaftsformen, die ja leicht übersichtlich sind, sie leben in relativer Isolierung, sie sind relativ kleine Gruppen, übersichtlich, sie sind historisch in weniger aufgeregtem Milieu, es bleibt alles aus Urzeiten *relativ* stabil, also wenig Veränderung, hat man gesagt, hier kann man die jeweiligen Funktionssysteme wunderbar schildern. Und die Cultural Anthropology, also eigentlich, wir würden sagen, Ethnologie, versucht nun solche Strukturen, solche Funktionsstrukturen jeweils im ganzen heraus zu präparieren, d. h., die *patterns*, die *cultural patterns*, die eigenartigen Grundnormen einer Kultur, einer kleinen oder größeren primitiveren oder differenzierteren gesellschaftlichen Kultur sozusagen von der Wirtschaft, von den Heiratssitten bis hin zu den religiösen Sitten, bis zur Ernährungsweise, bis zu der Kleidung, bis zu den Handelsgewohnheiten usw. hin zu durchleuchten. Das geht, das können Sie machen.

Wenn Sie die Leute aber fragen, wie sie dazu kommen, ja, dann haben die eine ganz andere Auffassung von sich, die wird davon gar nicht berührt, oder besser gesagt so: Die Auffassung von sich ist ja sozusagen nur ein Symptom für diese funktionelle analytische Betrachtung, die ist sehr wichtig. Sie müssen die Sprache der Leute kennen, Sie können nicht nur ihr äußeres Verhalten beschreiben, selbstverständlich. Sie müssen sich mit ihnen unterhalten können. Sie müssen wissen, was der Betreffende meint und von sich und den anderen denkt, wenn er das und das tut. Das ist klar. Aber dann wird das Ganze sozusagen in die Funktionalsprache übersetzt und in diese *pattern*-Struktur eingetragen, und daraus ergibt sich erst die Möglichkeit, sozusagen ein bestimmtes Verhalten richtig nach seinem funktionalen Wert zu platzieren. Und das ist, wenn man will, das Merkwürdige und Aufregende daran, daß unser Verhalten mit unserer Selbstdeutung einerseits vollkommen zusammenstimmt und andererseits davon unabhängig ist. Denn die Betreffenden sehen sich ja nicht als Funktionselemente im Ganzen an. Die haben nur das Gefühl oder das Bewußtsein, das Ganze ist in Ordnung oder muß so und so in Ordnung sein, nur wenn es so und so zugeht, ist die Sache in Ordnung, gehört sich so. Das können Sie von einem Primitiven genauso wie von einem Hochkultivierten hören. Aber der gemeinsame Grundnenner, auf den Sie nun diese ganzen vergleichenden Betrachtungen beziehen, ist eben, wie gesagt, mit Hilfe der Funktionsanalyse durchführbar. Und nur die hochrationalisierten und hochindustrialisierten Gesellschaften erkennen sich sozusagen in ihrem Funktionscharakter selbst und leben danach. Aus dem Beruf wird mehr und mehr der Job. D. h., etwas, was man, selbstverständlich gut und adäquat, effektiv so oder so erfüllt. Wobei man sich sagt, na, vielleicht kann ich in einem anderen Job mehr verdienen oder er paßt besser zu mir, er paßt mehr zu meinen Neigungen, auch zu meinen Begabungen, er läßt sich unter Umständen auch (und das sehen wir ja sehr deutlich, daß die ganze Erziehung dahin geht) in den totalitären Gesellschaften entsprechend manipulieren und einsetzen. Er lebt von vornherein in der Erwartung, daß er an einem bestimmten Orte nach der Weisheit des Planbüros und der entsprechenden Kommissionen wohl doch am besten an der Stelle, so unangenehm es für ihn vielleicht auch ist, verwertet werden kann und Nützliches leistet. Nützliches natürlich nun in irgendeinem Sinne für das Ganze, die großen Ideale, die selbstverständlich in Funktion sein müssen, die selbstverständlich für die Leute eine Evidenz haben müssen, sonst tun sie's nämlich nicht. Und das ist das Merkwürdige, die Manipulierung auch der Überzeugung gehört mit in diesen ganzen Horizont des Funktionssystems mit hinein. Einschließlich der Gehirnwäsche u. ä. Manipulierungsmethoden, deren Perfektion noch lange nicht erreicht ist, und wie man bei Orwell und ähnlichen Utopisten, kritischen, ironischen Utopisten nachlesen kann, eigentlich erst im Anfang der Entwicklung sich befindet.

So, meine Damen und Herren, das wäre im großen und ganzen noch einmal ein Überblick über den Rollenbegriff in seinen drei Aspekten, und Sie sehen nun hier, daß wir das zurückführen auf die merkwürdige Existenzsituation des Menschen, sich verkörpern zu müssen. Also nicht einfach zu sein ein Konglomerat oder ein Konnubium zwischen einem Körper und einer Seele, so nach dem alten Cartesischen Schema, sondern eine ursprüngliche mit ihrem Leibe eingeschmolzene Existenz, die sich aber in dieser Situation erst – ja, was heißt hier: erst – bis zu ihrem Tode zurechtzufinden hat. Damit beschließen wir diese Betrachtung und gehen zu einem neuen Kapitel über, das wiederum einen neuen Aspekt der Verkörperungsexistenz zeigen soll.

Nachdem wir bis zuletzt hier eigentlich sehr stark in soziologische Verhältnisse hineingeblickt haben, gehen wir nun wieder aus diesem Betrachtungshorizont heraus und setzen nun an einem etwas ganz anderem ein, nämlich an dem Bereich der Ausdrucksbewegung des Menschen. Verkörperung ist dabei der Leitgedanke und verkörpern, das tun wir in jeder Ausdrucksbewegung. Aber wie ich Ihnen wohl schon am Anfang gesagt habe, ist ein weiter Bereich unserer Ausdrucksbewegungen von vornherein mit den Ausdrucksbewegungen der uns vor allen Dingen körperlich biologisch nächst verwandten Tiere gemeinsam. Unsere Affekte spiegeln sich in bestimmten körperlichen Symptomen und Bewegungen. Die Freude, die Trauer, der Zorn, die Wut, die Angst, das Grauen, das alles können Sie weitgehend beim Menschen ebenso wie bei Anthropoiden und auch bei einer Fülle von Säugetieren, Wirbeltieren usw. finden. Was wir nicht finden dagegen sind die merkwürdigen Ausdrucksweisen des Lachens, des Weinens und des Lächelns. Nun [ist] das, um es gleich von vornherein zu sagen, diese Behauptung immer auf Widerstand gestoßen. Vor allen Dingen, wer einen Hund hat, der sagt, nein, der Hund, der lacht. Das ist also die bekannte Geschichte, da der Hund seine Mundspalte in bestimmten Situationen verbreitern kann und seine Zähne entblößt, sagt man sich, na siehste, er lacht. Das Weinen wird an dem Tränenfluß kontrolliert, und man sagt ja, berühmt sind ja die Krokodilstränen, und dann gibt es auch wahrscheinlich sonst noch bei vielen Tieren einen solchen Tränenfluß, also er weint. Und vom Lächeln schon gar nicht zu reden, das Lächeln findet man bei sehr vielen Tieren; das Schimpansenbaby, was man so ein wenig freundlich unter dem Kinn kitzelt, nicht wahr, lächelt, ganz zweifellos. Ein behagliches Entspanntsein zeigt sich auf dem Gesicht. Infolgedessen sagt man, Weinen und Lächeln, gar kein Grund: das sind gar keine menschlichen Monopole. Nun, meine Damen und Herren, inwieweit sie das sind, doch sind, das werden wir dann erst in der nächsten Stunde hören.

15. Stunde[,] Donnerstag, 13. Juli 1961

[Lachen, Weinen, Lächeln]

…[1] dann abbrechen und zu etwas vollkommen anderem übergehen, was jedoch traditionellerweise unter dem Gesichtspunkte der Ausdrucksbewegungen abgehandelt zu werden pflegt bzw. meistens nur sehr flüchtig behandelt wird. Mir kommt es ja hier in einem anthropologischen Kolleg eben auf die Frage an, was bedeuten die seltsamen Ausdrucksweisen, die wir eben bei den Tieren nicht finden. Ich hatte schon das letzte Mal gesagt, daß man sich nach gewissen äußerlichen Erscheinungsbildern, die wir bei höheren Tieren finden, deren Morphologie einigermaßen mit der des Menschen vergleichbar erscheint, daß wir da gewisse mimische Bewegungen finden, die man wohl als Lachen oder auch als Lächeln gedeutet hat, und noch schwieriger ist es oder eigentlich ganz unbekannt, daß ähnliche Ausdrucksbewegungen zu finden sind, die dem Weinen ähnlich sind.

Nun, immerhin, so kann man überhaupt nicht vorgehen, man muß sich die Frage stellen zunächst einmal vom Menschen her, was bedeutet das? Knut Hamsun hat einmal an einer Stelle gesagt, das Lachen ist ein Rudiment aus der Affenzeit, ein widerlicher und schamloser Ton aus der falschen Kehle.[2] Wenn man mich unter dem Kinn kitzelt, wird es irgendwo aus meinem Körper herausgetrieben. Stimmt das? Also ein Rudiment aus der Affenzeit, wie gesagt, scheint es ja nicht zu sein, denn wenn wir uns das einmal wirklich ansehen, bei den Anthropoiden, wie das wirklich zugeht, dann wird man gerade bei diesen eine solche Ausdrucksbewegung kaum finden.

Die Frage, die wir uns nun hierbei stellen, ist die: Warum kommt der Mensch zu diesen merkwürdigen Ausdrucksbewegungen? Sie sehen also, hier wird von vornherein mit im Blick gehalten, daß es offensichtlich nicht unwichtig ist, daß wir gegenüber bestimmten Anlässen und in gewissen Situationen diese Ausdrucksreaktion zeigen, die wir eben bei Tieren nicht finden. Die eigenartige Ver-

1 Der Anfang der Kollegstunde ist nicht überliefert.

2 Knut Hamsun, *Mysterien.* Roman (1892), dt. Übersetzung, Leipzig 1894.

bindung, die der Mensch mit seinem Körper hat, mußte uns einen Weg zur Erklärung dieser Phänomene geben. Und da wir ja nun von Verkörperung sprechen, bleibt also diese Themenstellung, die Problemstellung in der Linie.

Fangen wir beim Lachen an. Wann lachen wir? Es gibt ein kleines Buch von Bergson, *Le rire*, weltberühmt geworden, in dem Sie diese Frage im wesentlichen beantwortet sehen, in Richtung auf das Komische.[3] Und Bergson zeigt als Kern des komischen Phänomens, da befindet er sich in einer großen literarischen Tradition, [daß es] überall da auftreten [wird] wo der Mensch als Mechanismus erscheint. Also sagen wir einmal, wenn man stolpert, dann hat das, sehr oft jedenfalls, einen komischen Effekt. Oder das Phänomen des Clowns. Der Clown, wie auch immer im einzelnen die künstlerischen Leistungen aussehen mögen, hat als Figur das Gemeinsame, daß er nicht einfach ein entstellter Mensch ist, sondern daß er in irgendeinem Sinne das Apparathafte, das Mechanische, das in einem bestimmten Sinne Fixierte zum Ausdruck bringt. Tölpelhaftigkeit, Unbeholfenheit, Eigensinnigkeit, Stereotypien, wie auch immer. Das clownhafte Gesicht, die Festgelegtheit durch irgendeine Maske, die doch wiederum nicht so entstellend sein darf, daß sie Grauen erregt, sondern gewissermaßen zugleich die Maskenhaftigkeit in einer Art von nicht drohender, nicht unmittelbar abstoßender Weise zum Ausdruck bringt, das sind bekannte Kunstmittel der Clownerie. Stereotypien, Sie wissen alle, wie leicht man in der Schule, wenn man die stereotypen Bewegungen eines Lehrers heraus hat, wenn man seine stereotypen Redewendungen, seine typischen Bewegungen sozusagen heraus hat, wie leicht man dann ins Lachen kommt. Man findet ihn dann komisch.

Einen Menschen finden wir überhaupt immer in dem Maße komisch, in dem wir an ihm unbewältigte Mechanismen entdecken. Gegen die er sich nicht wehrt, weil sie ihm unbewußt sind, und die nun wiederum natürlich nicht den Charakter haben dürfen, daß sie auf ein Leiden hinweisen. Das gibt es auch, und im Allgemeinen wird sich, sagen wir einmal, eine Klasse von Tertianern, ich weiß nicht wie man das heute ausdrückt, das ist dann die 15. Klasse oder so, na, die Zahl gebe ich Ihnen zur Korrektur, daß Tertianer z. B. sich auch daran nicht stoßen würden, aber vielleicht doch ge-

3 Henri Bergson, *Le rire. Essai sur la signification du comique*, Paris 1900.

hemmt würden, wenn sie wüßten, daß irgendeine Stereotypie ihres Lehrers auf einem Leiden beruht oder auf einer Kriegsverletzung oder wie immer, Hirnschädigung oder was auch sein mag. Aber immerhin als solche, als reines Phänomen wird sie zunächst einmal lächerlich. Und das ist der Ansatzpunkt für Bergson. Er gibt eine ganze Reihe von reizenden Beispielen in der kleinen Schrift, die ich Ihnen sehr ans Herz lege, auch für diejenigen, die das Philosophicum verabscheuen, sie sollten sich an dieser Stelle nicht daran stoßen, daß [man] Bergson zu den Philosophen rechnet[,] und den Mut aufbringen, auch diese Schrift von etwa höchstens 60-80 Seiten in einer Ferienruhe zu lesen. Auch zur Beruhigung, die Schrift ist auch ins Deutsche übersetzt.[4]

Ja, was ist das? Bei Bergson ist im Grunde genommen diese ganze Schrift über das Lachen nichts anderes als ein Essay über das Komische. Und nun, um gleich weiterzugehen, was ist der Kern seiner Deutung? Man lacht, und das ist nun sehr französisch gesehen, man lacht gewissermaßen, indem man etwas, was aus dem Rahmen fällt, bestraft. Es ist hier, dieses sehr typische französische Sozialbewußtsein trägt seine Theorie, alles, was aus dem Rahmen des Lebendigen fällt, das bestraft sozusagen der Mensch, indem er lacht, also Lachen ist Auslachen. Man wehrt es ab, man macht es im wahrsten Sinne ridikül und schaltet es aus sozusagen, eliminiert es als ein nicht zur eigentlichen menschlichen lebendigen Gesellschaft gehöriges Element, man schaltet es aus, man eliminiert es, man scheidet es aus.

Das ist eine sehr einseitige, aber eine sehr überzeugende Theorie des Lachens über das Komische. Nun mag vielleicht das komische Phänomen hier sehr eng gesehen sein, das soll uns mal an dieser Stelle nicht weiter bekümmern, aber ich gehe weiter und komme zum Phänomen des Witzes. Nicht wahr, der Witz hat ja zunächst mit dem Komischen nichts zu tun. Man sagt zwar sehr oft, wenn man einen Witz gehört hat, ach, das ist ja sehr komisch, aber das ist, wie wir ohne weiteres fühlen werden, ja doch zweierlei. Ein guter Witz hat etwas ganz anderes, trifft etwas ganz anderes, als sagen wir einmal eine Situation als komisches Ereignis. Der Witz ist Wort-gebunden, er ist also – hängt offenbar mit der Begrifflichkeit zusammen. Und die Begrifflichkeitssphäre ist ja eine ganz andere

4 Henri Bergson, *Das Lachen*. Ins Deutsche übertragen von Julius Frankenberger und Walter Fränzel, Jena 1914.

Sphäre zunächst einmal als die Sphäre des Komischen. Komisch können alle möglichen *événements* sein, eine komische Figur, ein komisches Benehmen, eine komische Konstellation. Der Witz dagegen hat etwas zu tun mit der inneren Logik einer Behauptung, wobei es zur Pointe des Witzes gehört, daß irgendwie ein Doppelsinn im Spiele ist. Wortwitze haben das in einem sehr flachen Sinne. Aber die Satzstrukturen, die einen Doppelsinn durchschimmern lassen, gewinnen, würden wir sagen, in dem Maße an Tiefe und Witzigkeit, in dem die äußere Doppelsinnigkeit zurücktritt.

Nun ist die Analyse des Witzes ein sehr kompliziertes und von vielen Autoren immer wieder bemühtes Thema. Auch das wollen wir hier nicht weiter verfolgen, das gehörte in eine Theorie entweder der Ästhetik hinein, da wird es dann meistens auch abgehandelt, oder aber auch, was man viel zu wenig versucht, in eine Theorie der Logik. Denn gerade die sehr merkwürdigen Strukturen, die man am Witz entdeckt, also an der Art und Weise, wie eine Pointe gebracht wird, gerade die zeigen und lehren uns sehr viel über die normale Rationalität, die normalen rationalen Strukturen, wie sie in der Logik ja doch behandelt werden.

Bleiben wir zunächst einmal bei diesen beiden Phänomenen des Komischen und des Witzigen und versuchen wir nun jetzt das Gemeinsame daran einigermaßen in den Blick zu bekommen, wenn wir die gemeinsame Reaktion, nämlich des Lachens darüber, verstehen wollen. Ich schalte dabei aus das Lachen als ein Ausdruck der Freude. Das ist nämlich etwas ganz anderes, das wird meistens durcheinander gebracht. Es gibt einen Ausdruck der gesteigerten Freude, aber der hat nichts zu tun mit dem echten Lachen, das wir ja als einen Zwang erleben. Das Merkwürdige ist ja gerade, wenn Sie einen guten Witz hören, daß Sie ja richtig geschüttelt werden – vorausgesetzt, Sie haben den Witz verstanden. Man wird dann geschüttelt. Genauso, wie man über eine bestimmte Komik davon gepackt werden kann. Dieses Gepacktwerden, dieses Geschütteltwerden bis zur Atemnot unter Umständen ist ja etwas ganz anderes als der Ausbruch des Jubels, der Freude in einer solchen freudigen Situation, wenn man irgendeine Nachricht bekommt, und unter Umständen wirkt ja dann auch eine solche freudige Nachricht ganz anders, nämlich, sie kann ja unter Umständen auch Weinen hervorrufen. Viel eher sogar als in irgendeinem Sinn ein echtes Lachen. Man lacht also ganz offensichtlich dann, wenn das Sinngefüge, das normale Sinngefüge unserer Umwelt, und dazu gehört natürlich auch die rationale Interpretation mit Hilfe von Worten, Begriffen, Sätzen und Urteilen, gleichsam durchbrochen wird. Aber die Durchbrechung muß so sein, daß eine Art Wettstreit entsteht, und das sehen Sie ja deutlich, wenn wir noch einmal zurücksehen auf das Phänomen des Komischen. Komisch ist eine Erscheinung eben immer nur dann, soweit sie dieses Wettstreitphänomen – jetzt will ich also noch einmal die Interpretation von Bergson heranziehen – zwischen Lebendigkeit und Stereotypie [oder] Mechanismus zeigt. In dem Momente, wo die Wettstreithaftigkeit wegfällt, wenn Sie also z. B. wissen, ja das ist ein Hirngeschädigter[,] oder Sie merken, der Mann kann nicht anders aus irgendeinem Grunde, dann erlischt das Wettstreitphänomen, d. h. Sie verstehen nunmehr die Stereotypie seines Sich-Bewegens, seines Sprechens, und Sie trennen das eine vom anderen. Das Wettstreitphänomen hört als solches auf, Sie sehen jetzt wohl noch den Menschen, meinetwegen er hinkt oder er stolpert oder er lispelt, er hat irgendwelche fixierten Redensarten, jetzt auf einmal spaltet sich das Phänomen, und damit hört der komische Effekt auf. Der komische Effekt ist nur solange da, als ein eigenartiger Wettstreit gewissermaßen lebendig in der Anschauung erscheinungshaft bleibt. Und Ähnliches gilt für den Witz. Der Witz ist nur soweit echter Witz, als ein Sinnzusammenhang erhalten und zugleich gestört bleibt, in sich also ein Wettstreitphänomen vorliegt.

Ich weiß, der Ausdruck »Wettstreit«, über den kann man hier noch sehr verschiedener Meinung sein, aber zunächst einmal glaube ich, wird es Ihnen einen Zugang zu dieser Witzstruktur eröffnen. Dabei gibt es also, wie gesagt, ganz flache Beispiele dafür, Wortwitze, Umdrehungen usw., über die man dann einfach äußerlich, flach, man könnte beinahe sagen, sehr oft reine Wortkomik, die gibt es natürlich auch, die ist von der eigentlichen Witzigkeit völlig unterschieden. Eine Wortkomik, sagen wir mal, was wir ja alle kennen und lieben, daß man bestimmte Worte einfach umdreht und umkehrt. Das kann sich bis zu einer Zwangshaftigkeit entwickeln, nicht wahr, und das ist natürlich reine Komik, das hat mit Witz noch nichts zu tun. Daran kann sich natürlich ein echter Witz anschließen. Nun, die echte Witzigkeit, ich will Ihnen mal ein Beispiel geben, wo dieses Wettstreitphänomen sehr wenig zum Ausdruck kommt. Also, da ist ja das Flache daran. Die eigentlich wirklich guten Witze finden Sie nur bei den jüdischen Witzen. Die jüdischen Witze, die ja fast immer einen metaphysischen Charakter haben, und die eigentlich nicht so sehr von der soziologischen Seite als von der theologischen Seite her begriffen werden müssen. Ich sage das gerade, weil der eine oder der andere die Sammlung von Frau Landmann in die Hand bekommen hat, über den jüdischen Witz,[5] und das finden Sie dann auch sehr vielschichtig, solche verschiedenen Zonen gleichsam durchlaufen. Aber ich möchte Ihnen jetzt einmal einen ganz kurzen Witz erzählen, der weniger flach ist, und wo also die Wettstreithaftigkeit nicht so leicht zum Ausdruck kommt. Also: Der Rabbi in einer weißrussischen Gemeinde kommt zum Schneider und bestellt sich eine Hose. Nach einer Woche fragt er beim Schneider an, wie es mit der Hose bestellt ist; die Hose ist noch nicht fertig. Nach einer zweiten Woche kommt er wieder, ungeduldig, ebenfalls vergeblich. Schließlich erst nach der dritten Woche kommt der Schneider und liefert bei dem Rabbi die Hose ab. Darauf sagt der Rabbi zum Schneider: Der liebe Gott hat sechs Tage gebraucht, um die Welt zu schaffen, und Du brauchst zu einer Hose drei Wochen. Darauf sagt der Schneider zu dem Rabbi: Ja, Rabbi, aber sehen Sie sich die Welt an und sehen Sie sich die Hose an!

Ja, nicht wahr, wenn man nun mal versucht, das zu analysieren, dann sehen Sie, da sind zwei unvergleichbare und doch vergleichbare Größen in eine unmittelbare Beziehung gebracht. Das ganze Problem der Theodizee ist hier kurz angerührt, die Welt, ja, wie soll man sagen, soll man [sie] mit Leibniz als die beste aller möglichen [bezeichnen], wobei man sich ja überlegen kann, was hier möglich heißt, wenn es Leibniz so gemeint hätte, wäre das ja zugleich ein sehr guter Witz gewesen, denn dann könnte man sagen, die *beste* aller möglichen Welten, die beste aller *möglichen* Welten. Dann hätten Sie ja schon die Brücke zu dem Schneider geschlagen. Sie sehen also, es steckt sozusagen ein tiefer Aspekt in der Sache, der nun von uns nicht rational direkt, aber gleichsam intuitiv erfaßt wird. Und es ist eine alte Theorie des Witzes gerade, daß man sagt, das Entscheidende ist, daß man ihn nicht erklären kann. Man muß hierbei die merkwürdige Disparatheit und Konformität von zwei

5 Salcia Landmann, *Der jüdische Witz. Soziologie und Sammlung*. Geleitwort von Carlo Schmid, Olten 1960.

Sinnstrukturen unmittelbar erfassen oder man hat eben leider keinen Humor, und man kapiert es eben nicht. Und wenn es einem dann hinterher dann erklärt wird, dann wissen Sie ja alle, wie das ist, dann tritt das Phänomen des Lachens nicht eigentlich ein, oder in den allerseltensten Fällen. Nur dann tritt es nämlich ein, wenn sich der ursprünglich intuitive Wettstreit zwischen Sinnstrukturen wiederherstellt. Wenn er nicht durch die Erklärungen zerstört wird. Meistens wird er aber durch die Erklärungen zerstört.

Nun, meine Damen und Herren, das ist also zunächst einmal gleichsam ein Versuch, um Sie jetzt an das Problem heranzubringen. Warum reagieren wir denn auf diese Weise so zwanghaft? Warum quittieren wir nicht, was doch sehr begreiflich wäre, dieses Phänomen des Komischen und das Phänomen des Witzigen sozusagen: ja, wir nehmen es zur Kenntnis, warum nehmen wir es nicht nur zur Kenntnis, sondern werden wir unter Umständen geschüttelt? Was ist da der tiefere Anlaß? Das muß uns doch in einer Tiefe unserer Existenz – und das Wort jetzt ganz nüchtern genommen, nämlich in unserer leibhaften, in unserem körperhaften Dasein als Menschen – so treffen, daß wir geradezu in eine gefährliche und unter Umständen für unseren normalen physiologischen Haushalt des Atmens usw. gefährlichen Zustand versetzt werden.

Nun gut, ich gebe zu, da gibt es sehr viele Differenzen unter den Menschen, aber im allgemeinen ist es doch so, ich meine, der eine lacht über sehr flache Dinge und der andere lacht enorm über sehr tiefe Dinge. Es gibt natürlich auch die Menschen – ich weiß nicht, ob sie zu beneiden oder zu bemitleiden sind –, die sowieso nicht so leicht lachen oder auch überhaupt nicht im tieferen Sinne zum Lachen fähig sind, das mag alles sein, aber als solches ist es doch ein höchst erstaunliches Phänomen. Ich sage das hier bei der Gelegenheit nur wieder, es ist sehr merkwürdig und zeigt die ungeheure Festgefrorenheit eigentlich auch im Wissenschaftlichen, wie man eine ungeheure Literatur hat über den Witz und eine ungeheure Literatur hat über das Komische, im wesentlichen übrigens eine Literatur seit dem 18. Jahrhundert, und zwar dann eine große internationale Literatur, die im Grunde genommen diese Seite des Phänomens eigentlich überhaupt nicht beachtet. Und doch ist das nach meiner Überzeugung etwas erstaunlich Wichtiges. Denn sehen Sie mal, wenn man mir jetzt sagt, von physiologischer Seite aus, ach wissen Sie, das wird jetzt so gehen, da werden bestimmte Zentren im Gehirn getroffen, nicht?, und dann leitet sich diese Erregung offensichtlich auf das Zwerchfellzentrum über und dadurch entstehen diese eigenartig konvulsivischen Reaktionen, nicht wahr, einer gestörten Atmung. Da werde ich sagen, das ist vollkommen richtig, das stimmt. Die physiologische Analyse des Lachens, die übrigens sehr schwierig ist und noch immer in Anfängen steht, ja, wie soll man das nämlich machen, das ist sehr schwer – ein Zwangslachen, das Sie hervorrufen können, evtl. auch ein bestimmtes Zwangslachen, das bei bestimmten Gehirnerkrankungen auftritt (z. B. bei der Bulbärparalyse), ein solches Zwangslachen ist ja nicht ohne weiteres aufschlußreich für den Normalmechanismus des Lachens. Also, man muß sagen, ja hier ist doch ganz offensichtlich, nehmen wir einmal an, das wird alles so laufen. Natürlich wird da ein Mechanismus ins Spiel gesetzt, aber warum denn bei solchen Anlässen? Wozu gewissermaßen dieser Aufstand des Organismus? Und zwar ist es doch ein echter Aufstand, es ist doch eine Revolution, es ist doch ein Abbrechen des normalen Zusammenhangs. Sie sehen also, hier muß etwas offenbar Vitales getroffen sein durch einen geistigen Eindruck oder durch eine geistige Unterbrechung des normalen Sinngefüges, der Sinnordnung, jetzt meine ich das ganz unemphatisch, der Normalverfassung unserer gesamten Umwelt.

Ich gehe jetzt weiterhin zum Phänomen des Weinens. Das Weinen wird dem Lachen ja immer gegenübergestellt als sozusagen eine Reaktion, die am Gegenpol steht. Und dabei legt man sich die Sache so zurecht: Lachen, das ist eine Reaktion auf Positives, Weinen ist eine Reaktion auf Negatives. Oder: wir lachen, weil wir fröhlich sind[,] und weinen, weil wir traurig sind. Schon falsch. Erstens lachen wir nicht, weil wir fröhlich sind, sondern wir lachen sehr oft, ob wir wollen oder nicht, wir werden zwar durch irgend einen Ansatz erheitert, aber diese Erheiterung, die unter Umständen eben dieses merkwürdig Düstere zugleich haben kann – ich erinnere Sie z. B. jetzt an die tiefsinnige Bemerkung von dem Rabbi und dem Schneider –, die hat wohl etwas Erheiterndes, aber zugleich, ja, wie soll man sagen, doch nicht etwas, was uns ohne weiteres fröhlich machte.

Und wie ist es nun beim Weinen? Beim Weinen – ja, man weint aus Schmerz, man weint aus Leid, sicher! Man weint aber auch aus Erschütterung, aus Ergriffenheit, das gibt es ja auch. Man wird von einem Gedicht oder einer Musik oder einem Bild so getroffen, daß einem die Tränen kommen. Oder von irgendeiner Freundlichkeit, die man erfährt, oder man hört von irgendeiner Tat, die ein Mensch getan hat, die nichts zu tun hat damit, daß sie uns in Trauer versetzt, sondern im Gegenteil! Man weint aus Glück, man weint aus Enthusiasmus, aus Begeisterung. Also, diese ganz simple und blöde Gegenübersetzung von Fröhlichkeit und Traurigkeit stimmt gar nicht, und die Mitleidstheorie von Schopenhauer, die stimmt ja offensichtlich auch nicht, obwohl sie ja immerhin schon etwas dem Phänomen näher kommt, als man so nach dem normalen Wortlaut, mit dem die Theorie bezeichnet wird, glaubt. Ergriffenheit, was ist das? Es gibt eine Gegriffenheit durch den Schmerz, also durch den Zahnschmerz oder durch einen anderen körperlichen Schmerz. Diese Gegriffenheit kann uns überwältigen und im Augenblick der Überwältigung können uns die Tränen kommen. Die Gegriffenheit durch den Schmerz kann aber auch eine ganz andere Variationsmöglichkeit haben, wenn sie vom rein physischen Anlaß zu anderen Anlässen, zu anderen psychischen Konstellationen übergeht. Man weint aus Reue, Reuetränen, was ist das? In der Reue erleben Sie ja eigentlich keine Gegriffenheit mehr, sondern Sie erleben eine Befreiung, sozusagen ein sich innerlich Entspannt-Wissen, Sie machen gleichsam plötzlich eine innere Erneuerung durch, vorausgesetzt, Sie sind fähig, überhaupt zu bereuen, eine Fähigkeit, die in der heutigen Zeit zweifellos geringer ist als in früheren Jahrhunderten. Nicht wahr, bei unseren auf Roboterexistenz stilisierten Lebensformen – wir wundern uns dann immer, wenn wir in der Zeitung lesen von den abscheulichsten Verbrechen, Kunststück, nicht wahr? Da die Menschen heute ihre Gefühle weitgehend unterdrücken, na ja, das ist es nämlich, also ein Unterdrückungsstil in der Literatur, diese ganze Art, bloß keine Ressentiments zu zeigen, das bedingt eine innere Erdrosselung der Gefühlsmöglichkeiten. Die Menschen, die glauben, ihre Gefühle zu erdrücken, zu unterdrücken, töten sie! Und infolgedessen werden sie zu dem, was sie eigentlich nur äußerlich sein möchten, nämlich sehr beherrscht, sachlich, nüchtern, desillusioniert, nachher sind sie so! Und wundern sich, wenn sie eigentlich nichts anderes sind als die Attrappen ihres selbst. Nun gut, diese Attrappen sind natürlich zu Reueerlebnissen wenig fähig, aber immerhin, es soll noch vorkommen, etwas bereuen zu können.

Nun sehen Sie, gibt es eine ganze Reihe, ich möchte sagen, eine

Skala, man kann es in eine Skala sozusagen eintragen, eine große Variationsmöglichkeit von inneren Zuständen, denen wir Tränen zuordnen können. Und zwar würde ich sagen, vom Gefühl der absoluten Gegriffenheit und totalen Ohnmacht bis hin zu der sublimsten Ergriffenheit und Entlastetheit hin. Etwa im Erlebnis eines Kunstwerks oder im Erlebnis eines Menschen in der Liebe oder wie immer. Was ist das, was ist hier das Gemeinsame, worauf wir mit Tränen reagieren? Das Gemeinsame ist doch offenbar auch etwas, was man als die Störung des normalen Verhältnisses zwischen uns und der Umwelt und zwischen uns und uns bezeichnen kann. Dies normale Verhältnis zeigt uns eine normale Selbstbeherrschung, eine normale Distanznahme zwischen mir und mir, zwischen mir und den anderen an, zwischen mir und der Umwelt. Diese Distanz, diese Normaldistanz wird offensichtlich in solchen Zuständen aufgehoben. Im Schmerz erlebe ich ein völliges Ausgeliefertsein, eine völlige Ohnmacht, ein Preisgegebensein. Aber in gewisser Weise gilt dasselbe auch in der Erschütterung durch ein großes Erlebnis künstlerischer oder menschlicher Art. Oder durch eine gewaltige jähe Freude oder im Erlebnis der Reue. Wie auch immer haben Sie hier diesen jähen Übergang aus einer Situation normaler mittlerer Verhältnismäßigkeit, wobei das Verhältnismäßige ganz bewußt als Ausdruck gewählt ist. Denn unser Verhalten ist auf Verhältnisse und Verhältnismäßiges von vornherein eingespielt. Wo also diese normale Verhältnismäßigkeit aufgehoben wird in solchen Zuständen, von denen ich Ihnen eben gesprochen habe, in solchen Zuständen werden wir also ganz offensichtlich in einer anderen Weise reagieren als in normaler Weise.

Nun wiederum das Phänomen, warum dann Tränen? Warum dann dieses Phänomen des Weinens? Physiologisch gesehen ist ja das Weinen nicht nur eine Sekretion aus den Tränendrüsen, sondern ein sehr merkwürdiger Vorgang, der auch wiederum physiologisch gut zu beschreiben ist, aber sehr schwer zu analysieren. Und ganz offenbar ist dann einmal sehr entscheidend dabei beim Kommen des Weinens der Knödel im Hals. Was das nun ist, diese merkwürdig aufsteigende Verkrampfung hier, die ganz offensichtlich mit anderen Erregungszentren als nur mit dem Tränenfluß zusammenhängt, das ist gar nicht so ohne weiteres so leicht zu durchschauen. Auch hier ist es – und das ist zunächst das, was uns interessieren muß – ganz offensichtlich eine sehr tiefgreifende revoltierende Reaktion des Körpers auf seelische oder geistige Anlässe, die gar nicht in Proportion zu dem Anlaß stehen (auch auf körperliche Anlässe, aber doch nicht so sehr).

Ja, und nun als letztes, das Lächeln, das ich hier ganz bewußt an das Ende gesetzt habe, weil wir ja auch kennen das Lächeln unter Tränen, genau wie das Lächeln als Anfangsbewegung sowohl für das Weinen wie für das Lachen. Das Erscheinungsbild des Lächelns, nicht wahr, das ist jedem bekannt und durch eine eigenartige zarte Entspannung des Gesichtes zu charakterisieren. Und findet sich nun in den verschiedensten Situationen in leichter Modulierung in immer wieder anderer Form. Also als ein rein freundliches Lächeln oder unverbindliches Lächeln, als ein maskenhaftes Lächeln, als ein rätselhaftes Lächeln, ob es die Joconda[6] ist oder die Inconnue de la Seine[7] oder Sie finden es sonst in tausenden Formen oder Sie finden es als ein süffisantes Lächeln, als ein höfliches Lächeln, als ein herablassendes Lächeln, Sie finden es also korreliert mit einer Unzahl von ja, was ist nun das Gemeinsame? offensichtlich von Formen der Distanzierung. Wobei hier Distanzierung wirklich nichts anderes heißen soll als eine Lockerung, als ein Abstand nehmen von der Situation.

So ist also das Lächeln eine sehr merkwürdige echte – mit Lachen und Weinen gar nicht zu verwechselnde, auf einer ganz anderen Ebene liegende Ausdrucksbewegung –, eine echte mimische Ausdrucksbewegung, was weder das Lachen noch das Weinen ist. Obwohl Lachen und Weinen natürlich auch mimische Bilder haben, aber sie werden als solche als mimische Erscheinungsformen nicht verstanden. Natürlich, beim Lachen und beim Weinen übrigens haben wir die reinen mimischen Gesichtsveränderungen, die sind beinahe ununterscheidbar. Das ist also eine eigenartige Verkrampfung, während beim Lächeln eine ausgesprochene Entkrampfung da ist, und das sehr Merkwürdige [ist] nun, dies Lächeln kann zu allem dienen, als Ausdruck für die verschiedensten Situationen, denen aber gemeinsam ist ein Kern, nämlich Distanz. Distanz wie auch immer, Lockerung, Abstand, und insofern ist also das Lächeln offensichtlich die Ausdrucksbewegung, die der

6 Leonardo da Vincis Gemälde *Mona Lisa*.

7 Die Unbekannte aus der Seine. Eine nicht identifizierte junge Frau, die um 1900 aus der Seine geborgen wurde und deren lächelnde Totenmaske als Wandschmuck in der Pariser Bohème in Mode kam.

Mensch von sich aus gleichsam als wie eine Maske in der Hand hat. Alle anderen Ausdrucksbewegungen sind spezifisch affektgebunden, sind Resultate, ungewollte und schwer zu unterdrückende Resultate von ganz bestimmten Emotionen. Das Lächeln dagegen ist gewissermaßen die Abstandnahme davon und der Ausdruck für die Abstandnahme davon.

Meine Damen und Herren, wir haben jetzt wenigstens den ersten Teil der Exposition gegeben, und ich werde versuchen, Ihnen in der nächsten Stunde gewissermaßen die Theorie selbst noch kurz zu entwickeln, die wir geben wollen. Allerdings nur im Ansatz, denn was die rein physiologische Analyse des Lachens und des Weinens betrifft, lassen uns die Forschungen bis heute im Stich. Ich kann Ihnen aber nur gewissermaßen den Einstieg zeigen, von dem Sie zu einem solchen wirklichen Verständnis kommen, und das hängt eben zusammen mit dem Gedanken der körperlichen Existenz des Menschen als einer permanenten Verkörperung.

16. Stunde[,] Dienstag, 18. Juli 1961

[Lachen und Weinen als menschliche Monopole]

Meine Damen und Herren, ich möchte nur eins sagen, bevor ich in die Ausführungen selber eintrete, heute Abend spricht Prof. Staiger, es wird den Germanisten längst bekannt sein. Zu große Reklame wollen wir dafür auch nicht machen, sonst platzen alle Hörsäle, aber immerhin möchte ich denn doch Sie auf diesen Vortrag besonders aufmerksam machen, er spricht über das Problem des Stilwandels. Heute Abend in der Pauliner Kirche.[1]

Nun, wir gehen jetzt zu der weiteren Besprechung des Themas »Lachen und Weinen« über. Ich darf Ihnen vielleicht erst mal eine zusammenfassende Formulierung vortragen. Wir haben gesagt, menschliches Verhalten entspricht immer irgendwelchen Verhältnissen, die dem Menschen zugleich in einem bestimmten Abstand gegeben sind und ihm einen gewissen Abstand gewähren. Abstand zu Dingen, Abstand zu Situationen, Abstand zu sich selber. In diesen Verhältnissen herrscht also irgendeine Art von Ordnung, die muß herrschen, damit es in ihr und mit ihr, wie man sagt, sein Bewenden hat oder haben kann. Ich drücke mich sehr vorsichtig aus, Sie müssen diese Begriffe sehr formal nehmen. Ordnung, das soll nun nicht heißen, eine besonders rational durchsichtige Ordnung oder eine besondere Art von politischer Ordnung oder rechtlicher Ordnung oder ästhetischer Ordnung: das alles ist zunächst gar nicht hierbei gemeint, sondern in dem Verhaltensaspekt, in dem wir leben, muß irgendwie, wie man sagt, solch ein Netz von Verhältnissen uns in mehr oder weniger übersichtlicher oder wenigstens der Möglichkeit nach übersehbarer Weise zur Verfügung stehen. Und damit also hat es sein Bewenden. Diese Bewandtnis trägt auch unseren normalen Wortgebrauch, also unsere Sprache lebendig als Muttersprache, als das, worin wir uns vertraut sprachlich artikulierend bewegen, so wie wir uns überhaupt in einem mehr oder weniger vertrauten Horizont immer bewegen. Diese Bewandtnis trägt den Wortgebrauch, sie trägt das verfügende Umgehen mit dem,

1 Emil Staiger, »Probleme des Stilwandels«, in: *Zeitschrift für deutsche Philologie* 80 (1961), S. 364-404 (auch in: ders., *Stilwandel. Studien zur Vorgeschichte der Goethezeit*, Zürich/Freiburg 1963, S. 26-74).

was uns in der Umgebung begegnet, sie trägt u. a. denn auch unser mehr oder weniger planvolles Handeln. Sobald diese Ordnung nicht einfach in Unordnung geraten ist, die sich wieder beseitigen läßt oder die beseitigt werden müßte, von der wir das Gefühl haben, das geht so nicht, das muß geändert werden – ich sage, sobald sich diese Ordnung als begrenzt zeigt, d. h. das andere ihrer selbst an ihr in Erscheinung tritt, wird das Verhalten gebremst.

Also sehen Sie, man kann sich in einem Durcheinander befinden, in einem unglaublichen Durcheinander, ob das nun ein politisches oder ein ästhetisches oder wie auch immer geartetes Durcheinander ist. Sie müssen dabei ruhig die verschiedenen Möglichkeiten[2] im Blick halten und das variieren können. Wo völlige Unordnung ist, wird man immer sagen, nun ja, hier läßt sich nun nichts machen, hier komme ich nicht weiter, hier muß ich mir irgendwie helfen, hier muß ich eine Art Durchblick erst mal schaffen, muß versuchen, damit zu Rande zu kommen. Das meine ich nicht. Sondern ich meine, daß überall da, wo Ordnung ist und sich an dieser Ordnung sozusagen ihre Grenze zeigt, und zwar als das, was sie als Ordnung von sich aus nicht mehr ist, wenn sie also über sich hinausweist, und zwar über sich hinaus in das andere ihrer selbst, sozusagen ihre Grenze fühlbar wird, wir ihrer Grenze ansichtig werden, ob mit Verstand oder mit dem Gefühl, das lassen wir jetzt mal vollkommen noch offen, wird das Verhalten, die Verhaltensmöglichkeit grundsätzlich unterbunden. Wir stehen sozusagen jetzt vor dem Scheunentor; in einem anderen Sinn als in einer Unordnung oder einer nicht direkt oder von uns überhaupt nicht zu bewältigenden Situation. Das ist also eine strukturelle Bremsung. Und dann tritt der Schock ein, der Schock, der uns die Sprache verschlägt, wie wir sagen, und uns außer Gefecht setzt. Ist unser Abstand im Verhältnis zur Sache selbst dabei nicht aufgehoben, so erheitert uns die Situation, wir finden sie komisch oder witzig, wir lachen. Sind wir aber selbst betroffen und um jeden Abstand gebracht, so erliegen wir dem Schmerz, dem Leid, der Rührung, der Ergriffenheit, wir weinen.

Das kann man nicht gleich eindeutig formulieren, und es werden sich von vornherein bei Ihnen auch hier sofort Fragen melden und Mißverständnisse einstellen, das läßt sich im Moment nicht

2 Im Typoskript »dabei« getilgt.

gleich beseitigen. Denn man wird die Sache so verstehen, daß man sagt, wenn wir betroffen sind, aha, wir können also nicht über uns selbst lachen. Nein, so ist es nicht gemeint, es gibt zwar sehr viele Menschen, die nicht über sich selbst lachen können, und man sagt es sogar von manchen Nationen, die auch nicht über sich lachen können, dazu gehört ja bekanntlich die deutsche Nation, der wird es sehr schwer, über sich zu lachen. Man kann sich nicht in die Klammer setzen, manche Menschen können das, die Engländer z. B. können das besonders und kultivieren es auch. Die englische Demokratie ist darin sozusagen ganz stark verankert, es ist also sozusagen eine bestimmte Art – das hängt mit dem Understatement zusammen –, die Kultivierung des Sich-selbst-nicht-allzu-ernst-Nehmens, jedenfalls sich nichts davon merken zu lassen, wie man sich ernst nimmt, und immer in Bereitschaft sein, die Frage an sich zu stellen oder sich von anderen an sich stellen zu lassen, *The English: Are they human?*, nicht. Das ist allerdings ein Buch von einem Holländer, der aber lange in London gelebt hat.[3] Das Buch hat aber einen Riesenerfolg gehabt. Nun stellen Sie sich mal vor, es würde in Deutschland, in deutscher Sprache ein Buch von einem Ausländer erscheinen mit der Frage: Sind die Deutschen Menschen? Nicht? – Ja, also Sie sehen, auch das zum Problem des Antisemitismus – die Juden, die übrigens auch –, der katholische Klerus, und vor allem der hohe katholische Klerus können sich als Vertreter sehr alter Kulturen in die Klammer setzen. Ich würde so sagen, wenn ich einige besonders hervorgehobene Beispiele nennen soll, dann würde ich sagen, die Engländer, die Juden und der katholische hohe Klerus, das sind drei große Beispiele für große Selbstironie. Und das hängt jeweils damit zusammen, daß man irgendwo einen sehr festen Standort und ein sehr großes tiefes Selbstbewußtsein haben muß, und zugleich auch das Gefühl, ganz draußen zu stehen.

Aber lassen wir mal diese völkerpsychologischen und nationalpsychologischen kleinen Randbemerkungen und gehen hier zu dem Problem Selbstbetroffensein und -nichtbetroffensein. So ist es also nicht gemeint. Gemeint ist vielmehr hier etwas anderes. Wir können durchaus über uns lachen, wir können uns durchaus komisch finden, wir können uns selbst ironisieren, und das kann ein unendlicher Schatz von Lachen sein, aber, was hier gemeint ist,

3 Gustaaf Johannes Petrus Renier, *The English: Are they Human?*, London 1931.

ist etwas anderes, und darauf hat schon Bergson in seiner in der letzten Stunde hier erwähnten kleinen Schrift über das Lachen hingewiesen. Das findet sich schon in der früheren Literatur, z. B. bei Schopenhauer, das Lachen hat immer etwas Gefühlskaltes, während das Weinen etwas Gefühlswarmes hat. Das Lachen hat in dem Sinne irgendwo etwas mit dem Bewußtsein zu tun, während das Weinen in einem bestimmten Sinne die Negation des Bewußtseins ist. Das Weinen hat einen sympathetischen Zug des Verbindens, des Verschmelzens, wir sagen ja auch, man schmilzt dahin unter Umständen, während das Lachen eine distanzierende oder in einer distanzierenden Weise sich löst. Da setzt also ein Abstand immer ein, um den Effekt zu erzielen.

Nun, wie auch immer, das sind Probleme einer feineren Untersuchung, ich verweise Sie nur darauf, damit wenigstens dieses eine Mißverständnis hier nicht von vornherein Sie verwirrt. Das können wir natürlich im Rahmen einer solchen Betrachtung nun nicht in die Finessen hinein verfolgen. Aber Sie werden daran vielleicht immer wieder den Zugang bekommen zu dem, was ich am Anfang sagte, über das menschliche Verhalten,[4] das angewiesen ist auf Verhältnisse bzw. Verhältnismäßigkeit in irgendeinem Sinne, und wo diese Verhältnismäßigkeit – oder wir haben gesagt: Ordnung – innerlich strukturell sich begrenzt zeigt, und zwar durch das andere ihrer selbst, daß da entweder Lachen oder Weinen einsetzt.

Gehen wir nun nochmal zu den verschiedenen Anlässen. Komik und Witz zeigen beide eine Überkreuzung von Ordnung. Ordnung in diesem weiten Sinne. Die unmögliche Situation im Doppelsinn, im Widersinn, das Absurde. Bald ist es ein Mensch, der wie eine Vogelscheuche oder wie eine Marionette wirkt, bald stößt man an ein Tabu, bald verheddert man sich usw., bald ist es ein Wort, ein Satz, der versteckten Sinn enthält, bald verblüfft ein Argument, das in aller Logik das Gegenteil seiner These beweist, bald trifft die karikierende Übertreibung, dann wieder das Mißverhältnis zwischen Understatement und dem Gewicht der Sache. Satirische, ironische, humorvolle Einklammerung der gewohnten Verhältnisse heben nachdrücklich oder versteckt die Welt aus ihren normalerweise unbemerkten Angeln. In dieses Relativierungsverfahren vermögen Selbstironie und Humor den Betrachter selber mit einzubeziehen,

4 Im Typoskript »auf« getilgt.

um ihn seiner Distanz zu sichern. Ob sie immer mit einem Gefühl der Überlegenheit getränkt sein wird, bleibe dahingestellt. Man hat sehr oft gesagt, Lachen ist ein Zeichen der Überlegenheit und Weinen ein Zeichen der Unterlegenheit, da sehen Sie, das ist ja auch viel zu einfach, denn vor einem Rembrandt, wenn mich der packt, und wenn ich ergriffen bin, bin ich doch nicht unterlegen, das ist ja doch ein Unsinn, was heißt denn da Unterlegenheit, nicht? Also das ist jedenfalls so nicht zu verstehen, in dem Sinne, man lacht immer über andere, wie bei Bergson: man lacht immer andere aus, nicht, davon ist ja gar keine Rede! Ja, das Auslachen ist natürlich ein Überlegenheitslachen, aber das ist ja ein besonderer und nicht einmal der beste Modus. Aber ob sie immer mit einem Gefühl der Überlegenheit getränkt sein wird, bleibe dahingestellt, sicher aber verstärkt sie das Bewußtsein einer gewissen Freiheit, Distanziertheit, Erleichterung, welche dem plötzlichen Druckverlust entspricht, dem die übliche Ordnung der Verhältnisse, die Verhältnismäßigkeit der Welt sozusagen, das Korsett unseres Lebens dadurch erfährt.

Also geben Sie mal acht, ich will Ihnen noch einmal einen Witz erzählen. Und zwar einen Witz, den ich gelegentlich im Philosophicum den armen Kandidaten vorgelegt habe, erstens um sie in eine etwas bessere Stimmung zu bringen, und zweitens, um sie einmal wirklich auf ihren Esprit zu testen. Ich sage gleich, daß das Resultat im Allgemeinen ziemlich betrüblich ausgefallen ist. Es setzt eben eine ganze Menge voraus. In New York in einer wundervollen Zeitschrift ist eine Zeichnung erschienen, in einem großen Saal steht ein gewaltiger Rechenautomat. Also, sagen wir mal, ungefähr bis zur Höhe der Galerie, so eins von den ganz großen Rechengeräten. Und in dieser weiten Halle sieht man natürlich niemand als zwei Figuren, zwei Herren, die da irgendwie an dem Apparat beschäftigt sind, sonst völlige Leere, die durch die *automation* hervorgerufen ist. Und da sagt der eine zum andern, »ich weiß nicht, ich werd' verrückt, das Ding sagt ständig: ›Cogito ergo sum‹.« (Vgl. Abb.)

Abb.: Zeichnung von Mischa Richter im *New Yorker*, 1. 11. 1958.

Nicht wahr, das ist ja ein ganz sublimer Witz, der genau den Punkt trifft, nämlich daß hier eine Denkmaschine vorliegt, die das einzige, was sie nicht kann, von sich gibt, nämlich das Selbstbewußtsein ihres Denkens. Sie hat ja kein Wissen von sich. Und damit ist dieses ganze: Cogito ergo sum, diese berühmte cartesische Formel, dieses Grundbrevier für das Philosophicum, wenn ich es nun vorlege und[5] lese es in dieser Form vor, war es, das werden Sie mir zugeben, pädagogisch ein guter Test, um zu sehen, ob wenigstens dieser Satz nicht nur auswendig gelernt, sondern sogar verstanden war. Meistens war es aber, wie gesagt, ein etwas mürrisches Erstaunen oder eine Art von Aufleuchten in den Gesichtern zu konstatieren, daß hier wohl irgendetwas nicht stimmte. Immerhin, das ist schon ein ganz hübscher Anfang. Eine Art von Einleitung zur Philosophie, man sollte eigentlich mit diesem Bildchen aus dem *New Yorker* eine Einleitung in die Philosophie beginnen lassen.

Sie verstehen, hier ist also genau das gemacht, daß man zeigt

5 Im Typoskript »und« getilgt.

einen Sinnzusammenhang demonstriert an dieser Rechenmaschine, und zwar ihre spezifische Grenze, und die wird überspielt, die wird sichtbar gemacht dadurch, daß sie annulliert wird, gestrichen wird durch die Aussage des Automaten. Er, der es nicht kann, sagt es. Und man könnte sich auch sicher solche Automaten konstruiert denken, die gewissermaßen selbst von sich aus diese Aussage machen, das ist durchaus möglich, das geht ja auch. Bloß, was ist dann die Aussage? Was ist dann diese Aussage von dem Automaten, von dem man weiß, daß er kein Selbstbewußtsein hat, daß man mit ihm durch eine bestimmte Art von Elektrozellen da einfach eine bestimmte Anordnung gleichsam von außen her gegeben hat.

Also, das ist wirklich abgründig und Gegenstand langer Untersuchungen[,] und das Interessante, man kann, ohne sich über das Ganze Rechenschaft zu geben, in allen seinen Teilen intuitiv erfassen, den Witz an der Sache merken. Das ist erstens schon mal etwas sehr Merkwürdiges, dass der Mensch das kann, rein logisch, daß wir ohne die langweiligen Zwischenglieder von A bis Z die Sache erfassen. Aber das Erstaunliche ist, daß es außerdem noch erheiternd wirkt. Und das, glaube ich, liegt daran, daß hier an der Ordnung, an ihr selbst es sichtbar wird, oder auch fühlbar oder einsichtig, daß es unmittelbar erfaßbar wird. Die andere Möglichkeit nun aber der Unterbindung des Verhaltens ist für uns dann gegeben, wenn der Ansatz zu einer Ordnung durch Aufhebung der Distanz zu mir, zu andern, zu anderem, fehlt, wenn wir also gepackt sind, wie wir sagen, gepackt von Schmerz, von Leid erfüllt, von Freude überwältigt, von Schönheit und Erhabenheit ergriffen oder wie auch immer. Vom rohesten Ausgeliefertsein in körperlicher Pein, in absoluter Ohnmacht bis zur sublimsten Ergriffenheit breitet sich die Skala der Anlässe des Weinens. Wir geben uns an ihnen auf und lassen uns fallen. Denn die Verhältnismäßigkeit ist in der unmittelbaren Konfrontation mit allen diesen verschiedensten Anlässen von vornherein aufgehoben. Das kann für uns beschämend sein, niederdrückend, aufreizend, aber auch beseligend empfunden werden. Entscheidend ist immer nur der Anlaß selbst, der, ob nichtig oder gewaltig, ob schmerzhaft oder beglückend[,] dadurch, daß er uns trifft, außer allem Verhältnis zu uns steht. Das Unverhältnismäßige, ich meine jetzt nicht im relativen, im gebräuchlichen, sondern im absoluten, im losgelösten Sinne, das schlechthin Unverhältnismäßige, das außer allem Verhältnis Seiende, im Modus des Gepacktseins beantwortet der Mensch mit Tränen. Also nehmen wir einmal an, nicht wahr, Tränen der Reue, Tränen der Liebe, das ist immer wieder das Angerührtsein, das Gepacktsein, das Getroffensein. Und indem Sie dieses erleben, schaltet sich die Verhältnismäßigkeit ihres normalen Lebensfeldes oder Wirkungs- oder Erfahrungsfeldes wie auch immer Sie das nun nennen wollen [aus], das spielt hier gar keine Rolle, das kann man gar nicht mit einem Worte decken, das ist sozusagen außer Funktion gesetzt.

Nun die Frage, die uns ja eigentlich schon das letzte Mal bewegte und weshalb diese Betrachtung in den anthropologischen Zusammenhang speziell der Verkörperung herein gehört, warum denn nun diese Reaktion? Das ist eine Frage, die nie gestellt worden ist. Die ist zwar gelegentlich mal von der psychophysischen Fragestellung aus angeschnitten worden, und wie gesagt, es wird auch immer wieder mal von den Psychiatern etwa oder von den Physiologen gestreift. Aber es wird als solche, als Kardinalfrage eigentlich nicht wichtig genommen. Mit Lachen und Weinen meldet sich die Unterbindung der Verkörperung als eines Mittels zur geregelten Bildung menschlichen Verhaltens. Also menschlichen Verhaltens, denken Sie bloß nicht wieder nur an Laufen, Gehen, also an körperliches Verhalten, sondern an Gesamtverhalten, wo der Körper durchaus nicht immer das Entscheidende ist als Mittel, sozusagen nur mitspielt, wie z. B. auch beim Sprechen, natürlich spielt er da mit, aber wir denken ja nicht an ihn. Wir denken ja nicht an die Bewegung, die wir dabei machen. Und in tausend Dingen des normalen, vor allem des sozialen Verhaltens, in Städten, am Schreibtisch, ja wo spielt denn da der Körper mit, der liegt ja gar nicht mehr im Blickfeld unseres Tuns, meinetwegen noch beim Handwerker, nicht wahr? In all diesen Dingen spielt das Körperliche sozusagen für unser Bewußtsein oder für unser Nebenbewußtsein oder Unterbewußtsein kaum eine angebbare Rolle. Aber es ist immer da. Und alles Verhalten ist zugleich ein Sich-Verkörpern. Mit Lachen und Weinen wird nun aber offensichtlich, gerade wenn wir es auf diesem weiten Felde der Verhältnismäßigkeit sehen, wird genau das unterbunden, die Unterbindung der Verkörperung als eben eines Mittels zur geregelten Bildung menschlichen Verhaltens wird aufgehoben.

So[6] stellen also Lachen und Weinen Fehl-Reaktionen, aber sinnvolle Fehlreaktionen auf die Unmöglichkeit dar, zwischen mir und meinem Leib das zum Verhalten entsprechende Verhältnis zu sichern. An ihnen wird die Distanziertheit der Person, wir können auch sagen: des Ich als Bruch im Verlust ihrer Selbst-Beherrschung, ihrer Contenance sichtbar. Einer Contenance oder Selbstbeherrschung, die wir alle mehr oder weniger, ausgesprochen oder nicht ausgesprochen, permanent üben, indem wir uns verkörpern müssen, und die bezogen ist, diese Contenance, die Normal-Contenance, auf Ordnung der Verhältnisse. Einem Wesen ohne solche Distanz, ohne Ex-Zentrum, kann natürlich das nie passieren. Darum können Tiere weder lachen noch weinen. Nur der Mensch hat die Höhe – wertfrei genommen, bitte! nur Abstand –, aus der er sich fallen läßt, aus der er fällt. Sich fallen läßt, im Weinen, aus der er herausfällt, im Lachen. Dieses Sich-fallen-Lassen, das hat sehr schön Schopenhauer in dem berühmten Kapitel über das Weinen in der *Welt als Wille und Vorstellung* schon herausgehoben, nur er hat es falsch interpretiert als Mitleid-mit-sich-Haben.[7] Das gibt es auch. Es gibt es auch, dieses Phänomen der Selbst-Rührung, des Mitleid-mit-sich-Empfindens, des Sich-Bedauerns. Das werden Sie gerade bei Kindern besonders finden. Wenn z. B. ein Kind hinfällt, wird es im Allgemeinen nie weinen. Nur wenn jemand dabei ist, und sagt: oh!, da fängt es sofort an. Das ist genau dieser Mechanismus, der tritt dann ein, nämlich dann tritt ein diese Reflexivität, und dann ist es echt ein Sich-Bedauern, Sich-leid-Tun. Dieses Sich-leid-Tun ist aber nur ein besonderer Fall von diesem Sich-fallen-Lassen. Denn es gibt natürlich auch Fälle, wo man wirklich, auch wenn niemand dabei ist, weint, und wo man sich auch nicht bedauert. Denn wenn ich Musik höre, großartige Musik, dann möchte ich mal wissen, warum ich mir leid tun soll. Aber dieses, wie gesagt, am Rande nur.

Und nun noch einmal zurück. Nur der Mensch hat die Höhe, aus der er fällt, fallen kann oder sich fallen läßt. Nur der Mensch kennt mit den Sinnen zugleich das andere des Sinnes, nämlich den Doppelsinn, den Un-Sinn, das Absurde. Und das Absurde im

6 Geändert aus »sie«.

7 Arthur Schopenhauer, *Die Welt als Wille und Vorstellung*, Band 1. 4. Buch, § 67, in: *Sämtliche Werke*. Band 2. Hg. von Arthur Hübscher, Wiesbaden 1949, S. 443-446.

weitesten Sinn des Wortes ohne alle großartigen Tragizismen, die man daran noch anknüpfen kann, ohne die großartigen Perspektiven etwa eines Camus, das muß man hierbei nicht unmittelbar beschwören, das ist die Möglichkeit, sich von sich und von allem zu distanzieren. Ich würde also sagen, Lachen und Weinen gehören hierbei genau – sind also gewissermaßen Zeugen für dieses Verkörperungsverhältnis des Menschen zu sich.

Und nun noch ein Wort über das Lächeln, über das wir das letzte Mal ja auch gesprochen haben kurz, das steht nun anders. Zunächst einmal rein äußerlich gesehen, da hat man sehr oft gesagt, das Lächeln ist ein Anfang des Lachens. Sie wissen aber auch, daß es ein Anfang des Weinens sein kann. Das Lächeln ist eine eigentümliche Lockerung zunächst einmal des Gesichtes. Es ist ja ein spezifischer Gesichtsausdruck, während das Lachen und das Weinen ja mit dem Gesicht gar nichts zu tun haben, selbstverständlich auch die Mimik in Mitleidenschaft zieht, aber das Gestoßenwerden, das Geschütteltwerden im Lachen oder auch im Weinen, der aufsteigende Kloß im Hals, der Tränenfluß und alle diese Dinge sind ja zunächst, das sieht man ja ganz deutlich, vegetative Reaktionen. Reaktionen offensichtlich des vegetativen Nervensystems und ganz offensichtlich irgendwelche Bewegungen, die ausgelöst sind wahrscheinlich durch Zentren, die im Hirnstamm liegen, also merkwürdigerweise sehr tief liegen und entweder sehr vital sind oder zugleich auch sehr alt, entwicklungsgeschichtlich. Nun, wie auch immer, das ist noch ein völliges physiologisches Geheimnis, darüber wissen wir eben, wie gesagt, nichts. Wir kennen bestimmte Störungen pathologischer Art, z. B. bei der Bulbärparalyse, wo ein solches Zwangslachen oder Zwangsweinen, auch Zwangsschreien, auftritt, das kann als Phänomen uns ein Hinweis dafür sein, welche Zentren hierbei mitspielen. Aber warum die sozusagen mitspielen müssen, warum die überhaupt angerufen werden, warum die in Funktion treten, wenn ich einen Witz höre, das hat mir bis jetzt noch niemand erklärt. Sie müssen aber ganz offensichtlich, eben weil [sie], wie gesagt, mit der Verkörperung einen Zusammenhang haben, und weil die Verkörperung etwas ganz Fundamentales der menschlichen Existenzweise ist, darum müssen doch ganz offensichtlich die entsprechenden Zentren sehr tief liegen. Aber das geht in die Neurophysiologie und in die leider bisher aus methodischen Gründen ungemein schwierigen Probleme des Zusammenhangs von seelischen und neurologischen Dingen hinein, die wollen wir hier auch nicht weiter verfolgen. Aber ich glaube, diese Theorie gibt uns zum ersten Mal überhaupt einen Ansatzpunkt.

Sie sehen daraus, meine Damen und Herren, daß eine solche Anthropologie, wie ich sie Ihnen hier vortrage, nicht nur keine[8] schlechte Psychologie in modernem Gewande ist oder so irgendeine Kryptometaphysik, so wie sie heute vielfach beliebt ist, wo alles von anthropologisch redet und sich furchtbar wichtig macht, aufplustert, das wollen wir mal gar nicht, das ist ein sehr nüchterner, aber ich glaube neuer Weg, um in solchen Problemen wirklich weiterzukommen.

Nun also das Lächeln, das Lächeln ist also eine typische mimische Bewegung, die zum Ausgleich für die in jedem Sinne unbeherrschten explosiven und desaströsen Ausbruchsformen des Lachens und Weinens, in welche der Mensch durch die Unterbindung seines vermittelten Verhältnisses zur Welt gerät, verfügt er, ich sagte, wie zum Ausgleich, verfügt er über eine echte mimische Gebärde, nämlich das Lächeln. Das Lächeln ist also eine echte Ausdrucksform, Ausdrucksweise, unter allen Ausdrucksformen hat das Lächeln, diese Gebärde des Lächelns das Privileg der geringsten Bindung an eine besondere Emotion. Die leichte Auflockerung des Gesichts, in der sich alle Erregungen mit schwacher, unausgesprochener Antriebsform – ein Ausdruck von [Ludwig] Klages – unmittelbar und unwillkürlich spiegeln, also Staunen, Zufriedenheit, Geöffnetheit zum andern, Höflichkeit, Verständnis, dies alles bietet sich von selber als ein Spielfeld dar.[9]

Alle diese merkwürdigen Erregungen wie Staunen, Zufriedenheit, Geöffnetheit zum andern, Höflichkeit, Verständnis, auch leichter Spott, leichtes Bedauern, alles das kann sich des Lächelns bedienen. Lächeln überhaupt als Maske. Das *keep smiling* in diesem Sinne als das Wirkliche, das Unverbindliche und zugleich Verdekkende, berühmt die Japaner, die es in einer vollendeten Kultur sich vors Gesicht hängen, damit man niemanden beschwert und damit man selber nicht durchschaut wird. Das sind alles Erregungen

8 Geändert aus »eine«.

9 Ludwig Klages, *Ausdrucksbewegung und Gestaltungskraft. Grundlegung der Wissenschaft vom Ausdruck* (Leipzig/Berlin 1913), in: ders., *Ausdruckskunde. Sämtliche Werke*, Bd. 6. Mit einer Einleitung von Ernst Frauchiger, Bonn 1964, S. 139-313.

mit schwacher, unausgesprochener Antriebsform, im Unterschied etwa zur Wut, zur Freude, die alle starke Antriebsformen haben. Also deshalb, diese Emotionen, diese gedämpften zarten Emotionen. In den starken Affekten und in den explosiven Reaktionen des Lachens und des Weinens sind wir hingenommen, sind wir übermannt, sind wir überwältigt. Jede Distanz zum eigenen Gesicht ist ausgelöscht. Im Lächeln dagegen herrscht ein Gleichgewicht zur eigenen Gebärde, die damit Maskenfunktion ausübt, annehmen kann, mit der Zärtlichkeit wie Aggressivität, Geöffnetheit, Verschlossenheit gleichermaßen zum Ausdruck kommen können. Denn auch hier wieder zärtliches Lächeln, aggressives Lächeln, also sagen wir einmal: abschätziges, ironisches, süffisantes.

Alle diese Modalitäten, Bedauern[10] usw., Geöffnetheit nannte ich schon, Höflichkeit, Zugewandtheit, Interessiertheit, wie auch Verschlossenheit. Wie von selbst gleitet das Lächeln aus dem Bereich der unwillkürlichen mimischen Gebärde in den der abgewogenen Geste über, die unergründlich wirken kann, weil sie alles und nichts besagt. Das Lächeln der Joconda, wozu man im 19. Jahrhundert immer gesagt hat, was ist das für ein rätselhaftes Lächeln, es ist wahrscheinlich gar nichts dahinter, aber das ist Sphinx ohne Rätsel. Wie schon Nietzsche gesagt hat, allerdings unhöflicherweise über die Frauen überhaupt,[11] aber hier kann man es in der Tat auf die Joconda ruhig beziehen und sagen, nun ja, weiter nichts mit gemeint, nicht? Und insofern offen und zugleich irgendwie dunkel, jeder Deutung, jeder Interpretation völlig zugänglich. So bewahrt in dieser Gebärde oder in dieser Geste der Mensch seine Distanz zu sich und zur Welt und vermag sie mit ihr, mit dieser Distanz spielend, vermag er sie zu zeigen, diese Distanz. Also lachend und weinend ist der Mensch das Opfer seiner merkwürdigen Positionalität, seines Exzentrums, seiner Distanziertheit und Abgehobenheit, lächelnd gibt er eben dieser Distanziertheit Ausdruck.

Damit, meine Damen und Herren, werden wir dieses Kapitel abschließen und wir werden nun in den nächsten Stunden uns zu

10 Geändert aus »bedauernd«.

11 Das Zitat ist nicht direkt nachzuweisen. Es könnte allerdings auf Friedrich Nietzsche, *Die fröhliche Wissenschaft* (*Sämtliche Werke. Kritische Studienausgabe in 15 Bänden* (KSA). Hg. von Giorgio Colli und Mazzino Montinari, München 1980, Bd. 3), S. 352, sowie auf Nietzsche, *Menschliches, Allzumenschliches* (KSA, Bd. 2), S. 270, verweisen.

dem Gegenphänomen oder zu der Gegenrichtung der Verkörperung wenden, nämlich der Entkörperung, die ja eine ungeheure Rolle für die menschliche Existenz spielt.

17. Stunde[,] Donnerstag, 20. Juli 1961

[Das Problem der Entkörperung – das Problem des Todes]

Meine Damen und Herren, wir beginnen ein neues Kapitel, und zwar handeln wir jetzt von der Entkörperung, nachdem wir bisher das Problem und die Aspekte der Verkörperung besprochen hatten. Das Problem der Entkörperung ist das Problem des Todes. Nicht nur, aber es tritt uns in der Gewißheit von dem Sterbenmüssen des Menschen entgegen. Nur der Mensch weiß, daß er sterben wird. Zwischen Geburt und Tod eingeschlossen, erfährt er an sich und seinesgleichen, und wer die seinesgleichen sind, das ist durchaus offengelassen, wie wir gleich sehen werden, Grenzen – Grenzen, die ihn auf anderes verweisen, in das er übergehen muß, sichtbar und unsichtbar und an denen sein Leben endet, an denen sein Leben versagt. Es ist eine alte Frage gewesen, welchen Charakter diese Todesgewißheit hat. Eine alte Frage der Philosophie. Die Frage, ob es sich um eine rein, wie man gesagt hat, empirische Gewißheit handelt, ja, der könnte man dann die Form geben, daß es sich um einen unvollständigen Induktionsschluß hierbei handelt. Wir sehen immer wieder, daß Menschen sterben, und da wir bisher keine weiteren Erfahrungen gemacht haben, die dagegen sprechen, würde man sagen, ist die Todesgewissheit eine an Notwendigkeit grenzende Wahrscheinlichkeitsgewißheit. Also genau das, was man eben einen unvollständigen Induktionsschluß nennt.

Das entspricht nun doch offensichtlich nicht dem Gewißheitscharakter des Sterben-Müssens. Dieses Muß hat doch offenbar ein anderes Gewicht. Da hat man gesagt, gut, dann muß es offensichtlich eine apriorische Gewißheit sein. Aber diese apriorische Gewißheit ist auch wiederum nicht von der Art, wie mathematische Gewißheiten, sondern vernunftnotwendig ist der Tod nicht. Er ist immer gesehen worden als etwas tief Rätselhaftes und in gewisser Weise Niedriges, etwas, was überwunden werden muß, und es gab ja einmal, ich erinnere mich, in der Zeit noch vor dem 1. Weltkrieg, das Buch eines Amerikaners, welches den optimistischen Titel hatte *Der Unfug des Sterbens.*[1]

1 Prentice Mulford, *Der Unfug des Sterbens. Ausgewählte Essays.* Bearbeitet und aus dem Englischen übertragen von Sir Galahad, München o. J. (um 1920).

Ja also zwischen dieser Aussage und der ersten Aussage liegt offenbar doch der eigentliche Gewißheitsbereich der Todeserfahrung. Die Todeserfahrung, die wir an anderen machen, ist zugleich verwurzelt, und das muß ja offensichtlich wohl die Lösung dieses Problems uns an die Hand geben, zugleich eine Erfahrung, die wir an uns machen. Und so hat es denn immer schon Denker gegeben, die darauf hingewiesen haben, daß wir eben, indem wir leben, zugleich sterben. Unser Leben ist zugleich ein Werden und Vergehen, eine Verkörperung, in welche der Gegenzug der Entkörperung mit eingeschlossen ist. Also würde man sagen, in gewisser Weise ist das eine ursprüngliche Gewißheit von gewissermaßen apriorischem Charakter.

Soweit man dieser Urerfahrung des eigenen Lebens als einer Verkörperung sogleich anmerkt, in ihr erfaßt, den Gegenzug der Entkörperung. Wie das genau sich zueinander verhält, dieses Sich-Verkörpern als ein Ent-Körpern, das glaube ich, ist Ihnen wohl durch die von uns bisher vorgenommenen Betrachtungen und Analysen einigermaßen faßbar geworden. Ich will da in die einzelnen Analysen nicht hineingehen, aber ich will Ihnen doch zeigen, was daran hängt. Die Radikalität solcher unüberholbaren Erfahrungen des Sterben-Müssens weiß sich offenbar nicht erst in den zu hoher Abstraktion gelangten Kulturen Antworten zurechtzulegen, die ausdrücklichen Fragen entsprechen, Fragen, die wir nun sehr oft so formuliert finden wie: wo ist nun der Verstorbene, wo lebt er weiter, oder lebt er überhaupt weiter und wie lebt er weiter, kommt er wieder, wann kommt er wieder?

Wir sehen also, und das ist ja selbstverständlich kein Wunder, wir stellen uns die Fragen und die Erscheinungen, die wir an frühen Kulturen, auch an frühen Hochkulturen sehen, das Verhältnis zum Reich der Toten, wir stellen uns das immer auf dem Hintergrund solcher Fragen vor. Und es hat ja eine Zeit z. B. in der Ethnologie gegeben, die einfach gedacht hat, als ob der frühe Mensch gewissermaßen um ein klares Weltbild zu haben, nach dem Prinzip der Kausalität, die das Ableben der Menschen als ein Anlaß betrachtet hätte, um nun zu sagen, ja, da müssen wir uns doch irgendeine Kraft denken, eine Seelenkraft, ein irgendwelches Wesen, was da nun den Tod überlebt. Verstehen Sie mich recht. Wenn man die Sache so ansieht, dann macht man aus allen Menschen gewissermaßen kleine Gelehrte und hält das Prinzip der Kausalität und die Frage nach der Ursache gewisser Erscheinungen für etwas ganz Primäres. So hat man vielfach vor allen Dingen ja auch im 18. Jahrhundert, aber vor allem im 19. Jahrhundert und vor allen Dingen natürlich im späteren 19. Jahrhundert unter der Vorherrschaft naturwissenschaftlichen Denkens sich die Sache zurechtgelegt. Der Seelenglaube sei also auf diese Weise zu erklären, nämlich als ein Erklärungsversuch, als ein Erklärungsversuch der mannigfaltigsten Art, um die Phänomene vor allem des Sterbens, aber auch gewisse Traumphänomene gewissermaßen unter einen Hut zu fassen.

Nun, Seelenglaube und Seelenkult, die uns ja in sehr verschiedenen Formen in der Frühgeschichte der Menschheit begegnen, haben darum noch lange keinen bloßen Erklärungswert, als bedürfe erst der Verlust körperlicher Sichtbarkeit zusätzlicher Annahmen von unsichtbaren im Körper wirkenden Kräften. Sondern die Todeserfahrung und die Lebenserfahrung bilden von allem Anfang an für die Menschen eine Einheit, weil in der Verkörperung die Entkörperung im Gegenzug mit enthalten ist. Die Tiere wissen nicht, daß sie sterben, und die Angst des Tieres in bestimmten Situationen, das Sich-bedroht-Fühlen, entspricht vielleicht einem ursprünglichen Selbsterhaltungstrieb, aber sicherlich einem Selbsterhaltungstrieb von einer ganz anderen Form, als sie der Mensch kennt. Sie haben ja kein Selbst, sondern sie sind nur ein Selbst. Der Mensch aber hat sich als ein Selbst, wenn auch in sehr verschiedener Form, in sehr variabler Form. Die unmittelbare Todesangst, Todesfurcht bei Tieren muß also entsprechend anders aufgefaßt werden von vornherein. Es ist wohl eine unmittelbare vitale Bedrohung, der sind sie zugänglich, und zwar offensichtlich, wie das Verhalten zeigt, für die verschiedensten Organisationsstufen, bei primitiven wie bei hochentwickelten Tieren. Aber es ist hierbei nicht gegeben, von daher kann man nicht sagen, daß irgendwie sichtbar würde eben das Spezifische, was den Menschen auszeichnet, nämlich die Todesfurcht, die Todesangst, die Todesgewißheit, auf deren Hintergrund erst eine bestimmte Bedrohung als eine wirkliche ernste vitalste Bedrohung erlebt wird.

Die Vertrautheit mit dem Negativen, haben wir gesehen, fehlt dem Tier. Eben diese Vertrautheit mit dem Negativen, die wir als ein strukturierendes, als ein gliederndes Prinzip unserer gesamten Umwelt erkannt haben, dieses mit den Dingen als isolierten Dingen im Rahmen eines Horizonts, der in etwas anderes, was uns verborgen ist, hineinweist, umgehen, dieses ständige Vertrautsein mit dem Kommen und Gehen, mit dem Auftauchen und Verschwinden, mit infolgedessen einem Zu-tun-Haben schöpferischer, gestaltender und zerstörender Art, das allein eben ist dem Menschen vorbehalten. Die Tiere leben in diesen Bezügen, aber die Bezüge sind ihnen als solche nicht noch einmal gegeben. Sie produzieren etwas und sie zerstören es. Sie erleben ein Kommen und sie erleben ein Gehen, sie sind ein Stück Werden und sie sind ein Stück Vergehen. Aber als solches ist es ihnen unzugänglich, weil ihnen der Zugang zur Negativität als solcher, zu den verschiedensten Modi des Nicht-Seins des Nicht-Daseins, des Fehlens unzugänglich ist. Ein Tier sucht nach etwas, aber ihm ist das Suchen nicht auf dem Hintergrunde eines ausgesprochenen Fehlens zugänglich, es reagiert auf das Fehlen, aber das Fehlen zeigt sich ihm nicht sozusagen als Leere, als Hohlform eben wie dem Menschen.

Ich erinnere Sie da an die Ausführungen, die wir ziemlich zu Anfang des Kollegs gemacht haben über die Gliederung unserer Umwelt. Und daran knüpfen wir auch hier wieder unmittelbar an. Nun, da den Tieren der Sinn für das Negative und diese Vertrautheit mit dem Negativen fehlt, fehlt ihnen auch die Todeserfahrung und in eins die Sorge um das eigene Leben in diesem Sinn. Sie hat sich seit den frühesten Tagen des menschlichen Daseins den verschiedenen kulturellen Formen entsprechend gestalten müssen. Bei einem, sagen wir einmal, weitgehend isolierten Trupp schweifender Jäger etwa in der Zeit des Aurignacien steht die Sorge um das Tier im Mittelpunkt, um seine überlegene Kraft, um seine Fruchtbarkeit, um sein Weiterleben und das eigene Weiterleben und damit um die Macht der Waffe. Mit dem Übergang zu einer siedelnden Lebensweise, zu einer sitzenden Lebensweise, zur Domestikation von Tieren, zum Anbau von Pflanzen, zur Gründung schließlich von Dörfern und Städten, die erst Jahrtausende später an die Schwelle der eigentlichen Frühgeschichte führen, verschiebt sich der Horizont der Sorge beim Menschen. Es erscheinen Götter, es erscheinen mythische Figuren dauerhaften Charakters, die den beharrend wiederkehrenden Gewalten der Erde und Gestirne, dem Zyklus der Jahreszeiten zugeordnet sind. Ihre Ordnung korrespondiert wiederum mit der sozialen Verfassung der Menschen. Also die magische Weltbewältigung aus der Jägerzeit wird von der jüngeren des Kultes an heiligen Stätten überlagert und umgeformt. Aber, wie wir historisch nachweisen können, also an den übriggebliebenen Monumenten, doch nicht völlig verdrängt. Die alten Symbole der Identifikation mit dem machtvollen Tier überdauern den Transformationsprozeß und werden damit zu Tiergottheiten. Also der urtümliche, sehr primitive Zoomorphismus wandelt sich allmählich in einen Theomorphismus unter Beibehaltung der Tiermaske, ein Stadium das, wie man weiß, bei Ägyptern ja doch bis in die Hochkultur hinein beibehalten wird.

Die alten Symbole also erhalten einen anderen Sinn, auch eine andere Gestaltung, aber bewahren die Erinnerung an diese Frühzeit. Erst sehr spät unter Führung der Griechen vermenschlicht sich wiederum das Götterbild, um dann schließlich mit der Vorstellung des bildlosen Einen Gottes, der eine Leistung der Juden ist, den Kulminationspunkt der Theomorphie zu erreichen. Das ist ja ein Urrätsel der gesamten Frühgeschichte der Menschheit und der frühen Religionsgeschichte, was das eigentlich für merkwürdige Dinge sind, die da auftreten. Am Anfang steht offensichtlich ein Zoomorphismus, der sich dann allmählich zu einem Theomorphismus umgestaltet. Die ursprüngliche Funktion des Zoomorphismus aber können wir natürlich nur erahnen, die können wir aber jedenfalls nur so deuten, daß eine eigenartige Verwandtschaft zwischen Mensch und Tier gesehen wird, und zwar in dem Sinne, daß sich der Mensch im Hinblick auf das ihm Wesentlichste seiner Welt, nämlich eben vor allen Dingen auf die ihn ernährende Jagd, später aber dann auch noch auf das ihn irgendwie begleitende Tier sozusagen von daher versteht.

Der Zoomorphismus ist also viel früher als der Theomorphismus, und der Theomorphismus ist offensichtlich wiederum eine Vorstufe, wie wir dann später sehen werden, zu einem Anthropomorphismus, unter dem wir heute stehen. Der Mensch versteht sich als Mensch. Ich habe ja schon früher gesagt, das ist eine von den Schwierigkeiten, mit denen die Anthropologie, wenn sie ganz radikal und ehrlich sein will, rechnet. Daß nämlich der Mensch sich als Mensch versteht. Da würde man nun sagen, nun also, entweder er versteht sich jetzt endlich richtig. Alle anderen Deutungen, alle anderen Identifikationsrichtungen sind ja wohl nur vorläufig gewesen und erklären sich nur, sagen wir einmal, aus den bestimmten ökonomischen und sozialen Zuständen, entsprechend diesen ökonomischen und sozialen Zuständen, er hat sich sozusagen noch nicht selbst gesehen. Oder er ist sich in diesem Sinne noch gar nicht in den Blick getreten. Nachdem er sich aber in den Blick getreten ist in dieser Weise, fragt sich, was eigentlich nun für ihn in den Blick getreten ist, ob das im echten Sinne eine wirkliche Selbstbegegnung ist, die Begegnung des Menschen mit sich selbst. Das ist die Frage.

Das Merkwürdige ist ja, daß der Mensch eben sich mit etwas identifizieren muß, und diesen Identifikationszwang, das haben wir ja als eine Grundfigur zunächst einmal entwickelt im Hinblick auf die Verkörperung. Die Identifikation, die ihm gegeben wird, schon mit seinem Namen, und die ihm damit einen gewissen Kreis und einen gewissen Raum vorzeichnet, in dem er wurzelt, in dem er sich verwurzelt findet und in dem er sich weiterhin verwurzeln muß. Hier tritt dasselbe offenbar auch im Gegenzug der Entkörperung auf. Man würde das ja sonst nie verstehen können, wenn es nur so wäre, wie man es früher immer gesehen hat, daß sozusagen der Mensch da ist, ohne etwas zu diesem Dasein selbst als sich Verkörpernder hinzutun zu müssen, ja, dann wäre's ja furchtbar einfach. Dann wäre er eben so, wie er ist, und dann wäre alles andere bloße Zutat. Von da aus würde man aber eigentlich niemals diese merkwürdigen Entwicklungen verstehen, die letzten Endes ja doch zu den merkwürdigen Ausgestaltungen eben einer Vergöttlichung von irgendwelchen Wesen, auch wohl zu den merkwürdigen Phänomenen des Totemismus, führen. Daß aber ein Stamm ein Tier als Stammvater verehrt, darin seine Identität sozusagen – wir interpretieren das so – sieht, daß er sich darin seine Einheit gibt, seine Einheit weiß, daß er sich darin sozusagen selbst »erkennt« (das Wort erkennen in Anführungszeichen), das scheint mir nur zu verstehen zu sein aus diesem Doppelverhältnis von Verkörperung und Entkörperung. Und ich hole jetzt nur den Gegenzug stärker heraus.

Für den Durchbruch der Rationalität als dem gestaltenden Entwicklungsprinzip der neueren Welt ist die Verbindung des griechischen mit dem jüdischen theologischen Gedanken entscheidend gewesen. Denn jeder für sich, der griechische wie der jüdische Gedanke, hat an der Freilegung einer Profansphäre des Menschlichen und Irdischen mitgeholfen, die griechische Vermenschlichung wie die jüdische Entmenschlichung und Transzendierung göttlichen Wesens. Die Vaterfigur, von der man sich kein Bild noch Gleichnis machen soll und die den Raum für Gesetz und Prophetie freigibt, und die gesteigerten Spiegelfiguren des homerischen Pantheon, die der Philosophie und aufkeimenden Wissenschaft keinen Widerstand entgegensetzen, haben der Vergeistigung des Menschen, der Rationalisierung seines gesamten Weltverhaltens gedient und den Gott-Menschen vorbereitet, in dem Profanität und Sakralität ihre Synthese fanden. In ihr sind, was die nachchristliche Theologie und Geistesgeschichte offenbart haben, ebenso die Möglichkeit der Heiligung des Profanen wie die Möglichkeit der Profanierung des Heiligen gleichermaßen angelegt. Also: angelegt, geschichtlich gesehen ebenso wie der totale Anspruch der Kirche wie der Anspruch der totalen Aufklärung.

Exponiertheit des Menschen und seine beschränkte Weltoffenheit als Kennzeichen der menschlichen Grundverfassung, so wie wir sie hier entwickelt haben, geben einer ambivalenten Lage Ausdruck, die bald in Überlegenheit, bald in Schwäche und Unsicherheit manifest wird. Unbehaustheit und planend gestalterisches Können, das die Dinge im Griff hat, begegnet auf Schritt und Tritt der Chance einer übermächtigen Drohung, den Dingen nämlich ausgeliefert zu sein und ihnen zu erliegen. Beides kennt das Tier nicht. Jedem Verhalten stellt sich ein offenes überschießendes Plus entgegen, das räumlich in der ständig sich verschiebenden Horizontlinie – ganz plastisch, ganz anschaulich – jeweils übersehbarer Umgebung, zeitlich als Zukunft an den Dingen als verborgene Möglichkeit, als ihre verborgenen Eigenschaften, Möglichkeiten, oder wie immer wir das nennen wollen, sichtbar wird, überall also in Erscheinung tritt, als das nicht Gegebene, als das Verborgene. Dieses gilt es zu bannen, abzuwehren und zugleich in die Gewalt zu bekommen. Nur ein Äußerstes bildet zu dieser Aufgebrochenheit das Gegengewicht und gibt ihm entsprechenden Rückhalt, ein Äußerstes an Macht und an Hoheit. Nähe und Ferne müssen in ihm aufgehoben sein, weil beide im räumlich-zeitlichen Sinne das Verhalten beherrschen. Beobachtung und Berechnung wie auch immer von Imagination getragen und verbunden durch sie brauchen daher eine imaginäre Führung und Begrenzung.

Es ist ganz sicher, ohne ein solches Gegenüber oder ein solches Vis-à-Vis kann offenbar menschliches Verhalten eben in seinem ambivalenten Verhältnis zu seiner fragmentarischen Welt nicht auskommen. Wie es gestaltet und als was es verstanden wird, ob als anonyme Macht oder als Person, hängt von der Art der Daseinsbewältigung ab, in der es sich spiegelt und die es wiederum stützt. Im engen bedürfnisarmen Lebenskreis, also unserer schweifenden Jäger in der Steinzeit, hält sich die Imagination und vergleichsweise simple Symbole, während Ackerbauer, Viehzüchter, Städtegründer wiederum in Kontinuität leben, in kontinuierlichen Formen, in überdauernden Formen, in begrenzten Gebieten festsitzend. Ihre Mächte haben eine Dauerordnung zu tragen und eine Herrschaftsordnung zu legitimieren. Dem Priester und dem Gebieter und Hüter entspricht der Gott. Von der Gottheit her sieht sich der Mensch, nach ihr formt er sich und auf sie lebt er hin. Hier steht er bereits unter dem Gesetz nicht mehr der Zoomorphie, sondern der Theomorphie, das bis in die Gegenwart Geltung beanspruchend [ist], noch in der Verklärung des Menschenbildes durch die Aufklärung wirkt es weiter, ist der Mensch sein Gott, der aufgeklärte, ist die Humanität eigentlich ein stellvertretendes theologisches Etwas, die sich dabei des Rückhaltes an den klassischen Vorbildern nicht zufällig bedient.

Griechentum und Aufklärung haben daher also eine tiefere strukturelle Beziehung. Der Götterhimmel des Homer, der zwar sehr viele archaische Züge zeigt, ist ja bereits, wie man heute weiß, Ausdruck einer höfischen Ritterkultur und insofern schon doch ein sehr spätes, wenn auch archaische Züge wahrscheinlich archaisierend-stilisierendes Etwas. Es ist in seiner Art eine literarische großartige Transponierung einer frühen Welt, einer frühen Ausdruckswelt in eine spätere Sehensweise. Und diese merkwürdigen menschlichen Züge, die ja mit dem Aufklärungsgeist, der sich sehr bald daran anschließt – eben in der griechischen Philosophie und Wissenschaft –, diese eigenartige Leichtigkeit, mit der sie die griechische Götterwelt gewissermaßen zum Symbol im Grunde genommen einer tief glaubenslosen und aufgeklärten Denkweise, Fühlweise, Verhaltensweise überhaupt machen konnten, das eben ist genau in diesen Strukturen mit begründet. Infolgedessen ist also das Wiedererwachen der Antike immer ein Zeichen in unserer Geschichte der Aufklärung gewesen. Und wenn heute in einer spezifisch gottlosen, gottfernen Gesellschaft archaische Symbole in Plastik und Malerei ihre zunächst rätselhafte Anziehungskraft auf unsere Imagination wiederzugewinnen scheinen und eine *prehistoire-moderne*, wie das die Franzosen so hübsch genannt haben, in seltsamer Korrespondenz zu den entdeckten Felsbildern und Bildwerken der Frühzeit aus verschütteten Tiefen ans Licht drängt – ich sage: dann möchte die Vermutung einige Wahrscheinlichkeit für sich haben, daß diese Phänomene Symptome eben jener Weigerung sind, dem Gesetz der Theomorphie das menschliche Leben noch länger unterzuordnen. Also sozusagen in einer spätaufgeklärten, nach-aufgeklärten Epoche, in der wir leben heute, ist das Auftauchen dieser Dinge nicht nur ästhetisch zu erklären und hat mit einer Romantisierung dieser Dinge nichts mehr zu tun.

Nun, meine Damen und Herren, das alles ist für Sie in der Formulierung ein wenig stark gehalten. Ich glaube aber, daß der Hauptgedanke Ihnen doch wohl einigermaßen verständlich geworden ist. Und nun frage ich mich: soll das nun heißen, daß das Religiöse, oder besser gesagt mit dem Ausdruck eines alten Göttinger Religionswissenschaftlers, nämlich mit dem Ausdruck von Rudolf Otto, daß das Numinose eine Schöpfung des Menschen ist?[2] Otto sagt das nicht, Otto hat nur den Ausdruck geprägt, eine der Grundkategorien der modernen Religionswissenschaft. Ich frage mich, soll das nun heißen, das Numinose sei eine Schöpfung des Menschen? Und wenn nicht gerade eine bewußte Schöpfung, dann jedenfalls doch eine Spiegelung und Projektion, der er verfällt, weil er von sich nicht loskommt, weil er ein Wesen ist, das sich verkörpert und entkörpern muß.

Ein deutscher Philosoph vor über hundert Jahren, der von größtem Einfluß auf Marx gewesen ist, also auf den Marxismus, und sozusagen zu den Kirchenvätern des Marxismus gehört, nämlich Feuerbach, hat so gedacht. Feuerbach sieht in der Abspaltung einer wie immer über-irdischen Sphäre den Ausdruck unerfüllter Bedürfnisse des Menschen und erklärt – zunächst ist das mal durchaus gesehen auf das Christentum die Konzeption eines Jenseits, das ist eine besondere Art von Konzeption in diesem Felde des Numinosen – [sie] als einen Ausdruck einer Unerfülltheit hier. Weil die Welt hier nicht in Ordnung ist und gespalten ist, spaltet sie sich projektiv ab in eine jenseitige Welt. Das ist der Grundgedanke von Feuerbach gewesen, in allen seinen Schriften auch zur Religionsphilosophie und zur Anthropologie. Der Mensch ist also ein projizierendes We-

2 Rudolf Otto, *Das Heilige. Über das Irrationale in der Idee des Göttlichen und sein Verhältnis zum Rationalen*, Breslau 1917.

sen. Und die Projektion einer solchen Hinter-Welt und Über-Welt wird in dem Maße verschwinden müssen und können, indem der Mensch sich selbst in die Hand bekommt, sein Leben gestaltet und mit sich eins wird.

Sicher ist das Problem, so, wie Feuerbach es lösen wollte, nicht zu lösen. Wenn die Genesis sagt: Gott schuf den Menschen ihm zum Bilde, dann trifft sie mit diesem Gedanken der Ebenbildlichkeit genau das Verhältnis der Korrespondenz, von dem wir hier gesprochen haben. Diesseits der Theologie läßt sich nur behaupten, daß beide füreinander sind. Beide Zonen. Die Zone des Numinosen und die Zone des Profanen, Menschlichen oder Irdischen oder wie Sie die Zone nennen wollen. Beide sind füreinander, beide halten sich die Waage. Aber um das Waageverhältnis kommt der Mensch nicht herum. Daß – so hieß es an früherer Stelle – Personifikation mit Identifikation beim Menschen gleichbedeutend ist, das Individuum schon kraft des Namens gewährt wird, zeigt im kleinen den gleichen Vorgang wie hier im großen. Die Angewiesenheit des Menschen auf ein Gegenüber mit dem, wie auch immer, es mag personale Züge haben oder nicht-personale Züge haben, der sich gleichsetzen kann, als eben der Macht, durch die er lebt. Gleichsetzen nur in dem paradoxen Abstand, der äußerste Ferne und unvermittelte Nähe miteinander vereint.

Wir würden also sagen, die Phänomene des Zoomorphismus, des Theomorphismus und des Anthropomorphismus gehören alle in diese eine große Linie hinein. Wir können zum Schluß sagen, das Ineinander von Verkörperung und Entkörperung, von Leben und Sterben bevölkerte einmal die menschliche Welt mit magischen Kräften und mythischen Figuren, Praktiken und Riten, die uns nur unvollkommen noch zugänglich sind, weil uns der Zugang zu einem kosmischen Verständnis der Dinge längst verloren gegangen ist, weil die sympathetische Ordnung an dem mechanischen Naturverständnis und der von ihm geleiteten Arbeitsgesellschaft heute keine Stütze mehr findet. Wer heute noch an kosmische Bezüge glaubt und sie zu effektuieren sucht – und das mögen nicht einmal die schlechtesten Menschen sein, aber sie sind heute eben irgendwie an den Rand der Gesellschaft gedrängt, z. T. bedienen sie sich auch etwas primitiver und banaler Formen des Horoskops und aller möglichen Heilpraktiken –, ich sage: das führt ein verstohlenes Dasein, genährt zwar von der Wundergläubigkeit breiter Halbbildung, nicht wahr: das Wunder ist der industriellen Gesellschaft liebstes Kind, kann man nur sagen!, aber machtlos, weil geist[los] oder jedenfalls nicht unmittelbar zur Macht legitimiert, so wollen wir es mal lieber ausdrücken. Die Sache ist leider noch gefährlicher, wie wir glauben, weil geistig und gesellschaftlich entwurzelt. Ihr Inventar an Formen, dankbares Objekt heute der Tiefenpsychologie (ich erinnere an den vor kurzem verstorbenen C. G. Jung[3]), zeigt in all seiner geschichtlichen Prägung tieferreichende Wurzeln. Es wäre verkehrt, die menschliche Grundverfassung, die zu solchen Gestaltungen drängte, für erschöpft zu halten. Sie wird unendlicher Transformationen fähig als machtvolle Konstante auch in den uns noch verborgenen Weltkonzeptionen weiterwirken. Die Sphäre des Traums – sehr wesentlich für diese verkörpernd-entkörpernde Existenz des Menschen – wie die Sphäre des Todes, die man heute weitgehend auch aus allen Bezügen ausklammert, an den Rand drängt, sind hierbei sozusagen die ständig wirkenden Grundansätze eben für diese Produktion einer wie immer gearteten Gegenwelt. Wobei ich von Innen- und Überwelt hier zugleich spreche.

3 Carl Gustav Jung war am 6. Juni 1961 in Küsnacht gestorben.

18. Stunde[,] Dienstag, 25. Juli 1961

[Zur Aktualität der Philosophischen Anthropologie]

Meine Damen und Herren! Wir werden heute die Vorlesung abschließen. Ich möchte diejenigen, die vielleicht das Bedürfnis haben, das eine oder andere aus diesem Kolleg gedruckt zu haben, darauf aufmerksam machen, daß einige Kapitel, die ich hier behandelt habe, in dem letzten Heft des *Merkur*, in dem Juliheft des *Merkur*, erschienen sind.[1] (Applaus) Nun, lesen Sie es nur erst noch mal! (Heiterkeit!)

Meine Damen und Herren, ich möchte heute die Besprechung mit einem Zitat einleiten, und zwar aus einem Vortrag, der mir glücklicherweise in Abschrift zur Verfügung steht, von Herrn Prof. Erich von Holst, dem Leiter des Max-Planck-Instituts für Verhaltensforschung in Seewiesen/Obb. Herr von Holst hat vor einiger Zeit einen Vortrag gehalten über moderne Instinktforschung.[2] Er hat z.T. sehr eindrucksvolle Experimente beschrieben, die über die Steuerfähigkeit des Verhaltens gemacht worden sind, vor allen Dingen hat er an Hühnern gearbeitet. Es gibt schon frühere Untersuchungen ähnlicher Art, die der Züricher Physiologe [Walter Rudolf] Hess gemacht hat, und die eine gewisse Bestätigung durch diese Untersuchung von Holst bekommen haben. Über die Steuerfähigkeit des Verhaltens durch Reizung bestimmter Zentren des Gehirns, und zwar merkwürdigerweise eben Verhaltensformen, die in erster Linie, wir müssen ganz vorsichtig sein, wohl mit dem Trieb- und Gemüts-, jedenfalls Gefühlsleben, emotionalem Leben dieser Tiere zusammenhängen. Also wie Angst, Schreck, Angriffslust u.ä. Dieser Vortrag ging damals durch die Presse und zeigte auch von diesen Versuchen ausgehend gewisse Perspektiven, die,

1 Helmuth Plessner, »Elemente menschlichen Verhaltens«, in: *Merkur* 15 (1961), S.601-614; Wiederabdruck in: ders., *Gesammelte Schriften VIII: Conditio humana*, Frankfurt/M. 1983, S.218-234.

2 Erich von Holst, »Probleme der modernen Instinktforschung«, in: *Merkur* 15 (1961), S.913-924; Wiederabdruck in: ders., *Zur Verhaltensphysiologie bei Tieren und Menschen. Gesammelte Abhandlungen Band I*, München 1969, S.277-289. – Zitat: S.287-289; nach der Druckfassung korrigiert.

sagen wir einmal, sich dereinst etwa für die Beherrschbarkeit des menschlichen Verhaltens uneigentlicherweise ergeben.

Herr von Holst geht in dem 2. Teil seines Vortrags dann auf einige allgemeinere Betrachtungen über die Situation des Menschen heute über und schließt dann mit einer längeren Passage, die ich Ihnen hier einfach vorlesen möchte. Sie müssen also etwas Geduld haben, aber ich glaube, daß die Betrachtungen, die wir hier angestellt haben, doch von einer gewissen Aktualität eben auch im Lichte der Ausführungen von Herrn von Holst sind. Also er sagt:

»Als Biologe, der gewohnt ist, über den gegenwärtigen Zustand hinwegschauend die Wandlung der Organismen in der Stammesgeschichte zu verfolgen, kann ich mir am Schluß die Frage nicht versagen: Muß die Menschheit auch in Zukunft so bleiben, wie sie jetzt ist: ein Mischmasch aus den wunderbarsten und verderblichsten Naturanlagen? Durch planmäßige Auslese hat der Mensch die Haustiere an ihre veränderte Lebenssituation angepaßt; störender Anlagen und Triebe hat er sie enterbt, erwünschte hat er gesteigert. Bei vielen Arten wurde Flucht- und Angriffstrieb ausgemerzt; beim Kampfhahn wurde umgekehrt die Aggression ins Maßlose gesteigert. Manches empfindet der Wertende hier als Verlust, so bei der Gans, den Ersatz des Triebes zu lebenslänglicher Gattentreue durch den einer wahllosen Geschlechtsbetätigung ohne persönliche Bindung.« (Bei der Gans!). K. Lorenz zitiert er hier, den wir ja durch seine hübschen Versuche an der Graugans z. B. kennen. »Anderes«, geht es weiter, »empfindet der Mensch aber als hohen Gewinn; auch das edle Vollblutpferd ist ein reines Zuchtprodukt. Mit sich selbst hat der Mensch keine solche Domestikation getrieben, daher eben seine urtümliche Triebnatur; lediglich die natürlichen Auslesemechanismen sind im Zivilisationsdasein praktisch ausgeschaltet, was zu einer steigenden Variabilität der Individuen führt.

Der Gedanke einer planmäßigen Menschenauslese ist durch Mißbrauch anrüchig. Aber wer mehrere Weltkriege erlebte, Nachkommen hat und sieht, daß die Zukunft nur Schlimmeres bringen kann, wenn alles ›beim alten‹ bleibt; wer selbst ein ›Menschenfreund‹ ist und die verbreitete Einstellung ›nach mir die Sintflut‹ nicht teilt, dem wird es gestattet sein, auch diese Möglichkeit zu durchdenken.« Also die Möglichkeit einer planmäßigen Menschenauslese! »So schwierig es wäre, brauchbare Kriterien der Auslese zu finden – die große Variabilität bedeutete jedenfalls eine günstige

Ausgangssituation. Die Verwirklichung eines solchen Planes ist allerdings an sehr radikale Voraussetzungen geknüpft. 1. planmäßiges Vorgehen nach einem festen Züchtungsziel durch viele Generationen; 2. freiwilligen (oder erzwungenen) Verzicht des einzelnen, allein zu entscheiden, ob und mit wem man Kinder hat (und demgemäß Einführung der künstlichen Befruchtung); 3. einheitliches Vorgehen über das ganze Erdenrund. Der dritte Punkt ist besonders wichtig: Wollte hier eine Menschengruppe mit ›gutem Beispiel‹ vorangehen und etwa nur friedfertige und hilfsbereite Nachkommen zu erzeugen suchen, so wären diese eine leichte Beute für den nicht so veranlagten Nachbarn – genau wie die feindlosen und daher von Natur friedfertigen und furchtlosen Tiere der Galapagos-Inseln. Eine solche Menschengruppe würde vernichtet oder zur geduldigen Sklavenkaste einer Sozietät mit urtümlich gebliebenem Triebinventar erniedrigt. Das gute Vorhaben müßte auf jeden Fall mißlingen.

So ist auch der Weg der planenden Selbstauslese wohl vorläufig utopisch; verbessern, veredeln in fast jedem gewünschten Sinne ließe sich die Menschheit ohne Zweifel! Nur scheint es unmöglich, daß der Mensch, in seiner gegenwärtigen Unvollkommenheit, selbst den überlegenen Züchter darstellt. Darum müssen wir, auch auf lange Sicht, mit uns fertig zu werden suchen, so wie wir jetzt sind; sei es nach dem Prinzip jener Weltregierung, sei es auf andere Weise. Gelingt das nicht, dann wird an irgendeinem Tage irgendein Mensch auf den bestimmten Knopf drücken, welcher den jüngsten und längsten Arm der Technik bedient. Und dann wird, ganz plötzlich, alles Leben auf der Erde auslöschen.«

Da haben Sie also, meine Damen und Herren, die Schlußworte dieses Vortrags, eines ausgezeichneten Biologen, Zoologen und Verhaltensforschers, vor sich. Und da muß man sich sagen, es ist doch sehr interessant, das ist nun ausgesprochen von wirklich autoritativer Seite im Jahre 1961, eigentlich nach einer Zeit, die das genau so gedacht hat und die das größte Unglück über unser Land gebracht hat. Genau mit demselben Idealismus im Hintergrunde, der ja auch aus diesen Worten spricht. Sie sehen also, meine Damen und Herren, daß die Vergangenheit in Deutschland nicht bewältigt worden ist, und daß das nicht etwa nur bei den, sagen wir einmal, beim Düsseldorfer Durchschnitt der Großverdiener der Fall ist, sondern bei den besten Köpfen in unserer Wissenschaft. Das sollte denn doch zu denken geben.

Nun habe ich mir hier in diesem Semester die Mühe gemacht, Ihnen anthropologische Probleme zugänglich zu machen. Ich könnte mir aber sehr gut denken, daß viele meiner Ausführungen, da sie ja unvermeidlich sehr abstrakt gewesen sein mußten, daß für viele von Ihnen die Brücke zu diesen aktuellen Problemen nicht ohne weiteres deutlich ist. So könnte ich mir denken, daß jemand, sagen wir einmal, hier das Kolleg gehört hat, und, nehmen wir einmal an, er sitzt dann im Publikum von Herrn von Holst, dann findet er das auch sehr erwägenswert. Er wird also sozusagen, vorausgesetzt, er hat in der Tat dieses Kolleg in sich einigermaßen aufnehmen wollen und auch können, dann wird er sagen, na ja, gewiß, sehr schön, aber hier, das ist doch auch sehr bedeutsam, was der Herr von Holst sagt. Und so wie Herr von Holst denken, ja, darüber wollen wir uns gar keinen Täuschungen hingeben, sehr viele Menschen bei uns heute. Die religiös festgelegten Menschen, ich rede vor allen Dingen von den wirklich wenigen, aber bewußten Christen, werden nicht so denken. Aber die haben, sagen wir einmal, vielleicht eine nicht mit Argumenten versehene Abwehr, aber eine unmittelbare Abwehr, daß hier an etwas Unantastbares gerührt wird. Sie werden sagen, der Mensch ist eben kein Tier. Und so denken natürlich nicht nur überzeugte Christen unter uns, so denken auch viele Menschen, die, sagen wir einmal, als gebildete Heiden anzusprechen wären. Also Menschen, die davon überzeugt sind, aufgrund etwa ihrer Liebe zum klassischen Altertum, daß der Mensch eben in der Tat ein geistiges Wesen ist, und daß er so etwas nicht mit sich machen darf, auch wenn er es kann. Es wäre also genau dieselbe Problemsituation für die Christen und, sagen wir einmal, für die geistigen Heiden, daß sie sich sagen müßten, hier ist genau dieselbe Schwierigkeit wie bei der berühmten Atombombe, löst man sie aus, und man kann es, dann handelt man nicht nur politisch unklug, weil man sich ja selber dabei auch trifft, sondern man handelt sozusagen hier völlig unverantwortlich, man beraubt die Menschheit der Bedingung der Möglichkeit zu existieren und Mensch zu sein. Genau dasselbe müßte man also auch von diesem Vorschlag sagen. Und wie gesagt, sehr viele machen sich das nicht klar. Es gibt zwar eine Riesendiskussion über die Atombombe, aber über diese Dinge gibt es noch keine Diskussion.

Ich habe Ihnen wohl mal früher im Anfang des Kollegs das Buch von Hedwig Conrad-Martius erwähnt, welches die Literatur über diese Probleme, also über die infolge des Darwinismus und des Sozialdarwinismus entstandene politische Literatur, teils anthropologische, teils philosophische, teils politische Literatur, [untersucht], einen Überblick gibt über die Utopien der Menschenzüchtung.[3] Und der Gedanke der Menschenzüchtung gehört, wie gesagt, durchaus dem 19. Jahrhundert und vornehmlich der 2. Hälfte des 19. Jahrhunderts an. Das ist ja ein Gedanke, möchte ich sagen, den wir auf sehr vielen geistigen Etagen vertreten finden. Es hat Anhänger Darwins gegeben, die unmittelbar daraus die Schlußfolgerung zogen, der Mensch muß den Auslesemechanismus, den die Natur von selbst automatisch im Kampf aller gegen alle, im Kampf gegen das Dasein sozusagen anwendet, darstellt, nämlich daß nur das Lebenskräftigste übrigbleibt und das Lebensschwache ausgemerzt wird, genau das muß der Mensch, der diesen Mechanismus ja durchschaut, nun allmählich in die Hand bekommen, genauso wie der Physiker, der aufgrund seiner Erkenntnis elektromagnetischer Vorgänge imstande ist, Glühbirnen zu konstruieren, überhaupt die Beleuchtungstechnik zu verbessern. Gut, also wir müssen[,] nachdem wir einmal den Einblick in die Selektionsmechanismen unter den Organismen gewonnen haben, nunmehr auftreten wie ein Züchter, der bestimmte Blumensorten oder eine bestimmte Tiersorte hervorzüchten und veredeln will. Genauso muß der Mensch jetzt sich selbst seiner eigenen Art und Gattung [gegenüber] handeln. Und von daher haben wir Bücher wie das Buch von Woltmann[4] u. ä., die ebenso Ende der 90er Jahre sehr viel Staub aufwirbelten und eigentlich so vielfach auch von bestimmten politischen Richtungen mit gebraucht wurden, die natürlich in diese ganze Bewegung des damaligen Imperialismus sehr gut hinein paßten. Solche Gedanken, wie sie da geäußert sind, die finden sich nun z. T. auch auf sehr primitiver Stufe. Und von diesem Gedankengut ist ja der Nationalsozialismus, wie wir alle wissen, aufs stärkste beeinflußt worden. Die SS-Organisationen standen unter dieser Züchtungsideologie, es war also nicht nur ein Phrasenschatz, den sie von daher bezogen, sondern die Idee einer planmäßigen Aufnordung,

3 Hedwig Conrad-Martius, *Utopien der Menschenzüchtung. Der Sozialdarwinismus und seine Folgen*, München 1955.

4 Ludwig Woltmann, *Politische Anthropologie. Eine Untersuchung über den Einfluss der Descendenztheorie auf die Lehre von der politischen Entwicklung der Völker*, Eisenach 1903.

d. h. nach einem bestimmten Züchtungsideal, was man hatte, die planmäßige Aufnordung des deutschen Volkes, sollte in der Tat, und auch der europäischen Völker, sollte in der Tat eine Zukunftsrasse einfach planmäßig gezüchtet werden, die als Herrenrasse in Zukunft die Herrschaft über die Erde antreten sollte.

Herr von Holst sieht das natürlich und insofern hat er also wenigstens noch gesagt, es sei im Augenblick der Gedanke einer planmäßigen Auslese durch Mißbrauch anrüchig. Aber immerhin, er stellt ja doch, er weiß ja auch nichts anderes zu sagen, als eben genau diese selbe Empfehlung. Er sagt, es wird sehr schwierig sein, wenn also, sagen wir einmal, individuell in irgendeiner Nation damit angefangen wird, die sich nach irgendeinem, wir würden sagen, nicht nach einem kriegerischen Ideal, sondern nach einem friedfertigen Ideal sozusagen eine bestimmte Auslese betreiben will, dann riskiert sie ja in der Tat, wenn sie das allein macht, daß sie von den anderen aufgefressen wird. Und – deshalb sagt er, ja, –, er stellt ja auch das Problem in einer wirklich schlicht und ergreifendenden Form, daß er sagt, ja das wäre in der Tat nun das große Problem, das Kriterium, nach dem man eine solche Auslese betriebe.

Nun, meine Damen und Herren, wir brauchen, glaube ich, jetzt nicht weiter in eine unmittelbare Diskussion dieses Vorschlags einzutreten, das wird sich für jeden, glaube ich, zunächst einmal nicht nur als eine vorläufige, sondern als eine totale Utopie zeigen, ganz abgesehen davon, ob überhaupt der Mensch eine solche planungsmäßige Auslese an sich betreiben kann, denn das ist ja dabei die Voraussetzung. Daß wir es an Tieren und an Pflanzen können, wissen wir. Der Gedanke von Darwin war, daß in der Tat die gesamte Entwicklung einschließlich des Menschen unter diesem Selektionsgesetz stünde. Und danach hat ja, und diese Gedanken sind ja zweifellos von Einfluß gewesen, auch auf Nietzsche, den bestimmt diese Anwendung und Popularisierung seiner Ideen einer Höherzüchtung des kommenden Menschen in dieser Form zuwider gewesen wäre. Denn er denkt doch wohl nicht an ein planmäßiges Vorgehen etwa durch künstliche Einführung künstlicher Befruchtung, er denkt ja seinen blonden Zukunftsmenschen, das ist für ihn nicht einfach eine direkte biologische Form, sondern ein Symbol und auch nur ein Symbol, das in einem bestimmten Gedankengang eine bestimmte mehr oder weniger transitorische Rolle spielt. Man hat den Nietzsche insofern völlig mißverstanden, als ob das nun eigentlich seiner Weisheit letzter Schluß gewesen wäre. Das ist ja im Grunde genommen nur konzipiert als ein Gegenbild zu dem, was er kritisiert. Aber er würde schaudernd vor solchen Dingen zurückgewichen sein. Immerhin geht auch Nietzsche natürlich in – was diesen Gedanken betrifft – ganz deutlich in die Zeit, die unter dem Einfluß des Darwinismus stand. Ich sage noch einmal: nur in dieser Hinsicht, mit diesen Begriffen.

Nun fragen wir uns aber einmal, ist das überhaupt möglich? Es ist ja ganz offensichtlich, zunächst einmal schon die vollkommen utopische Idee, erst muß mal eine Weltregierung da sein, d. h. eine Garantie für eine pazifizierte Gesamterde. Dann könnte diese Regierung die Maßnahmen treffen, die nach Herrn v. Holst dazu führen sollen, daß eine solche Pazifikation auf der Erde möglich wird. Also die Argumentation setzt ja genau das voraus, was sie eben erst begründen will. Sie sehen also, was will er denn. Er sieht die heutige Gefahr, die große Gefahr, daß in der Tat unbeherrschte Kriegenergien doch in irgendeiner Konstellation, das haben wir ja '33 erlebt, nicht wahr, etwa irgendeine Regierung an die Macht bringt, eine Gruppe, die vor nichts zurückschreckt, und die, wie er sagt, nicht mehr die Hemmungen hat, ihre eigenen Aggressivitäten zu unterdrücken und die eben zum äußersten greift. Um diese Chance auszumerzen, konzipiert er ein Verfahren, das eine andere verbesserte veredelte Menschheit hervorrufen soll. Genau dies ist aber auch nach seiner eigenen Argumentation erst dann möglich, wenn nicht der eine isoliert anfangen muß oder anfangen darf oder anfangen kann, sondern wenn alle an diesem Experiment beteiligt sind. Damit aber alle an dem Experiment beteiligt sein können, wird genau das vorausgesetzt, was das Verfahren erst erzielen soll. Nun könnte man sagen, nun schön, das ist nun so ein Gedankenentwurf, das ist eigentlich kein Vorschlag, das ist vorläufig utopisch, nun, es ist vollkommen irreal.

Aber nun müssen wir uns einmal fragen, abgesehen davon, stimmt eigentlich die Konzeption des Menschen? Oder wollen wir uns noch die zweite Frage vorlegen. Beiseitegelassen sei einmal, daß die Sache im ganzen ein völlig irrealer Vorschlag ist. Und auch abgesehen davon, daß ja hier eine Fülle von sehr zentralen ethischen und religiösen Problemen angeschnitten ist, ist es denn eigentlich technisch möglich, das, was er will? Stimmt denn das überhaupt? Kann man denn das? Das ist eine von ihm einfach angenommene Behauptung, nämlich daß der Mensch ein Tier ist. Aber ein merkwürdigerweise irgendwo gefährliches und gestörtes Tier. Wäre es bloß ein Tier, dann wäre eben die ganze Problematik nicht da. Denn man kann nicht irgendwie im Reiche der Tiere beobachten, daß eine bestimmte Tierart sich darum bemühte, andere Tierarten einem Züchtungsverfahren zu unterwerfen. Es gibt zweifellos parasitäre Verhältnisse oder es gibt auch symbiotische Verhältnisse zwischen verschiedenen Tiersorten aber – die sind aufeinander eingespielt, das hat weder die Ameise gemacht noch die Blattlaus oder wie auch immer, was es auch sein mag, im einzelnen Fall, sondern das hat zueinander gefunden im Laufe der Millionen Jahre. Keiner der beiden, weder der Wirt noch der Parasit oder der Wirt und das, was er selbst wieder in irgendeinem Sinne als seinen symbiotischen Kameraden hierbei sozusagen bei sich hat, beide sind aufeinander gewissermaßen zueinander gekommen, wie auch immer. Also ein aktives Eingreifen sehen wir im Tierreich natürlich nicht. Und nach unseren Äußerungen kann das ja auch gar nicht der Fall sein, weil diese ganze, dieses Eingreifen eine rationale Distanz, ein Planen voraussetzt, eine Vergegenständlichung, eine Versachlichung, die eben gerade dem Tiere versagt ist.

Jetzt die Frage: stimmt die Argumentation und ihre Voraussetzung? Offensichtlich nicht, er hat keine klare Konzeption vom Menschen. Er spricht von einem Mischmasch aus den wunderbarsten und verderblichsten Naturanlagen. Durch planmäßige Auslese hat der Mensch die Haustiere seinen oder ihren Umständen angepaßt, aber sich selbst hat er sozusagen nicht domestiziert. Sie sehen, das ist genau der Gedanke, den wir auch schon früher einmal gesehen haben, der Gedanke, daß der Mensch irgendwo urtümlich sei. Mit sich selbst hat der Mensch keine solche Domestikation getrieben, daher eben seine urtümliche Triebnatur. Lediglich die natürlichen Auslesemechanismen sind im Zivilisationsdasein praktisch ausgeschaltet, was zu einer steigenden Variabilität der Individuen führt.

Ich glaube, das ist eine wichtige Feststellung, und auf die müssen wir uns heute noch einmal besinnen. Was heißt das? Die urtümliche Triebnatur! Sie erinnern sich, was ich früher einmal gesagt habe: die Utopie der Wildform, der urtümlichen Wildform des Menschen. Ein Gedanke, der ja immer wieder auftaucht, der, sagen wir einmal, bei Rousseau oder auch noch bei Marx usw.

nachklingt, daß der Mensch eine urtümliche Natur habe, die im Laufe der Zeit natürlich wohl bezähmt wird in gewisser Weise, aber irgendwo noch als ein ursprünglicher Quell in ihm erhalten sei.

Das kann man positiv und das kann man negativ aussagen, auffassen. Negativ: man sagt, darin liegt eine unbezwungene Wildheit. Es gibt ein Buch von Spengler über die Technik, ein kleines Buch.[5] Und darin wird denn auch sofort von daher alles menschliche Verhalten auf Aggressivitäten zurückgeführt. Er sei sozusagen gewissermaßen das Raubtier par excellence. Diese Raubtierkonzeption des Menschen finden Sie genau auch hier wieder bei Herrn von Holst. Wie steht es damit? Zweite Frage damit in Verbindung: die Ursprünglichkeit des Menschen als eine urtümliche Friedfertigkeit, als eine urtümliche Friedfertigkeit, die erst durch die Kultur, d. h. bei Marx z. B. durch die Entstehung der Arbeit und die Entstehung der Arbeitsteilung gestört worden sei. Die ursprünglich totale Natur des Menschen, die harmonische Natur, sei, das ist die Marxsche Konzeption, durch die Arbeitsteilung und damit durch den Spezialismus, den Egoismus, den Bodenbesitz, die Trennung in Klassen von Besitzenden und Besitzlosen, von Herrschern und Sklaven, Unterworfenen zerrissen worden. Man müsse da hindurch, man müsse diese ganze Entwicklung steigern bis schließlich wieder einmal die Versöhnung (also bei Marx die klassenlose Gesellschaft) erreicht sei.

Sie sehen, das sind zwei Grundkonzeptionen, die hier durcheinander spielen. Einmal die Fähigkeit des Menschen, sich selbst in die Hand zu bekommen; zweitens, das in die Hand zu bekommen, was ihm sozusagen seiner Harmonie entgegensteht. Entweder die Harmonie wiederzugewinnen, Rückkehr zur ursprünglichen Natur, auch seiner eigenen Wesensnatur, oder endgültige Bezwingung der Aggressivität, der ursprünglichen Wildheit, ja seiner Raubtiernatur. Das zeichnet sich also in diesen Gedankengängen als Hintergrund ab.

Wir müssen uns nun fragen, was haben wir aus diesem Kolleg bezüglich dieser, wie Sie sehen, doch recht aktuellen Forderungen, Überlegungen gelernt. Ich habe an einer Stelle schon früher einmal versucht, Ihnen diese Dinge auseinander zu setzen, aber ich hielt es für richtiger, erst in diesen Erörterungen weiter fortzuschreiten,

5 Oswald Spengler, *Der Mensch und die Technik. Beitrag zu einer Philosophie des Lebens*, München 1931.

jetzt ist wohl der Augenblick gekommen, wo wir uns noch einmal das näher überlegen.

Was haben wir als die Grundverfassung des Menschen kennengelernt? Ganz offensichtlich ein merkwürdiges Mißverhältnis zu seiner körperlichen Existenz. Und Sie werden das überall finden, auch nicht nur bei Philosophen, diese Bemerkung, Sie finden es z. B. in der kleinen Schrift, in dem kleinen Aufsatz von Heinrich von Kleist über das Marionettentheater.[6] Da steht das auch drin. Ich kann Ihnen das nur dringend empfehlen, falls Sie es noch nicht kennen sollten. Dieses Mißverhältnis des Menschen, nämlich zu stehen, wie er es da ausdrückt, zwischen Marionette und Gott. Die Marionette ist der vollendete Gliedermann, wie er sagt, der Gliedermann, der einem reinen Mechanismus folgt, und dann auf der anderen Seite eben diese letzte Unmittelbarkeit, die totale Selbstbeherrschung, dazwischen steht der Mensch. Das wird erörtert in einer großartigen Weise an einer kleinen Erzählung von einem Kampf, einem Boxkampf zwischen einem Menschen und einem Bären. Die Sache spielt natürlich, soweit ich mich erinnere, natürlich auf einem russischen ..., nicht wahr, spielt im Osten. Der Bär, das ist das Erstaunliche, hat sofort alles raus. Jede Bewegung, die man auch macht, im Kampf, wird von ihm von vornherein abgewehrt. Darin liegt eine Überlegenheit des Tieres, die sich ja auch zeigt in der vollendeten Grazie jeder tierischen Bewegung. Kleist will also zeigen, daß hier sozusagen die Natur noch mit sich eins ist oder wie man das falscher und romantischer ausdrückt: hier ist überhaupt noch kein Bruch. Beim Menschen aber ist der Bruch. Der Bruch, der ihn eben zwischen die Marionette und die vollendete Einheit stellt. Diese gebrochene Einheit ist also jetzt sozusagen die spezifische Position des Menschen.

Diese gebrochene Einheit ist genau das, worauf es hier ankommt. Denn wäre sie nur ein Bruch nach dem Modell etwa wie Descartes den Menschen konzipiert hat, nämlich als ein Konjunktum, wie er sagt, als eine Verbindung zwischen zwei verschiedenen Substanzen, dem Geiste und dem Körper oder der Ausdehnung, ja, dann wär's ja nicht so schlimm. Dann wären wir eben wirklich zwei, und wir würden nur zusammengehalten durch – Descartes läßt das völlig

6 Heinrich von Kleist, »Über das Marionettentheater«, in: ders., *Sämtliche Werke und Briefe*, 2. Band. Hg. von Helmut Sembdner, 6., ergänzte und revidierte Aufl., München 1977, S. 338-345.

offen – durch irgendeine, geheime Verbindung, die letzten Endes ja für Descartes unbegreiflich ist. Er ersinnt da alle möglichen kleinen Konstruktionen, aber er sieht ja selbst, die Lebensgeister, die er da wirken läßt, das ist nur so eine Art Symbolismus, den er da anführt, damit kann ja nach seiner eigenen Konzeption nichts gesagt werden. Wäre der Mensch also wirklich nur dieses, also Geist in einem Körper oder Seele in einem Körper oder Bewußtsein in einem Körper, dann würde man sagen, also gut, dann wäre die Cartesische und im Grunde genommen die Platonische Kerkertheorie am Platze, man würde sagen: Der Geist kann nicht unvermittelt wirken, er muß vermittels des Leibes wirken, aber es ergeben sich eine Reihe von Störungen, aber das Ganze ist nicht so schlimm. Es wäre gewissermaßen so, wir sitzen nun mal in diesem Kerker unseres Leibes oder in diesem Futteral unseres Körpers, und damit sind nun einmal gewisse Störungen gesetzt, aber man kann das eine sehr sauber vom anderen absetzen. Und das ist ja eine Auffassung gewesen, die ja doch bis tief in die Neuzeit hinein gewirkt hat. Der Mensch ist, solange er hier lebt, auf dieser Erde, Gefangener seines Körpers, aber das Eigentliche ist davon unberührt und wird sich im Tode wieder davon frei machen.

Unsere Konzeption – oder die Konzeption von Kleist – ist nun aber eine andere. Sie ist die Konzeption einer gebrochenen Einheit, d.h. einer *Ein*heit! Aber eine Einheit, die den Bruch *in sich* hat. Wobei der Bruch nicht die Einheit auflöst, sondern von der Einheit gleichsam doch getragen wird, gestützt wird. Und genau dieser Punkt eben, der wird hier wieder aktuell, wenn wir es nun auf die Frage speziell, die Frage des Verständnisses vor allen Dingen von Trieb und Vernunft anwenden. Daß der Körper des Menschen wie auch der Tiere sozusagen das Triebinventar vorgezeichnet erhält, ist klar. Alle Funktionen des Körpers sind bestimmten Trieben zugeordnet und umgekehrt. Darin äußert sich, wie auch immer, die vitale Dynamik irgendeines Organismus. Sie können von einem Seestern oder von einem Gelbrandkäfer oder von einer Lerche oder von einem Fisch nicht dieselbe vitale Dynamik verlangen. Ich erinnere Sie an das, was wir bei der Umweltlehre hier schon erörtert haben. Je nach der vitalen, physiologischen und anatomischen Organisation eines Leibes muß das Triebinventar beschaffen sein. Bei den Tieren ist nun folgendes zu beobachten: daß ihre Triebe ungemein reguliert sind, d.h. daß die Triebmechanismen einem bestimmten Rhythmus unterworfen sind, genau wie ja auch ihre Instinkte, die ja mit den Trieben aufs engste zusammenfunktionieren, ihre Instinkte eine Vorzeichnung, eine weitgehende Fixierung zeigen und eine große Stärke. Zu einer bestimmten Zeit treten die Wanderungsbewegungen etwa bei den Vögeln auf, bei den Zugvögeln. Mit einer ungeheuren Übergewalt setzt sich ganz offensichtlich ein ganz bestimmter Trieb durch, und durch bestimmte Instinktmechanismen geführt, erreicht der Organismus sein Ziel. Diese eigenartige Triebrhythmik ist beim Menschen offensichtlich unterbrochen.

Ich bin auf diese Dinge auch schon zu sprechen gekommen, als wir das Thema der Domestikationserscheinung besprachen. Es ist sehr merkwürdig, daß Herr von Holst, gerade wo er hier[7] von Domestikation spricht, den Menschen als das nicht-domestizierte Wesen anspricht, das sich erst domestizieren *müßte* und sollte, leider nicht kann! Während umgekehrt es Autoren gegeben hat, welche behaupten, daß der Mensch selber in seiner Vitalität weitgehend die Spuren dieser Domestikation [zeigt], wie bei vielen Haustieren, die er selber domestiziert hat. Also die Durchbrechung der Brunstperiode, die Freisetzung der Sexualität, die merkwürdige Entbindung des Sexualtriebes aus einer sehr festgelegten Rhythmik zugunsten einer a-rhythmischen mehr oder weniger Dauer-Triebhaftigkeit und Ähnliches. Solche Störungen der Rhythmik kann man ja gerade infolge der Domestizierung an Haustieren beobachten.

Von daher haben eben manche Autoren gemeint, die merkwürdige a-rhythmische Triebstruktur des Menschen auf Domestikation, d. h. auf sein zivilisiertes Leben, auf sein Leben nicht mehr in freier Wildbahn, zurückführen zu sollen. Ja, wie ist denn das, wenn wir uns die Geschichte von der menschlichen Daseinsform selbst hier überlegen? Bei einer gebrochenen Einheit kann der Trieb überhaupt nicht so beschaffen sein wie beim Tier. Und daraus entstehen die eigentlichen Antagonismen, mit denen es der Mensch zu tun hat. Raubtiere sind wir nicht, denn dann wären wir sehr friedfertige. Wir sind nicht aggressiv in diesem im Grunde harmlos-beschränkten Sinne des Jaguars oder des Leoparden oder des Löwen oder was für schöne Raubtiere es immer gibt. Sondern unsere Aggressivität ist in der Tat unendlich. Sie ist nicht mehr

7 Im Typoskript »gerade« getilgt.

wie bei einem Tiere im Grunde genommen eingebettet in einen beschränkten Horizont seiner Umwelt und seiner sozusagen darauf abgestimmten Triebrhythmik, sondern wir haben einen Triebstau, weil wir Vernunft haben. Diese Brechung unserer selbst, eben unsere gebrochene Einheit bedingt diese merkwürdige Zerreißung und bedingt die gesamte Konfliktsituation zwischen mir und meinem Leib. Dadurch entsteht überhaupt erst die gesamte Problematik. Und das hat Herr von Holst sich viel zu leicht gemacht, weil er glaubt, es handele sich um ein mehr oder weniger ungebärdiges Tier oder um gewisse Naturreste im Menschen, die man irgendwie durch irgendwelche Manipulationen züchterischer Art wegbringen kann.

Genauso, aber andersherum haben die biologischen Politiker des ausgehenden 19. Jahrhunderts und ihre Schüler im 3. Reiche argumentiert. Sie haben gesagt, nein, im Gegenteil, dieser kostbare Rest aus der Urzeit, der muß entwickelt werden. Wir müssen die ganzen Hemmungen, die ethischen, geistigen Hemmungen, die müssen wir loswerden, wir müssen also eine starke Generation emporzüchten, welche sozusagen nun im wahrsten Sinne erst Raubtiere (im literarischen Sinne) Raubtiere wird, d. h., man wollte nicht ein Raubtier, sondern man wollte den Menschen in einer bestimmten einseitigen Form eben als Bestie – und das kann er leider nicht, denn dazu ist er eben wieder zu sehr Mensch. Er kann Verbrecher werden, und ja nur der Mensch ist unter allen Wesen als einziger der Mörder, kein Tier mordet. Das ist eine vollkommen falsche Kategorie, die man darauf anwendet; nur der Mensch mordet, und er mordet eventuell auch aus Lust.

Hier erst zeigen sich die eigentlichen wirklichen, echten, guten, klaren Dunkelstellen unserer selbst. Das Böse in diesem Sinne ermöglicht sich überhaupt erst als Realität durch diese eigentümliche Zerrissenheit und Gebrochenheit. Also Trieb in diesem Sinne kennt die Natur eben nicht, sondern durch die eigenartige exzentrische Position des Menschen oder durch die gebrochene Einheit der menschlichen Natur entsteht überhaupt erst die Möglichkeit einer solchen kriminellen Ungleichgewichtigkeit im Menschen, und [sie] kann ihm durch nichts als durch ihn selbst, durch bestimmte ethische und moralische oder sonstige Hemmungen genommen werden.

Nun, meine Damen und Herren, mit dieser mir ja sonst wenig

liegenden moralischen Apotheose sozusagen schließe ich diese Betrachtungen und hoffe, daß sie Ihnen in manchem nicht doch zu abstrakt gewesen sind – ich hoffe aber, daß Sie aus diesen letzten Besprechungen gehört haben, daß die Dinge doch recht aktuell sind.

Anhang

1. Helmuth Plessner: Zur Geschichte der Anthropologie. Vorlesung Sommersemester 1956

(Nachschriften Dr. Christian von Ferber)

29. V. 56

Im 17. Jahrhundert bezeichnet A.[nthropologie] eine Lehre vom Menschen als einem Wesen, das zugleich einer empirischen und überempirischen Welt angehört.

Seit dem Ende des 17. und des 18. Jahrhunderts Einbeziehen der Wissenschaften in den Bereich der Anthropologie. Außer der Philosophie (Metaphysik) gestalten auch Psychologie, Ethnologie, Soziologie, Physiologie, Anatomie und Geschichte Probleme der Anthropologie.

Im 19. Jahrhundert anthropologische Untersuchungen beherrscht vom naturwissenschaftlichen Entwicklungsdanken (Darwin!) und mit naturwissenschaftlichen Methoden durchgeführt. *Das* Problem der Anthropologie im 19. Jahrhundert war: Wie kann der Mensch zugleich einer höheren Welt angehören und vom Affen abstammen?

In der gegenwärtigen Anthropologie nimmt man an, daß der Mensch ein Wesen ist, das zwei Seiten hat, Geist und Körper (nicht zu verwechseln mit der mittelalterlichen Auffassung, er gehöre seinem Wesen nach zwei Welten an). Problematik der geschichtlichen Variabilität des Menschen.

Das Verhältnis von Geist-Körper problemgeschichtlich im cartesianischen Dualismus angelegt. Er entzieht aber einer philosophischen Anthropologie die Existenzgrundlage, da beide Substanzen ihrem eigenen Gesetz folgen.

30. V.

Abgrenzung der modernen Anthropologie gegen Tiefenpsychologie und Existenzphilosophie.

Erinnerung an das Scheler-Wort: Keine Zeit hat so viel vom

Menschen gewußt und keine Zeit weiß so wenig, was der Mensch ist, wie die unsrige.[1]

Eine Lehre vom Verhalten muß an einem neutralen Leitfaden entwickelt werden. Dieser Leitfaden ist das Verhältnis des Menschen zu seinem Körper. Das Verhalten des Menschen ist bestimmt von den Aufgaben, die ihm gestellt sind. Der Verhaltensbegriff ist gegenüber Physis, Psyche und Intellekt und deren Unterschieden neutral. – Der Behaviorismus beschreibt nicht das Verhalten, sondern das körperliche Benehmen. –

Die Existenzphilosophie ist naturfremd und weltfremd.

31. V.

Ausgehend von den in der letzten Stunde behandelten erkenntnistheoretischen Problemen Erörterung:

a) der Uexküll'schen Theorie im Sinne einer Relativierung der seinerzeit verbreiteten linearen Fortschrittstheorien (einliniger Stufenbau). Sie gab dem Organismus sein Recht. Analogie zum Historismus,

b) des phänomenologischen Ansatzes als Überwindung des seit Descartes herrschenden Dualismus von innen und außen. Vorläufige Klassifikation des Verhaltens: Handlung, Sprache, Ausdruck. Transparenz dieser Verhaltensformen für ein »innen«,

c) der durch Dilthey eingeführten Unterscheidung von Erklären und Begreifen (Verstehen) Grenzübergang vom Verstehen zum Erklären im Unverstandenen, Unverständlichen. Das prima facie Unverstandene fordert die Erklärung, sie führt zum Verständnis zurück.

6. VI.

Erinnerung an den in der letzten Stunde behandelten Unterschied von Verstehen und Erklären.

Erkenntnistheoretisches Vorurteil: Wissenschaft – Naturwissenschaft, angelsächsischer Länder, demgegenüber Verhalten im vorwissenschaftlichen Verkehr weitgehend verständlich-Versteh-

1 Vgl. Max Scheler, *Die Stellung des Menschen im Kosmos* (1928), in: ders., *Gesammelte Werke Band 9: Späte Schriften*. Hg. von Manfred S. Frings, Bern und München 1976, S. 1.

barkeit. Es bietet sich als deutbar an; z.T. sprachliche Äußerung *will* sogar verstanden sein.

Unterscheidung von Gebärde (von selbst kommend) und Gestik im Gebiet des Ausdrucks. Bei den Völkern verschieden geartet (Zustimmung, Verneinung).

1. Betrachtung der Analyse des Verhaltens am Leitfaden der Körperlichkeit. Intention Erforschung menschlicher Natur. Z.B. von Marxisten als sinnvoll verneint: Mensch nur ein bloßer Name. Ähnlich Lebensphilosophie (Dilthey) Leben ein sich Wandelndes.

Rückkehr zu Feuerbach? Konstanz und Variabilität in der Geschichte in der Schärfe der Problemstellung zunächst umgangen.

Begründung am Beispiel des Geistbegriffs. Vermeiden des historischen Ballasts. Ähnlich Heidegger, Entgiftung des Relativismus. Relativkonstanz zu wählen: Verhältnis zum Leib.

Einwand: Verschiedenheit in der Auffassung vom Körper in: Indische Kultur, Klassisches Griechentum, Plato, Aristoteles, Christentum, Judentum. Aber sich in historischen Zeiten kaum wandelnde Körperhaftigkeit. Schwerveränderlichkeit (Joseph-Roman Th. Mann Höllenfahrt)

Was charakterisiert das Verhältnis des Menschen zu seinem Körper?

Definition des *Körpers*: *nicht* mit dem analytischen Gerüst der Naturwissenschaften. Doppelverhältnis zum Körper:

a) in ihm und
b) mit ihm.

a) Futteralsituation gekennzeichnet durch Icherlebnis das durch-Auge-Blicken, Ohren-Hören etc.

ich habe ihn (den Körper)

b) z.B. stolpern. Mit der Innensituation auf Außensituation gestoßen.

Verschränkung der Grundsituationen = »exzentrische Position«.

Die Instrumentalität kann gehemmt, verfeinert etc. werden.

Exzentrizität ist *nicht* Selbstbewußtsein. Dieses ist mit gegeben, aber nicht mit der exzentrischen Position identisch.

Innenhaftigkeit ist eine quasi Räumlichkeit. Verführung zur Lokalisation des Ich. (Z.B. Descartes Zirbeldrüse).

Expressivität und Instrumentalität jedem (auch tierischem Verhalten[)] zukommend. Grundmerkmale des beweglichen Organismus.

Objektivierungsfähigkeit menschlichen Verhaltens; von ihr Expressivität und Instrumentalität beeinflußt, tangiert.

Begriff des Objektivierens? heißt etwas für sich betrachten können.

Objekt = Entgegenstehendes, Entgegengeworfenes. Widerständigkeit noch nicht Sache. Sondern diese ist Unabhängigkeit vom Widerstand-leisten (Realitätsproblem in der Philosophie) Widerständigkeit und Gegenständigkeit fallen nicht zusammen. Erinnerung an Solipsismus (Fichte, Stirner). Kant, Kritik der reinen Vernunft: Widerlegung des materialen Idealismus.

Was macht Gegenstand als Sache möglich? Versachlichung durch ein Wesen? Abstandnehmen, Distanzierungsfähigkeit zum In- und Mitsein. Selbstbewußtsein streng korrelativ zur Fähigkeit, das Gegebene für sich behandeln zu können. Situationsgerechter Ausdruck von Vernunftbegabung. Abstandnehmen läßt Reserven bilden. Situationsbedingtes[,] aber nicht situationsgebundenes Verhalten.

Intelligenzuntersuchungen an Anthropoiden (Köhler u. a.) bieten Beispiele versachlichten und nicht versachlichten Verhaltens. Für das tierische Verhalten charakteristisch:

a) »Vergessen« der Tiere

b) »Wertlosigkeit« des Instrumentariums.

»Gestaltschwäche« der Tiere (Köhler): unbefriedigend bei in diesem Sinne gestalthaft prägnant beobachtenden Tieren.

Fehlen der »naiven Gravitationsphysik«. Demgegenüber der Mensch ein Wesen, das Mitte und Peripherie seiner selbst ist = Welthaftigkeit des Menschen = Subjekt gegenüber dem Objekt. Monadische Vereinsamung in einer ihm offenstehenden Welt. Offenheit oder Geschlossenheit des Bewußtseins (noch bei Nicolai Hartmann behandelt); Verklammerung der Aspekte erfordert Reform der Logik (Weizsäcker)? Beide Aspekte haben das gleiche Recht. Sie werden vom Menschen erfaßt und er trägt ihnen Rechnung. Exzentrische Position erfordert Auseinandersetzung mit der Leibhaftigkeit des Menschen.

Zurückweisen der existentialistischen These von der »natürlichen, unmittelbaren« Selbstgegebenheit des »Daseins«.

Herausheben der Besonderheiten der sprachlichen Kommunikation, des zielmäßigen Handelns beim Menschen trotz ihrer Gemeinsamkeiten mit tierischem Verhalten.

Beispiele der »Verschränktheit« von Natur und Künstlichkeit.

a) Menschliche Mimik im Vergleich zum Tier. Erregungen spiegeln sich bei beiden im Verhalten. Den Gesten beim Menschen ist ein konventioneller Charakter eigen im Unterschied zum Tier. Sie ist geformtes Ausdrucksleben rückstrahlend auf die Affektäußerung. Frage nach natürlicher und gesellschaftlicher Komponente in der Gestik? Z. B. Händedruck, Kopfschütteln, natürliche Natürlichkeit. Ausdrucksformen von Lachen und Weinen. Bei Tieren nicht zu konstatieren. Eigenartige Formen des Sichaufgebens der menschlichen Person. Verlust der Selbstbeherrschung (*contenance*) Vorrecht des Wesens, das die Fähigkeit zur contenance hat. Voraussetzung: Verhältnis zu sich.

b) Sprache (Anknüpfung an Buber) λογοσ von λεγειν = sagen. Zusammengehen von Sprache und Vernunft, ähnlich holländisch »Rede«.

Sprache der Tiere (v. Frisch) Abgrenzung von Bienen- und Menschensprache. Gemeinsam Fähigkeit des Mitteilens (consensus).

Bei der menschlichen Sprache unterschieden:

Expressivität (Interjektion, Dichtung), kommunikative Funktion, darstellende Funktion (Karl Bühler). Letztere enthält das Moment der Objektivität. Nicht allein Verständigung Wege sympathetischen Einverständnisses, das bei Tieren ausreicht. Die Objektivität berührt das Verhältnis von Zeichen und Bezeichnetem. Hier liegt der Ansatz zum Durchbrechen der Weltgebundenheit. Stiftung der Sprachgemeinschaft etwas Natürliches, wie aber auch Konventionsprodukt. Unterschied von »Wir« und Erregungseinheit. Problem des Sprachhorizonts und der Übersetzung: Suche nach dem entsprechenden Ausdruck, Abbildung des syntagmatischen Gefüges, Suche nach Äquivalenten. Problem: Wie ist Urteil über gute und schlechte Übersetzung, treffenden und nicht-treffenden Ausdruck möglich?

Rothackers These der Abgeschlossenheit des Sprachhorizonts. Verstellendes, verhüllendes Element in der Sprache.

13. VI.

Daseinssituation des Menschen:

Zugleich von Insichgebundenheit und Preisgegebenheit an Natur, Wirklichkeit, Wirverband. Exemplarisch hierfür Bewußtseinsimmanenz. Rückblick auf Sprachgebundenheit und sein Durchbrechen.

Gegenüber monokausalen Erklärungen der Sprachentstehung festzuhalten an einer Gemeinsamkeit in einem anderen Sinne als der Ursprache.

Echtes aber unlösbares Problem der Verschränkung. Unlösbarkeit kein Schein. Anthropologie rechnet mit »gewachsenen Fragen« aus der menschlichen Situation des »Zwischen«.

Programm: Verschänkung im einzelnen sichtbar zu machen. Menschliches Verhalten *rechnet* mit dieser Verschränkung. Von ihr sind ihm Aufgaben gestellt. Existenzphilosophie ganz allgemein, das ontologische Interesse hat unter metaphysischen Interessen den Horizont verstellt.

Hauptgliederung des Verhaltens: Ausdruck, Sprache, variables Gestalten. Zum variablen Gestalten: »Geschichtlichkeit« [(]Erinnerung an Nietzsche) Legitimität von retrospektiven *und* prospektiver Betrachtung des Menschen. Getroffen von der Geschichtlichkeit insbesondere soziale Verhältnisse. Z. B. Marx: Fortschrittsgedanke Ideologie des industriellen Zeitalters. Mit der Intensität der Industrialisierung gegenstandslos geworden. Geschichtlichkeit = Stellenwert in bestimmten Entwicklungsschemata nicht mehr zuzuordnen. Abgrenzung von der Geschichtlichkeit im Naturgeschehen, anknüpfend an Novalis: »Natur ist lauter Vergangenheit«.[2] Demgegenüber *surplus* menschlicher Geschichtlichkeit. Bewahren und Umgestalten der Dinge bildet den Unterschied tierischen und menschlichen Gestaltens: Tiere *auch* produktive Wesen in Anpassung an die Umwelt, doch artspezifisch gebunden. Beim Menschen

2 Novalis, »Fragmente und Studien I«, in: ders., *Werke, Tagebücher und Briefe*. Band 2: *Das philosophisch-theoretische Werk*. Hg. von Hans-Joachim Mahl, München/Wien 1978, S. 777.

artspezifische Antriebe durchformt von etwas anderem. Abnutzen der Institutionen, ein spezifisch menschliches Phänomen. Institution wie Tradition ein Sich-entziehen der zeitlichen Vergänglichkeit. Zusammenhang mit der Brüchigkeit menschlicher Existenz. Verwerten der Erfahrung des Scheiterns. Je primitiver die Kultur desto stärker die Institutionalisierung. Geschichtlichkeit entzündet sich am Konflikt von Überlieferung und Zukunft. Konflikt des Menschen mit der Objektivierung seiner selbst. Geschichtlichkeit nicht abzutrennen von Instrumentalität und Objektivität. Bis in die Alltäglichkeit eingreifend. Trotzdem *natura hominis*!

14. VI.

Sinn der menschlichen Körperform.

I. Ansatz zur Analyse der leibhaften Existenz. Sie ist empirischer Natur. Soll nicht bedeuten paläontologische Erörterung.

1. Zur Frage: Zusammenhang von Körperform und spezifisch menschlicher Situation? Beispiel zur Einführung hierzu: Edgar Dacqué, *Urwelt, Sage und Menschheit* [. *Eine naturhistorisch-metaphysische Studie*, München 1924]. Dieses Buch kostete dem Verfasser die Berufung auf eine paläoontische Professur, Grundgedanke: Sagen enthalten elementhaft Erinnerungen, vorhistorische Existenzweise des Menschen. »Einäugigkeit des Polyphem«. Nachprüfbare Bewandtnis der Stirn-Augenanlage. Zusammenhang von Zirbeldrüse und einem solchen Scheitelorgan. Vielleicht gehört hierher bei anderen Völkern die Sitte, Fontanellen offen zu halten. Sage vom »Gehörnten Siegfried« enthält möglicherweise Vorstellung von halb-tierischem, halb-menschlichem Wesen.

Pointe bei Dacqué: Mensch nicht entstanden, sondern Urmöglichkeit des Lebens. Sich Darstellen des Menschen als Mensch in verschiedenen Körperformen. In den Erdperioden Grundmoden tierischer Daseinsformen.

Mensch Form *neben* anderen Tierformen. Umgedrehter Darwinismus. Melusine, Undine will Dacqué nicht nur als Ausdruck dichterischer Fantasie, sondern auch als Erinnerung an vormenschliche Daseinsformen verstehen. Mensch, in fundamentalem Sinn verstanden: Magischer Weltkontakt des Menschen. Vergleich mit Grimms Märchen: In einer Zeit, da das Wünschen noch half.

Vorgeschichte des Menschen durch verschiedene Körperformen

gleichsam verdeckt. Rückkehr zur Frage: Ist der menschliche Körper auf menschliche Daseinsformen hingeordnet?

Zitat: Mensch mit Anthropoiden nachweislich verwandt. Zur Exemplifikation der Sonderstellung Anknüpfen an Bolk'sche Theorie: Erhaltenbleiben des Jugendstadiums beim Menschen z. B. keine Schnauzenbildung. (Hinweis auf Portmann) Hilfsbedürftiges aber bildsames Stadium. Erläuterung und Ausführung dieses Gedankens an Bergsons Unterschied von Wirbeltieren/Insekten. Insekten mit äußerem Skelett sind individueller Anpassung unfähig, Instinktspezialisten ohne Jugendzeit. Ihrer Bildsamkeit sind engste Grenzen gezogen. Inneres Skelett der Wirbeltiere begünstigt Anpassung. Warmblütler gewinnen Emanzipation von Klimaschwankungen (*milieu interne*)[.]

Verschränkung von Anpassung und Emanzipationstendenz. Im Rahmen von Wirbeltier und Warmblütler erwirkt das Säugetier durch das Jugendstadium erhöhte Anpassungsfähigkeit an wechselnde Umwelt.

Zum Problem dieses Anpassungsgewinns beim Menschen exemplarisch Jugendlichkeit. Nach Buytendijk: Selbstständigkeits- und Vereinigungsdrang kennzeichnend für jugendliches Verhalten. Z. B. Klammerreflex. Muttertier 1. Milieu, Sekundärbindung an die Umwelt. Zuwendung an die Umwelt tappig, ungerichtet. Triebüberschuß bei unfertiger Motorik und Sexualität Grundlage des Spiels. Vitale Basis des Erfahrens. In der Natur spielen fast nur die jungen Säugetiere.

Triebenergie bleibt objektlos. späte Geschlechtsreife, nichtkanalisierte Sexualität.

Beim Menschen Kraftreservoir für Beherrschung der Welt. Distanzierung resultiert in Entbindung von Triebenergie. Beim Menschen aufgerichtete Dauerhaltung, *surplus* gegenüber Baumkletterern und Früchteessern (Mitte zwischen Raub- und Weidetieren im Sinne des Verhaltens), bei denen Hand und Fuß differenziert. Zusammenarbeit von Hand und Fuß und Auge.

19. VI.

Frage nach dem Sinn der menschlichen Körperform ausgehend von Dacqué: Begrenzung seiner Hypothese von der »modern« menschlichen Daseinsweise im wissenschaftlichen Sinn am Beispiel von:

Körperform und Intelligenz Freisetzung durch das Gehirn (bisherige Annahme).

Frage der tierischen Intelligenz durch moderne Umweltforschung nahegebracht. Verschiedene Umwelt von Frosch und Kröte trotz physikalischer Gleichheit der Umgebung! Von hier aus Relativierung der darwinistischen These von der Entwicklung der Intelligenz parallel zur Entwicklungsreihe der Tiere. Geringe und entwickelte Korrekturfähigkeit des Verhaltens (Instinktspezialisten (Insekten) gegenüber Wirbeltieren). Gewohnheitsbildung leicht bei Jagd-, Herden und Baumtieren unabhängig von der zoologischen Einteilung. *Falsch* ist die Behauptung der Identität von Geist und Intelligenz. Intelligenz ist eine biologische Kategorie, umweltbezogen. Einstellung auf den Horizont möglicher Aktivität. Abblendung im Sinne der Reizersparung. Statt Begriffsbildung = Sinn fürs Allgemeine im tierischen Verhalten, das auf das Ganze einer Situation hin angelegt ist.

Tendenz zur Vereinfachung und Aktivierung begründet im Sinne für das Komplexe und Ganze trotzdem Feldgebundenheit. Problem der typischen Fehlentscheidung beim Menschen. Variable Gewohnheitsbildung unter Erfolgskontrolle allgemeine Definition intelligenten Verhaltens.

Entscheidend nicht zoologische Zuordnung, sondern *instinct pattern*. Biologisch sinnvolles Maß.

21. VI.

Portmann Eigentümlichkeiten der Entwicklungsweise des Menschen entwickelt am Material über fötale Entwicklung und Jugendzeit, erst in neuerer Zeit gesammelt und systematisiert, dito tierische Befunde. Mensch erreicht unter allen Lebewesen das höchste Lebensalter, Relativierung anderer gängiger Meinungen (Alter von Elefanten, Papageien etc.). Beziehungen von Organisationsgrad und Entwicklungsweise. Kurze Tragzeit korreliert mit hohen Wurfzahlen und Hilflosigkeit der Jungen im Geburtsmoment = insektenfressende Säugetiere, Nagetiere relativ gering spezialisierter Körperbau.

Lange Tragzeit, kleine Wurfzahlen, Neugeborene in Gestalt und Gebaren den Alten ähnlich = Huftiere, Wale, Robben. Anwendung der Termini Nesthocker – Nestflüchter.

Zwischenstellung des Menschen – Neugeborene Primaten Nestflüchter 6 Monate durch Umklammerung mit der Mutter verbunden. Klammerinstinkt beim Menschen fehlend, dagegen Primaten-Junges früher stehend und hockend.

Primaten und Menschen Nesthockerstadium im Mutterleib gemeinsam, »physiologische Frühgeburt« Portmanns Definition des neugeborenen Menschen im Einblick auf die 12 Monate Entwicklung nach der Geburt = starke Massenzunahme 1. Jahr. »Sekundärer« Nesthocker.

Extrauterine Frühzeit des Menschen dient dem Erlernen von aufrechtem Gang, Sprachvermögen, technischer Handlungsfähigkeit, Ausbildung im echten Erfahrungsmilieu: Risiko und Chance zugleich.

Merkwürdig: 3 Jahresdauer bis zur Ausbildung von Becken und Wirbelsäule.

Lallmonologe, Phoneme kristallisieren sich je nach Sprachmilieu zur Artikulationsbasis. Nachahmung spezifisches Vorrecht des Menschen, Abgrenzen von Echophänomenen bei Vögeln. Versuch von Frau Kohts. Verdinglichung des Phänomens den Tieren verschlossen.

Entwicklung nach dem 1. Lebensjahr erstaunliche Langsamkeit. Primaten Geschlechtsreife mit auslaufender Wachstumszeit zusammenfallend.

Menschen Intensität des Wachstums mit geschlechtlicher Reifung zusammentretend. Höhepunkt des Wachstums erheblich nach dem der Anthropoiden.

Analogie zum Altersüberschuß gegenüber Fortpflanzungszeit.

Sinn dieses Phänomens im biologischen Aspekt nicht greifbar.

27. VI.

Biologischer Auftakt für philosophische Anthropologie, d. h. für die Grundfrage: Verhaltenslehre am Leitfaden der Körperlichkeit.

Bisher ausgeklammert vor- und frühgeschichtliche Befunde.

1. Hinweis auf *Begegnung[en] mit dem Vormenschen* von [Gustav Heinrich Ralph von] Koenigswald [, Düsseldorf/Köln 1955].

These: Mensch im naturwissenschaftlichen Sinn. Gehirntier par excellence. Aufrechter Gang nur mit im Spiele, nicht zentral, dito Differenzierung von Fuß und Hand. Wichtig Probiererrichtungen auch in der Entwicklung des Menschen linear.

2. Bolk'sche Theorie: Monopolstellung des Menschen auf Retardierung beruhend (anatomische und entwicklungsgeschichtliche Überlegungen Grundlage dieser Theorie). Bewahren infantiler Züge, Primitivität der menschlichen Organisation. In Anknüpfung an diesen Gedanken Theodor Lessing: Mensch ein infantiler Affe mit gestörter innerer Sekretion.

Beispiele perseverierender Infantilität:

5-Fingrigkeit, Schädelform.

Schon bei Herder: Mensch hat keine Klauen und Hörner. Menschliche Chance an seine Gefährdung gekoppelt. Grundlage der Anthropologie Gehlens: Kompensation der Schutzlosigkeit in der Institution! Philosophisch nur vorläufiger Gedanke, daß geistige Fähigkeiten und naturhafte Schutzlosigkeit einander entsprechen.

3. Paul Alsberg: *Das Menschheitsrätsel* [. *Versuch einer prinzipiellen Lösung*]« [, Dresden 1922] Gedanke der Organausschaltung.

Spezialisierung des Gehirns entlastet die Organe. Hauptfunktion die Sprache. Sprache übernimmt motorische Impulse (Strampelbewegungen des Kleinkindes). Kenntnis des Zusammenhangs von Ineinandergreifen der Cerebralisierung und Organverkümmerung im einzelnen noch unvollständig.

4. Anmerkung zur Retardierung: Typenlehre von [Ernst] Kretschmer. Asketisches Grundideal oder Verstädterung in der leptosomen Verkörperung der Geistigkeit bei Kretschmer nachwirkend. ((Gegensatz China – Sokrates) Conrad, Klaus). Übertragung auf menschliche Entwicklung: Pyknische Phase = leptoforme Phase. Erst im Reifestadium Erreichen des Endzustandes. Universalität des Menschen: Philosophisches Problem der Offenheit gegenüber Prägung durch Rasse, Individualität, Körperform etc.

28. VI.

cit. aus Koenigswald: Kennzeichen der Menschengruppe. Grundgedanke = Spezialisierung und Spezialisation im Hinblick auf die Entlastungsfunktion des Gehirns zu diskutieren (Mensch als Mängelwesen).

3. Kapitel: Ausdrucksleben des Menschen.

Mißverständnis: »Ausdruckswesen« im *Gegensatz* zur Auffassung, daß der Mensch ein arbeitendes Wesen sei. Demgegenüber wichtig zu begreifen, daß es keine fundamentale Bestimmung gibt. Kein bevorzugter Ansatz.

Ausdruck, Mitteilung und Verstehen Horizont dieses Kapitels.

Bei Tieren in irgendeinem Sinne auch vorhanden. Elementarschicht: Sympathetischer Kontakt, vitalgebundene tragende Schicht. Fähigkeit, einander zu lieben, zu wortlosem Einverständnis. Atmosphäre zwischen den Menschen stiftend. Erotischer Wechselkontakt. Tiere flirten wahrscheinlich nicht, trotz stärkeren sympathetischen Kontaktes. Mögliches Material für Kultivierung. Rückblick auf die Bienensprache ([Karl] v. Frisch)[.]

Gesamtes Ausdrucksleben spielt in dieser Schicht. Doppelcharakter der Resonanz: Veranlassung zum Mitmachen. Erwecken einer Polarbewegung.

Polarisierende Wirksamkeit der Ausdrucksgebärde. Umschlagen der Gebärde in die Geste im »Sich-dem-anderen-zu-verstehen-geben«. Keine Preisgabe als Privatperson. Vorsprachliches Einverständnis. Vertretungsfunktion der Geste. Geste entlastet mich, steht gleichsam an meiner Stelle. In der Gebärde strahle ich nur aus. Distanzverhältnis im Affekt. Exemplarisch = Stimme als Vermögen zu sagen und zu singen.

Ausdrucksfeld des Leibes, das Gesicht, das des Gesichtes die Stimme.

Kein Tier zeigt Gesichtsentwicklung als Frontalstellung des Kopfes. Gesicht ist das einzige, was wir nicht sehen. Das prädisponiert das Gesicht zum reinen Ausdrucksfeld. Preisgabe empfiehlt wiederum besondere Beherrschung, im Mienenspiel erfolgend.

Zur Stimme

a) Mensch Laut produzierendes Wesen, nicht Licht- und Farben-produzierend. Lautproduktion ermöglicht sprachliche und vorsprachliche Mitteilung in Sinne von »Material«. Spiel mit den Lauten, Gestalten nach Regeln: Sagen und Singen.

Entlastungs- und Entladungswert der Stimme. Erfüllt die Bedingung des Entspringens. Das Akustische hat keine räumliche Qualität. Überbrücken der Abstände im Unterschied zum Optischen (Ferne) und Taktilen (Nähe).

Lautgebundenheit der Mitteilung.

Sympathetische Einigung fundiert in lautlicher Mitteilung und Gesicht (Stimme und Mienenspiel)[.][3]

Zur lautlichen Mitteilung (Herder »Vom Ursprung der Sprache«) wesentlich das Zurückkehren des Lautes zum Verlautenden. Brücke zum Anderen, keine Fern- oder Nahvorstellung zum Sprechenden. Zwischenstellung zum Modus des Sehens und Greifens. Hinweis von Erwin Straus: »Vom Sinn der Sinne[. Ein Beitrag zur Grundlegung der Psychologie]«[, Berlin 1935]: Homogenisierung des Raumes im Akustischen, eigentliches Medium artikulierter Mitteilung, der die Möglichkeit des Sagens und Singens offensteht. Problem der Leibförmigkeit des Musizierens.

a) Klangcharakter = Charakter der Voluminösität (Tonpsychologie) raumhafte Züge (Untersuchungen von [Erich Moritz von] Hornbostel) Überkreuzen der Sinnesgebiete. Konstanz der Zuordnung: Farbliche Zuordnung des engl.[ischen] Horns z.B. Verwandtschaften der Sinne. Negative Einheit der Sinne. Konformität der Töne zur leibhaften Position (David Katz, Entdecker des Vibrationssinnes). Übergänge zum Taktilen z.B. bei Orgeltönen. Intersubjektiver Verband wird nicht nur dem Sprechen und Sehen anvertraut, ohne Rücksicht auf Intervalle, nicht-mitteilende Medien.

Problem des Ersetzens von Qualitäten verschiedener Sinne (abstrakter Filmmusik) zurückgehend auf Barockzeit (Farbenklavier der Jesuiten), Walt Disney *Fantasia*.

Nur verständlich von Impulswerten sinnlicher Qualitäten, die Farben und Formen allein fehlen, im akustischen Bereich Erwartungs- und Erinnerungshorizont, Motivation des abstrakten Films durch Musik, da Tönen Abfolge in der Zeit nicht gleichgültig.

3 [Originalanmerkung:] H. Plessner, »Zur Anthropologie der Musik«, in: *Jahrbuch für Ästhetik und allg[emeine] Kunstwissenschaft*. Hrsg. v. H. Lützeler. F. Enke, Stuttgart, 1951, S. 110-121

Anm. dazu: Einanderverstehen noch kein Sinnverstehen, da prä-sinnhafte Mitteilung möglich. Bei Tier und Mensch vorhanden. Es gibt vitale »Ferne und Nähe« »Wärme und Kälte« – Leitfaden zweier Pole: Hören und Sehen, Sehen und Greifen. Einbeziehung ziel- und zweckbewußten Handelns vor allem an der Kooperation von Auge und Hand orientiert.

4. VII.

Sonderstellung des akustischen Modus durch Expressionismus in der Kunst nicht verdrängt. Irrtum. Kandinsky's Gedanke eines Musizierens in Farben (ca. 1910) hat seine Grenzen. Töne gezeitigte Gebilde, Farben und Formen tragen ihr Gezeitigtsein nicht an sich ›temps depasse‹ nicht ›temps durée‹ (Bergson).

Materie des Mitteilens zeigt Möglichkeiten der Mitteilung. Verstehen des Hörens aufgrund der Modalität der Töne einsetzend. Musikinterpretieren heißt Musizieren. Streit der Auffassung überhalb des rein Technischen exemplifiziert dieses Zusammengehen von »Theorie und Praxis«. Produktion und Reproduktion geschehen auf ein verhülltes Ende hin, im Sinne eines nicht explizierbaren, wenn auch diskutierbaren Phänomens.

Es bestehen allerdings Beziehungen zum Gedicht. Musizieren mit Wortdeutungen, wie auch mit Phonemen; Bedeutungselement im ironischen Sinne verwendet.

Zeithaftigkeit auch von Epos/Lyrik/Drama, hineinreichend in die Philosophie (legitimer Anspruch Heideggers), janushafte Mehrdeutigkeit.

Verhältnis von Musik und Tanz. Bei »innerlicher tiefer« Musik vergröbert der Tanz.

Tanzen von Bach auf der Ebene des Tanzens der Kritik der reinen Vernunft, trotz Aufforderung auch großer Musik zum Tanz, Vermenschlichung der Tonsprache.

5. VII.

Abschluß der musikalischen Sinngebung.

Objektivität der Klangwelt gibt der Betrachtung größere Stütze. Die mit der Emanzipation der Instrumentalmusik entdeckte Objektivität der Klangwelt macht Musizieren unter dem Aspekt der Gestik fragwürdig.

Schicht des Verhaltens und Benehmens wird deutlich, trotz Verfügen über gegen die Motorik indifferente Bereiche. Berührt das Problem der ästhetischen Objektivität. Keine nachträgliche Objektivierung. Objektivierung des Musizierens selber: Spielen, Umgehen mit Tönen. Herr des Mitgenommenseins durch das tönende Gewebe.

Ergänzender Hinweis auf die darstellenden Künste im Sinne einer gegenwartsbezogenen Ästhetik, bisher nicht versucht. Gleichwohl Zurücksehen auf Grundmaterialien. Z. B. Musizieren befreit von der Tonalität; Elektronische Musik. Offene noch unausgeschöpfte Möglichkeiten. Explikation durch Produktion und Interpretation.

Anm. zur Beseitigung von Mißverständnissen. Mitteilende Funktion des Gesichtssinnes, unmittelbaren Kontakt stiftend. Instrumental bestes Kommunikationsmittel erfahrungsmäßig zu ermitteln. Augenwesen vielleicht Sonderstellung täglichen Kontakt. Davon unberührt Eigenart des akustischen Modus [im] strukturellen Sinne.

Neuer Abschnitt: Sprachliche Mitteilung.

Element das Wort. Funktion des Benennens und Ergreifens. Unterschied zum Tier? Keine einfache Grenze der Abstraktionsfähigkeit. Dialektisches Verhältnis von Speziellem und Allgemeinem.

10. VII.

Problem der Abstraktionsfähigkeit, Monopol des Menschen, traditionell in der Sprache verkörpert gesehen. Enger Zusammenhang von Sprache und Abstraktionsfähigkeit. Auch die Tiere haben die Fähigkeit »Abstracta« zu fassen. [F. J. J.] Buytendijk (1938), *Wege zum Verständnis der Tiere* [, Zürich/Leipzig]. Versuch Formwahrnehmung beim Hunde.

1) Wahrnehmungen sind aktionsbezogen[.]

2) Wahrnehmung nicht individuell, einzeln.

Erwähnung von Witte »Umwelt des Menschen«. Angabe der Bedingungen, die die Sprache als Sprache konstituieren, mögliches Ziel einer Anthropologie. Nachweis im historisch-genetischen Sinne nicht zu erreichen.

Zitat Bruno Snell: *Aufbau der Sprache* [, Hamburg] (1952)

Wissenschaftsgeschichtliche Vorbemerkungen zur Philosophie und Psychologie der Sprache. Sprache in akzentuiertem Sinne: Instrument der Philosophie als »Bearbeitung der Begriffe«, (Herder). Snells Ansatz: Klassifikation menschlicher Bewegungen: Zweck-, Ausdrucks-, Nachahmungs-, Mitteilungsbewegungen. Spielerisches Verhalten.

Laut-Mittel der Wortgestalt, zusammengesetzt aus Phonemen. Phoneme polar aufgebaut.

Zitat Br. Snell.

Phoneme feststehende Gebilde, die zur Grundlage der Wortbildung werden. Wichtig für die Nachahmung, diese ist Übersetzung tierischer Laute.

Allgemein: Jedes Wort bereits eine Übersetzung. Mit Phonemen zusammenhängend, Schaffen eines Bestandes artikulierter Lautgebung. Reservefunktion der Phoneme prägt Worte als allgemeine Bedeutungsträger. Den Lauten wächst deiktische Funktion zu.

Verweisung ist das Grundphänomen zwischenmenschlicher Mitteilung.

11. VII.

Unterscheidung der Aussagen nach Snell, orientiert an indogermanischen Sprachen. Drei Formen der Prädikation:

1) A wirkt E
2) A ist B
3) A hat B

Grundlage sinnhafter Gliederung der Aussagesätze. Metamorphose menschlichen Grundverhältnisses, das beruht auf Zweck-, Ausdrucks-, Nachahmungsbewegungen.

a) In der *Zweckbewegung* Mensch mit seinem Tun in sich selbst befangen. Aktion erfüllt sich in der Erreichung des Ziels.
b) *Ausdrucksbewegung* Mensch nicht in sich selbst befangen, sondern er äußert sich, um sich mitzuteilen Rücksicht auf den Partner.
c) *Nachahmungsbewegung* – Hereinnahme eines Anderen

Sinn für mich – für den Anderen – vom Anderen her
Zweck Ausdruck Nachahmung

Kritik. Echte Nachahmung dem Menschen vorbehalten, d.h. nur auftretend, wo Darstellungsfähigkeit gegeben ist. Älterer Rest anthropologischer Spracherklärung. Darstellung erfolgt in Grundstrukturen (vgl. oben). Verbalstruktur mit Wirkungszusammenhang des Menschen in wesentlicher Beziehung, nicht überzeugend. Erinnerung an [Fritz] Mauthner, [*Beiträge zu einer*] *Kritik der Sprache* [. 3 Bände, Stuttgart 1901-1902]. Reduktion aus den Darstellungsmöglichkeiten auf außersprachliche Strukturen nicht möglich. Autonomie des Sprachlichen.

Wesen der sprachlichen Sinngebung – syntaktische, auch syntagmatische Sinngebung ([Helmuth Plessner] *Einheit der Sinne* [. *Grundlinien einer Ästhesiologie des Geistes*, Bonn 1923]) syntagmatisch, vorsichtig formuliert gegenüber der überaus variablen syntaktischen Gestaltung der Sprache. Betonung der *Einheit* von Ausdruck, Darstellung und Mitteilung gegenüber Rudolf Otto.

Sinn des Wortes bildet die Voraussetzung dafür, daß es in einen Bedeutungszusammenhang eintreten kann.

Sinn und Bedeutung des Wortes durch die Sache konstituiert. Sinn aber auch »Muster« seiner möglichen Bedeutungsvariationen, gestiftet durch Allgemeinbedeutung von Begriffen und Worten, bereits bei den Namen beginnend.

Benennung – Zuordnung ggf. genereller Bedeutung auf einen individuellen Träger.

Name und Begriff gehen ineinander über.

Sprache bietet die Möglichkeit, Individuelles und Generelles voneinander zu scheiden.

Vergesellschaftende Funktion der Sprache. Von der Mitteilung bereits vorausgesetzt. Ebenfalls geht sie der Unterscheidung von Generellem und Individuellem bereits voraus. Erstmaliges Einandergegenübersetzen von subjektiver und objektiver Sphäre.

Sprache bereits Verfügbarmachen des Objektiven im Subjektiven. Subjekt-Objekt-Relation als erkenntnistheoretisches Problem auf außersprachliche Akte bezogen.

Doppelte Entlastungsfunktion der Sprache:

a) Motorik
b) Sensorik

Sprache stellt sich an die Stelle der Eindrücke (Klischeesprache tritt an die Stelle der ursprünglichen Wahrnehmungsfähigkeit bzw. schränkt diese ein).

Verhältnis der Sprache zur sinnlichen Anschauung

Beispiel: Fehlen von adäquaten Ausdrücken für Farbqualitäten im Frühgriechischen. Korrelation von sprachlicher Gliederung.

Sprachbestand und Wahrnehmungswelt.

Unmittelbare Erlebnisfülle reicher als sprachliche Darstellung eine unrichtige These. Sprache kann gewollte Nuance erreichen. Wahrnehmungswelt steht in Korrespondenz zu sprachliche[m] Bedeuten.

Verbindung von Artikulation und Bedeuten.

Erwähnung W. v. Humboldt's »Innerer Sprachform«, Grundansatz der Sprachwelt. Vorstellung von Sprach- und Schrift*entwicklung* ein unrichtiges Bild, festzuhalten an dem, was die Menschen wollten!

Innere Sprechform Typus einer Vergesellschaftung, innerhalb deren Ent- und Belastung durch die Sprache erfolgt. Verbergende und entbergende Funktion der Sprache.

Sprache ist ein Transparenzsystem.

17. VII.

Zusammenfassung zum Abschnitt Sprachphänomen:

Spezifisch Sprachliches zeigt sich in einer Mehrschichtigkeit des Ausdrucks. Ablösbarkeit des Inhalts von der Form des Ausdrucks. Beispiele für Zusammenwirken von Schriftbild und sprachlichem Inhalt. Wortgefüge aufhellenden und verhüllenden Charakters. Im Wesen der sprachlichen Mitteilung Widersprüchlichkeit angelegt, gegeben im Operieren mit festen Bedeutungen.

Zusammengehörigkeit von grammatisch und metagrammatisch. Logik bestimmter Art auf spezifische Sprache bezogen. Erinnerung an »Indische Logik« Betty Heimann [, in: *Schopenhauer-Jahrbuch* 15 [1928], S. 70-85]. B.[runo] Snell, [*Die*] *Entdeckung des Geistes. Studien zur Entstehung des europäischen Denkens bei den Griechen* [, Hamburg 1946].

Zur These Sprache ein vergesellschaftendes Medium: Gemeinsamkeit impliziert Allgemeinheit. Es wäre sinnlos, sich Sprache vorzustellen, die nur Namen und keine Begriffe kennt. Bestimmte Kultur und Gesellschaft prägt sich in der Sprache aus. Sprache vergesellschaftendes Kontinuum, sie ist Institution. Wofür kein Ausdruck vorhanden ist, dafür fehlt auch das Erlebnis. Sprache, Artikulationsmittel der Erscheinungswelt.

Anhang. Phänomen des Witzes. Zwar gibt es im Musikalischen Humor, Selbstzitat, Anspielung, Witz aber an Sprache gebunden. Witz, Spielen mit der Schwäche sprachlicher Mitteilung, Überlegenheit über Schwäche, Operieren mit der Mehrschichtigkeit, Intuition.

Wissenschaftliche Begriffsbildung

Höchste Stufe präziser Sinnbildung. Übergang vom terminus naturalis zum terminus technicus. »Muster« der Bedeutung wird ein »zweites Mal« definiert. Mitgesetzt ist ein methodischer Zusammenhang im Sinne einer Disziplin. Daher Wichtigkeit und Problem der Wissenschaftsgeschichte.

Begriffsgeschichte mehr als Wortgeschichte. Erreichen echter Präzision, die im natürlichen Sprechen nicht erreicht wird. Erleichtert durch die praktische Ausrichtung fast aller Wissenschaften bis auf diejenigen Disziplinen, die einen Rest reiner Kontemplation (Philosophie) enthalten, die darum echte Eindeutigkeit entbehren.

18. VII.

Phänomen der Mathematisierung

Alle Wissenschaft muß schematisieren, künstliche Schärfung der Begriffsbildung. Unterschiede der Schematisierung in Natur- und Geisteswissenschaften.

a) Kompositive Schematisierung: Struktur des Gegenstandes und Interesse verbieten mathematische Schematisierung.

b) Konstruktive Schematisierung – mathematisches Verfahren.

Der Satz Kants ›So viel Wissenschaft, wie Mathematik in ihr enthalten‹ [*Metaphysische Anfangsgründe der Naturwissenschaft* (1786), in: *Kants gesammelte Schriften*, Akademie-Ausgabe Band VI, Berlin 1903, S. 470] nicht mehr in dieser Schärfe anerkannt. Durch empirische Kulturwissenschaften relativiert. Sonderfall wissenschaftliche Schematisierung: Volle Konstruktivität im reinen Bereich von Form und Bewegung. In ihm vorherrschend: Interesse an Ausdehnung und Sicherung des Aktionsfeldes nach den Prinzipien der Kontinuierung von Raum und Zeit bestimmt Erkenntnisrichtung und Methode. Bedeutung des Experiments. Entwicklung der exakten Wissenschaften daher auf ein pragmatisches Interesse abgestimmt.

Kontinuierung in Raum und Zeit trägt Berechenbarkeit, diese fordert Quantifizierung.

Im mathematischen Konstruktionssinn haben Auge und Hand die Führung. Erfüllung im Visuellen und Motorischen. Sinngebung und Erzeugung zusammengehend.

Zusammenhang von Sinnlichkeit und Geistigkeit

a) im Ausdruck, Ohr, thematische Sinngebung (Musik)

b) in der schematisierenden Sinngebung, Auge, Hand, (Mathematisierung)

c) Syntagmatische Sinngebung, Zwischenreich der Sprache, a) und b) übergreifend.

24. VII.

Konkordanzverhältnisse im menschlichen Ausdruck.

Exakte begriffliche Haltung korrespondiert der Haltung des vorgreifenden gerichteten Handelns.

Sprache keinem Haltungstypus konkordant.

Akkordanz zwischen Sinngebung und Sinnlichkeit.

Verhältnis von Mathematisierung und Sehen, Durchbrechen der sinnlichen Bindung Leistung der Rationalität, bedeutet jedoch kein Verzicht auf Sinnlichkeit.

Anmerkung: »Schematismus« bei Kant. Entwicklung im philosophiegeschichtlichen Rückblick auf Leibniz, Christian Wolff »Rationalismus und englischer Empirismus«. Mitte zwischen beiden Positionen »Empirischer Rationalismus«.

Kant Entdecker apriorischer Prinzipien in der Anschauung. Theorie der Sinnlichkeit bei Kant: formales Element in der Anschauung, formale Elemente von Raum und Zeit. Konstruktionsfähig im Sinne von Grundelementen der Konstruktion. Heutiges Problem: Differenzierung der Modalitäten. Raum-Zeit-Schema Kants nur *eine* Möglichkeit der Formalisierung.

Problem vorangetrieben durch Entstehen neuer Wissenschaften, Kultur- und Wissenschaftstheorie.

Hinweis auf Ernst Cassirer *Philosophie der symbolischen Formen* [3 Teile, Berlin 1923, 1925, 1929] Sein Ansatz nicht radikal genug.

Postulat: Aufnahme der spezifischen Leiblichkeit in die Sinngebungsmöglichkeiten des Geistes. Erweiterung zur Philosophie der Kulturleistungen.

25. VII.

Zitat aus Herder: Wesensbestimmung des Menschen – Sprachgeschöpf. Sprache reicht in die Bedürftigkeit seiner vitalen Existenz hinein. Kompensationsprodukt. »Besonnenheit« (Herder [,*Abhand-*

lung über den Ursprung der Sprache, in: *Werke*. Band 1: *Frühe Schriften 1764-1772*. Hg. von Ulrich Gaier, Frankfurt/M. 1985, S. 719 ff.]) aufgenommen bei Kant, äquivalent bei Plessner: Exzentrizität, Distanziertheit. Erörterung der Entlastungstheorie, Arnold Gehlen. Institutionen haben, indem sie entlasten, formenden, führenden Charakter; sie sind Instrument und Ausdruck. Scheideweg der Lebensphilosophie in Biologie des Menschen und Philosophie des Menschen.

Bei Herder [, *Ideen zur Philosophie der Geschichte der Menschheit*, in: *Werke*. Band 6. Hg. von Martin Bollacher, Frankfurt/M. 1989, S. 143:] »Mensch Invalide seiner höheren Kräfte« Wertskala christlicher Tradition, bei Gehlen Institutionen allein in ihrem vitalen Funktionssinn erfaßt. Ähnlich Erich Rothacker »[Probleme der] Kulturanthropologie« [, in: Nicolai Hartmann (Hg.), *Systematische Philosophie*, Berlin 1942, S. 59-119]

»Das geistige Tierreich« (Hegel *Phänomenologie* [*des Geistes*, in: *Werke in zwanzig Bänden*. Band 3. Hg. von Eva Moldenhauer/Karl Markus Michel, Frankfurt/M. 1970, S. 294-311])

Organismus-Betrachtung auch in der philosophischen Anthropologie am Platz. Der biologischen Theorie fehlt der erkenntnistheoretische Einschlag, die *Wert*objektivität der Institutionen.

Noch einmal Anknüpfung an Kant, um Philosophie des Menschen zu entwickeln. Bei Kant finden wir eine Theorie des Subjektes, die die Objektivität der Naturwissenschaften sichert, Subjekt ist reines Bewußtsein. Vernachlässigung der körperlichen und z. T. auch seelischen Existenz des Menschen. Bei Kant in Rigorismus begründet. Gesetzesrigorismus im theoretischen und praktischen. Distanzierung von dieser Position begründet

a) unter dem Druck veränderten Wissenschaftsbereichs
b) aus der Erfahrung der geschichtlichen Mannigfaltigkeit gleichberechtigter Kulturen.

Literatur

Michael Landmann: *Philosophische Anthropologie. Menschliche Selbstdeutung in Geschichte und Gegenwart* [, Berlin 1955]

Bernh.[ard] Groethuysen: [*Philosophische Anthropologie*, München und

Berlin 1928, in: Alfred Baeumler/Manfred Schröter (Hg.), *Handbuch der Philosophie*. Abteilung III: *Mensch und Charakter*]

Viktor von Weizsäcker: [*Der Gestaltkreis. Theorie der Einheit von Wahrnehmen und Bewegen*, Leipzig 1940]

Erich Rothacker: [»Probleme der Kulturanthropologie«, in: Nicolai Hartmann (Hg.), *Systematische Philosophie*, Berlin 1942, S. 59-119; separat: Bonn 1948]

Adolf Portmann: [*Zoologie und das neue Bild vom Menschen. Biologische Fragmente zu einer Lehre vom Menschen*, Hamburg 1956]

Arnold Gehlen: [*Der Mensch. Seine Natur und seine Stellung in der Welt*, Berlin 1940]

Kultur als Naturersatz, falsche Problemstellung. Auch für den Menschen gelten Brechungs- und Filtrierungsprozesse ähnlich wie beim Tier. Auswahlcharakter der Wahrnehmungswelt.

1) Durchbrechen der Umweltgebundenheit zur Welt hin im rationalen Begreifen. Aber wird in der indirekten Erarbeitung die Wirklichkeit erfahren? Für den Anthropologen entscheidend Überschußphänomen.
2) Lachen und Weinen. Ebenfalls Indiz für das Überschußphänomen. Lachen und Weinen Grenzreaktionen. Erlebnis der Bindung und ihres Durchbrechens. Henri Bergson »Über das Lachen« Erlebnis der Sinnkollision.
3) Umweltgebundenheit im Bereich der Sprache. Transzendenzrichtung: Muttersprache – Sprachen – Unsagbares.

Finis

2. Helmuth Plessner: Lehrveranstaltungen an der Universität Göttingen

1951/52-1962

(Plessner war Professor in der Rechts- und Staatswissenschaftlichen Fakultät, dennoch wurden seine soziologischen Kurse meistens auch in der Philosophischen Fakultät angekündigt.)

WS 1951/52
Vorlesung: Allgemeine Soziologie, Di. Mi. Do. 9-10;
Soziologische Übungen: Das Problem der Intelligenz, Do. 18-20;
Anleitung zu wissenschaftlichem Arbeiten, nach Vereinbarung

SS 1952
Vorlesung: Gesellschaftsprobleme der Gegenwart, Di. Do. Fr. 9-10;
Soziologische Anfängerübungen, Fr. 16-18;
Soziologisches Seminar: Die Masse, Di. 17-19

WS 1952/53
Vorlesung: Sozialpsychologie, Di. Mi. 8-9;
Soziologisches Praktikum, nach Vereinbarung (zusammen mit Charlotte Lorenz);
Proseminar, Fr. 18-20;
Seminar, Di. 18-20;
Kolloquium für Doktoranden, nach Vereinbarung

SS 1953
Nur in der Philosophischen Fakultät: Vorlesung: Ästhetik, Do. 8-9;
In der Soziologie: Vorlesung: Geschichte der Soziologie, Di. Mi. 8-9;
Anfängerübungen, Do. 18-20;
Proseminar, Fr. 18-20;
Seminar, Di. 18-20;
Soziologisches Praktikum: Methoden statistischer Sozialforschung (Verfahrensanleitung für Anfänger) (zusammen mit Charlotte Lorenz), Mi. 16-18;
Methoden der praktischen Sozialforschung, Mi. 18-20;
Doktorandenarbeitsgemeinschaft, nach Vereinbarung

WS 1953/54
In der Philosophischen Fakultät: Vorlesung: Kants Kritik der reinen Vernunft, Di. Mi. Do. 12-13;
In der Soziologie: Vorlesung: Wissenssoziologie, Fr. 12-13;
Soziologisches Praktikum, Mi. 18-20;
Proseminar, Fr. 18-20;
Seminar: Die gedanklichen Grundlagen des russischen Marxismus (zusammen mit M. Braun), Di. 18:30-20

SS 1954
In der Philosophischen Fakultät: Einführung in Hegel, Di. Mi. Do. 12-13;
Vorlesung: Grundbegriffe der Soziologie, Do. 10-11;
Anfängerübungen im Anschluß an die Vorlesung, Fr. 18-20;
Soziologisches Praktikum, Mi. 18-20;
Seminar: Probleme der Literatursoziologie, Di. 18-20 (zusammen mit Klaus Ziegler);
Kolloquium für Doktoranden, nach Vereinbarung

WS 1954/55
In der Philosophischen Fakultät: Vorlesung: Geschichte der Phänomenologie von Husserl bis Heidegger, Di. Mi. Do. 12-13
Vorlesung: Völkerpsychologie, Mi. 10-11;
Seminar: Probleme der Literatursoziologie, Di. 18-20 (mit Klaus Ziegler);
Soziologisches Praktikum, Do. 18-20

SS 1955
In der Philosophischen Fakultät keine Lehrveranstaltung
Vorlesung: Soziale Anthropologie, Di. Mi. Do. 12-13;
Sozialphilosophische Übungen: Der Begriff der Situation, Di. 18-20;
Kolloquium für Doktoranden, nach Vereinbarung

WS 1955/1956
In der Philosophischen Fakultät keine Lehrveranstaltung
Vorlesung: Soziale Probleme der industriellen Gesellschaft, Di. Mi. Do. 12-13;
Soziologisches Seminar: Die Frage der Eliten, Di. 18-20;
Kolloquium für Doktoranden, nach Vereinbarung

SS 1956
In der Philosophischen Fakultät keine Lehrveranstaltung
Vorlesung: Anthropologie (Lehre vom menschlichen Verhalten), Di. Mi. Do. 12-13;

Seminar im Anschluß an die Vorlesung: Morris, Charles W. »Signs, Language and Behavior«. Prentice Hall 1946, Di. 18-20;
Kolloquium: Über die Frageweise und Methode der Geschichtsforschung und Soziologie, Mo. 20 pr. (zusammen mit Wittram), Anfängerübungen, nach Vereinbarung

WS 1956/57
Vorlesung: Wissenschaftstheorie und Soziologie der Erkenntnis, Di. Mi. Do. 12-13;
Proseminar für Anfänger, Di. 18-20;
Kolloquium für Doktoranden, nach Vereinbarung

SS 1957
Vorlesung: Allgemeine Soziologie, Di. Mi. Do. 12-13;
Übungen zur Einführung in die Methode empirischer Sozialforschung, Di. 18-20 (durch Assistenten); Kolloquium über ästhetische Grundfragen, nach Vereinbarung

WS 1957/58
Vorlesung: Körper, Seele, Geist (Einführung in die philosophische Anthropologie), Di. Mi. Do. 12-13;
Praktikum zur Kultur- und Bildungssoziologie, nach Vereinbarung (Plessner mit Assistenten); Seminar: Das Problem der Gewalt, Di. 18-20 (Plessner mit Assistenten);
Kolloquium über anthropologische Grundfragen, nach Vereinbarung

SS 1958
Vorlesung: Geschichte des Sozialismus, Di. Do. 12-13;
Soziologisches Seminar: Probleme des Mittelstandes, Do. 18-20;
Kolloquium für Doktoranden, nach Vereinbarung

WS 1958/59
Vorlesung: Hegels Rechtsphilosophie (am Text; Ausg. F. Meiner 1955), Di. Mi. Do. 12-13;
Soziologisches Seminar: Das Proletariat, Di. 18-20;
Soziologisches Seminar: Probleme der Kunstsoziologie, Do. 18-20 (Teilnahme nur nach vorheriger Anmeldung)

SS 1959
Vorlesung: Hegel und Marx, Di. Do. 12-13;
Seminar: Max Scheler, Wesen und Formen der Sympathie, Di. 18-20;

Kolloquium über Stadt und Land, nach Vereinbarung
(Plessner mit Assistenten)

WS 1959/60
Vorlesung: Allgemeine Soziologie, Di. Mi. Do. 12-13;
Seminar: Robert K. Merton, Social Theory and Social Structure, Di. 18-20;
Kolloquium: Stadt und Land, Do. 18-20

SS 1960
Vorlesung: Einführung in die Kulturanthropologie, Di. Do. 12-13;
Seminar: Das Problem der Generationen, Di. 18-20;
Kolloquium für Doktoranden, nach Vereinbarung

WS 1960/61
Vorlesung: Grundbegriffe der Soziologie, Di. Do. 12-13;
Seminar: Das Spiel, Di. 18-20;
Kolloquium für Doktoranden, nach Vereinbarung

SS 1961
Vorlesung: Philosophische Anthropologie, Di. Do. 12-13;
Seminar: Probleme der Kunstsoziologie, Di. 18-20;
Kolloquium für Doktoranden, nach Vereinbarung

WS 1961/62
Vorlesung: Geschichte der Soziologie, Di. Do. 12-13;
Soziologische Übungen, Do. 18-20 (Plessner mit Assistenten);
Soziologisches Seminar, Di. 18-20;
Kolloquium für Doktoranden, nach Vereinbarung.

Quelle: Göttinger Digitalisierungszentrum. Personal- und Vorlesungsverzeichnis Georg-August-Universität Göttingen, Wintersemester 1951/52 bis Wintersemester 1961/62.

Editorisches Nachwort

Mit der vorliegenden Edition aus dem Groninger Plessner-Nachlass wird Helmuth Plessners letztes Göttinger Kolleg über *Philosophische Anthropologie* erstmals der Öffentlichkeit zugänglich gemacht. Plessner, der nach seiner Remigration aus den Niederlanden vom Wintersemerster 1951/52 bis zu seiner Emeritierung im Sommersemester 1962 an der Georg-August-Universität Göttingen Soziologie, aber auch Philosophie lehrte, hat während dieser Zeit mehrfach die Anthropologie zum Thema seiner Vorlesungen gemacht: im Sommersemester 1955 hielt er ein Kolleg über *Soziale Anthropologie*, im Sommersemester 1956 die Vorlesung *Anthropologie (Lehre vom menschlichen Verhalten)*, im Wintersemester 1957/58 las er über *Körper, Seele, Geist (Einführung in die philosophische Anthropologie)*, im Sommersemester 1960 gab er eine *Einführung in die Kulturanthropologie* und im Sommersemester 1961 hielt er schließlich das Kolleg *Philosophische Anthropologie*, und zwar jeweils dienstags und donnerstags von 12 bis 13 Uhr.

Da sich von den anderen Vorlesungen im Nachlass keine umfangreichen Materialien erhalten haben, kommt Plessners Vorlesung ohne Zweifel nicht nur für die Plessner-Forschung eine große Bedeutung zu. Sie ist Plessners einzig vollständig überlieferte Einleitung in die Philosophische Anthropologie und zugleich auch sein letztes, zusammenfassendes Wort über die von ihm repräsentierte Richtung der Philosophischen Anthropologie an seine Göttinger Studenten. Außerdem diente diese Vorlesung offenbar als Materialbasis für Plessners große Abhandlung *Conditio humana*, seine Einleitung in die von Golo Mann und Alfred Heuß herausgegebene *Propyläen-Weltgeschichte. Eine Universalgeschichte* (Band 1: *Vorgeschichte – Frühe Hochkulturen*, Berlin-Frankfurt-Wien 1961, S. 33-86; separat: Pfullingen 1964; später in: *Gesammelte Schriften VIII: Conditio humana*. Hg. von Günter Dux, Odo Marquard und Elisabeth Ströker, Frankfurt/M. 1983, S. 136-217). Einige Resultate seines Kollegs hat Plessner darüber hinaus in dem Aufsatz »Elemente menschlichen Verhaltens« (*Merkur* 15 [1961], S. 601-614; später in: *Gesammelte Schriften VIII*, S. 218-234) publiziert.

In der Vorlesung arbeitet Plessner in Form einer Reflexion auf die Geschichte der Disziplin »Philosophische Anthropologie« einen zentralen Doppelaspekt auf. Zum einen historisiert er sein Programm einer Philosophischen Anthropologie und stellt ihre Legitimation damit klar in den wissenschaftshistorischen und wissenschaftspolitischen Kontext des ausgehenden 19. Jahrhunderts. Damit erscheint die Philosophische Anthropologie erst auf einer hohen Stufe der wissenschaftlichen Komplexität und Ausdifferenzierung möglich. Durch die Entwicklung der Biologie und der modernen Abstammungslehre, die Entwicklung der Psychologie und der Physiologie sowie durch die Entwicklung der Geschichtswissenschaft und Soziologie konnten sich ganz bestimmte anthropologische Problematisierungsdiskurse bündeln und virulent werden. Die Philosophische Anthropologie ist somit nach Plessner wie die Soziologie ein »geschichtlicher Spätling.«

Trotz oder gerade wegen dieser historischen Kontextualisierung ist die Philosophische Anthropologie überaus aktuell, das hebt Plessner in der Vorlesung immer wieder hervor (besonders 18. Vorlesung: Zur Aktualität der Philosophischen Anthropologie) – ob es ein zeitkritischer Cartoon aus dem *New Yorker* aus dem Jahre 1958 oder die Vision einer biotechnischen Menschenzucht ist, auf den die Philosophische Anthropologie kritisch zu reagieren versucht. Plessner holt das historische Narrativ damit immer wieder in seine Gegenwart und betreibt eindrücklich eine Zeitdiagnose.

Die Vorlesung, die Plessner offensichtlich frei, möglicherweise nur gestützt auf einige kurze Notizen und Stichwörter, gehalten hat, bietet dabei einen leicht verständlichen und umfassenden Überblick über wesentliche Themen seiner philosophischen Anthropologie, wobei er weitgehend auf seine nicht selten sperrige Terminologie verzichtet. Die sprachliche Gestaltung zeichnet sich durch Frische und Anschaulichkeit aus. Das Kolleg, das 18 Stunden vom 17. Mai bis zum 26. Juli 1961 umfasst, bietet so die einmalige Gelegenheit, den Dozenten Plessner unmittelbar zu erfahren.

Wie uns Herr Prof. Dr. von Ferber mitteilte, hat er als wissenschaftlicher Assistent im Auftrag Plessners Vorlesungen auf Tonband mitgeschnitten, die dann von einer Sekretärin abgeschrieben und z. T. für Plessners Lehre an der New School for Social Research (New York), an der er für ein Jahr (WS 1962/63-SS 1963) erster Inhaber der Theodor-Heuss-Professur war, übersetzt wurden.

Die Edition stützt sich auf die maschinenschriftliche Transkription der Vorlesung, von der sich zwei identische Exemplare im Groninger Plessner-Nachlass (map 49) befinden. Die Transkription weist einige wenige kleinere Verbesserungen von Plessners Hand und eine Reihe von maschinen- und handschriftlichen Korrekturen und Ergänzungen auf, die offenbar auf die unbekannte Verfasserin der Transkription zurückgehen. Die Vorlesung ist, abgesehen von der ersten Hälfte der ersten Stunde, von der nur Stichworte von der Hand Plessners vorliegen, und dem Anfang der 15. Kollegstunde, vollständig und hat einen Umfang von 208 Seiten.

In unserer Edition wurde dieser Text behutsam editorisch aufbereitet. Die vorhandenen Korrekturen und Ergänzungen wurden kommentarlos übernommen und Unterstreichungen im Text durch Kursivierung wiedergegeben. In den Anmerkungen, die ausnahmslos von den Herausgebern stammen, wurden die wenigen editorischen Eingriffe in den Text, die sich nicht auf die gelegentlich elliptischen Satzkonstruktionen erstreckten, dokumentiert und bibliographische Nachweise der Zitate sowie der in der Vorlesung zitierten Literatur und einige Erläuterungen gegeben. Offensichtliche Schreibfehler, Versprecher, Irrtümer und Mißverständnisse wurden stillschweigend verbessert, die Interpunktion vereinheitlicht und die Orthographie korrigiert. Ergänzungen im Text stehen in [], einige Füllwörter, die im mündlichen Vortrag gelegentlich das Gesagte bekräftigen, wie »also«, »nicht«, »nicht wahr«, »ja«, aber ohne argumentative Bedeutung sind, wurden z. T. gestrichen. Eindeutige Abkürzungen wie »u. U.«, »sogen.«, »Phil. Anth.«, »s. Zt.«, »philos.«, »Phil.«, »ggf.«, »Jh.« »u.«, »i. A.« wurden ausgeschrieben, und um die Lesbarkeit des Textes zu erhöhen, wurden außerdem Absätze eingefügt.

Das Kolleg wird ergänzt durch die im Anhang abgedruckte Nachschrift der Vorlesung vom Sommersemester 1956 *Zur Geschichte der Anthropologie* (30 Seiten, Groninger Plessner-Nachlass, map 78), die Plessners damaliger Assistent Dr. Christian von Ferber angefertigt hat. Im Vorlesungsverzeichnis trug dieses Kolleg den abweichenden Titel: *Anthropologie (Lehre vom menschlichen Verhalten).*

Unser besonderer Dank gilt zunächst Helmuth Plessners Stieftochter Katharina Günther, die uns die Publikationserlaubnis für das Kolleg erteilt hat. Sodann danken wir der Bibliotheek der Rijksuniversiteit Groningen (Zaal oude en kostbare werken, Frau Drs. G. C. Huisman), in der der Plessner-Nachlass betreut wird. Ebenfalls sagen wir Herrn Prof. Dr. Christian von Ferber unseren herzlichen Dank, der nicht nur der Veröffentlichung seiner Nachschrift des Anthropologie-Kollegs vom Sommersemester 1956 zugestimmt hat, sondern uns darüber hinaus wertvolle Hintergrundinformationen zum Kolleg mitgeteilt hat. Schließlich danken wir Herrn Prof. Dr. Joachim Fischer, dem ehemaligen Präsidenten der Helmuth-Plessner-Gesellschaft, der unsere Edition mit freundschaftlichem Interesse begleitet hat.

Personenregister

Alsberg, Paul 70, 118, 235
Aristoteles 22, 227
Augustinus 22, 31, 38

Bachelard, Gaston 46
Baer, Karl Ernst von 88
Bergson, Henri 26, 174, 175, 177, 188 f., 232, 238, 246
Bloch, Ernst 115
Boas, Franz 156 f.
Buber, Martin 229
Bühler, Karl 229
Buytendijk, Frederik J. J. 51, 232, 239

Camus, Albert 194
Cassirer, Ernst 244
Conrad, Klaus 235
Conrad-Martius, Hedwig 212
Cyon, Elias von 94 f.

Dacqué, Edgar 231 f.
Darwin, Charles 10, 213 f., 225
Descartes, René 12 f., 18, 32, 58, 79, 218, 226 f.
Dilthey, Wilhelm 226 f.
Disney, Walt 237
Durkheim, Émile 153

Fechner, Gustav Theodor 10-12, 37
Feuerbach, Ludwig 27, 39, 206, 227
Fichte, Johann Gottlieb 116, 228
Freud, Sigmund 122-124
Frisch, Karl von 55, 229, 236

Gehlen, Arnold 118, 120, 235, 245
Gelb, Adhémar 12
Goldstein, Kurt 12

Hamsun, Knut 173
Hartmann, Nicolai 228
Hayes, Catherine 48, 50 f., 62
Hegel, Georg Wilhelm Friedrich 34, 70, 245
Hehn, Viktor 127
Heidegger, Martin 25, 27, 29, 40, 44, 69, 112, 227, 238
Heimann, Betty 242
Herder, Johann Gottfried 70, 74, 119 f., 235, 237, 239, 244 f.
Hess, Walter Rudolf 209 f.
Holst, Erich von 209, 212, 214 f., 217, 220 f.
Homer 205
Hornbostel, Erich Moritz von 237
Humboldt, Wilhelm von 64, 66, 70, 242
Husserl, Edmund 112

Jaspers, Karl 29, 40 f.
Jung, Carl Gustav 208

Kandinsky, Wassily 238
Kant, Immanuel 26, 92, 94, 228, 243-245
Kapp, Ernst 47
Katz, David 60, 237
Klages, Ludwig 195
Kleist, Heinrich von 218 f.
Koenigswald, Gustav Heinrich Ralph von 234 f.
Köhler, Wolfgang 49, 228
Kretschmer, Ernst 235
Kriszat, Georg 86

Ladygina-Kohts, Nadia 50, 59, 234
Landmann, Michael 25, 35

Landmann, Salcia 178
Leibniz, Gottfried Wilhelm 32, 89, 92, 178, 244
Leisi, Ernst 80, 82
Lessing, Theodor 235
Lorenz, Konrad 93, 95, 210

Malinowski, Bronisław Kasper 157
Mann, Thomas 135, 141, 166, 227
Marx, Karl 34, 39, 117 f., 123, 128, 206, 216 f., 230
Mauthner, Fritz 67, 240
Mead, Margaret 156

Nietzsche, Friedrich 81, 129, 196, 214 f., 230
Novalis 230

Orwell, George 171
Otto, Rudolf 206, 241

Paulus, Apostel 21, 31, 38
Platon 22, 152, 227
Portmann, Adolf 121, 232-234

Révész, Géza 60
Rothacker, Erich 28, 99, 100, 107-110, 230, 245
Rousseau, Jean-Jacques 123, 127, 216

Sartre, Jean-Paul 34, 40
Schäffle, Albert 152
Scheler, Max 9, 27, 35, 225
Schelling, Friedrich Wilhelm Joseph 116
Schopenhauer, Arthur 71, 119, 188, 193
Simmel, Georg 153
Snell, Bruno 239 f., 242
Sombart, Werner 24 f., 37
Spengler, Oswald 100, 108, 129, 217
Spinoza, Baruch de 12-14, 18, 32 f.
Staiger, Emil 185
Stirner, Max 228
Straus, Erwin 46, 237

Thomas von Aquin 22, 31

Uexküll, Jakob von 86, 88, 90, 92 f., 95 f., 104, 110, 226

Weizsäcker, Viktor von 228
Wittgenstein, Ludwig 44, 67
Wolff, Christian 244
Woltmann, Ludwig 213